FRANKFURTER WIRTSCHAFTS- UND SOZIALWISSENSCHAFTLICHE STUDIEN

Heft 3

Herausgegeben von der
Wirtschafts- und Sozialwissenschaftlichen Fakultät
der Johann Wolfgang Goethe-Universität
Frankfurt am Main

Die steuerliche Behandlung gewerblicher Verluste

Von

Dr. Johann-Friedrich Karsten

DUNCKER & HUMBLOT / BERLIN

Gedruckt 1958 bei Berliner Buchdruckerei Union GmbH., Berlin SW 61
Printed in Germany

Vorwort

Die wirtschafts- und finanzpolitischen Probleme einer Volkswirtschaft in der Voll- und Überbeschäftigung stehen heute im Vordergrund des Interesses. Die Fragen der steuerlichen Behandlung von Verlusten, mit denen sich die vorliegende Arbeit beschäftigt, mögen daher in der derzeitigen Situation wenig aktuell erscheinen. Wissenschaftliche Untersuchungen können sich aber in der Auswahl ihres Gegenstandes nicht nur an zeitgebundener Aktualität orientieren. Dies gilt um so mehr, als ein steuerliches Problem im Zeitpunkt größter Aktualität vor seiner steuerpolitischen Entscheidung oft nur eine unzureichende Untersuchung erfahren kann.

Die Probleme der Richtung zwischenperiodischer Verlustberücksichtigung, die Frage des Verlustvortrages und -rücktrages haben in Deutschland bisher nur wenig Beachtung gefunden und sind kaum untersucht worden; hierzu einen Beitrag zu leisten, ist die Hauptaufgabe dieser Arbeit.

Die Anregung zu dieser Untersuchung hat mir Herr Professor Neumark gegeben, dem ich für seine Hinweise und Förderung bei der Anfertigung der Arbeit sowie für die Unterstützung bei der Beschaffung ausländischer Literatur herzlich danke. Besonderen Dank schulde ich Herrn Professor Neumark für seine verständnisvolle Unterstützung bei der Wiederaufnahme meines Studiums in Frankfurt, die mir erst den Weg zur Promotion eröffnet hat.

Inhalt

Zweiter Hauptabschnitt

Die steuerliche Behandlung gewerblicher Verluste nach dem geltenden Recht

Dritter Hauptabschnitt

Probleme der Verlustberücksichtigung

Schluß

Anhang

Abkürzungsverzeichnis

a.	auch
a. a. O.	am angegebenen Ort
Abs.	Absatz
Akt.Ges.	Aktiengesetz
AO	(Reichs-)Abgabenordnung
Aufl.	Auflage
B	Der Betrieb (Zeitschrift)
BB	Der Betriebsberater (Zeitschrift)
Bd.	Band
BdF	Bundesminister der Finanzen
BFH	Bundesfinanzhof
BGBl.	Bundesgesetzblatt
BFM	Bundesfinanzministerium
BStBl.	Bundessteuerblatt
bzw.	beziehungsweise
DEA	Deutsche Europa-Akademie
d. h.	das heißt
Diss.	Dissertation
DStZtg.	Deutsche Steuerzeitung (Zeitschrift)
Ed.	Edition
EFG	Entscheidungen der Finanzgerichte
EStG(-R)	Einkommensteuergesetz(-richtlinien)
f.	folgende Seite
FA	Finance Act
FAZ	Frankfurter Allgemeine Zeitung
ff.	folgende Seiten
FG	Finanzgericht
FR	Finanzrundschau (Zeitschrift)
GewStG(-R)	Gewerbesteuergesetz(-richtlinien)
GmbH	Gesellschaft mit beschränkter Haftung
H.	Heft
HdF	Handbuch der Finanzwissenschaft
Hwb. d. Stw.	Handwörterbuch der Staatswissenschaften
IRC	Internal Revenue Code
i. S.	im Sinne
ITA	Income Tax Act
Jg.	Jahrgang

KAbgG	Kriegsabgabegesetz
KG	Kommanditgesellschaft
KRG	Kontrollratsgesetz
KStG(-R)	Körperschaftsteuergesetz(-richtlinien)
N. F.	Neue Folge
Nr.	Nummer
OHG	Offene Handelsgesellschaft
o. J.	ohne Jahr
op. cit.	opere citato (am angegebenen Ort)
p.	page
RdF	Reichsminister der Finanzen
RFH	Reichsfinanzhof
RGBl.	Reichsgesetzblatt
RStBl.	Reichssteuerblatt
s.	siehe
S.	Seite
sec	section
Slg.	Sammlung, amtliche — der Entscheidungen des RFH und BFH
sog.	sogenannt(e)
Schr.R.	Schriftenreihe
StW	Steuer und Wirtschaft (Zeitschrift)
u. a.	unter anderem
u. U.	unter Umständen
Umw.Ges.	Umwandlungsgesetz (Gesetz über die Umwandlung von Kapitalgesellschaften und bergrechtlichen Gesellschaften vom 12. 11. 1956 — BGBl. I S. 844)
VerwG	Verwaltungsgericht
Vol.	Volume (= Band)
Wp.	Der Wirtschaftsprüfer (Zeitschrift)
Wpg.	Die Wirtschaftsprüfung (Zeitschrift)
z. B.	zum Beispiel
Ziff.	Ziffer
zit.	zitiert
ZfhF	Zeitschrift für handelswissenschaftliche Forschung
ZvdK	Zentralverband deutscher Konsumgenossenschaften

Einführung

A. Problemstellung und Plan der Arbeit

Der wirtschaftliche Erfolg, der in den modernen Steuersystemen in der Gestalt des Gewinnes, Ertrages oder Einkommens zu einer der wesentlichsten Steuerquellen gemacht wurde, ist eine zeitraum-bezogene Größe. Die zeitliche Umgrenzung der Steuerbemessungsgrundlage ist daher eine der wichtigsten Bestimmungen eines jeden Erfolgsteuergesetzes[1]. In allen modernen Erfolgsteuersystemen hat sich das Jahr als „der in Wirtschaft und Etatgebarung übliche Abschnitt"[2] durchgesetzt. Das Jahr ist aber in seinem Wesen keine ökonomische Größe, und die Zerlegung des kontinuierlichen Wirtschaftsablaufes muß daher mancherlei Probleme aufwerfen.

Das besondere Problem der Verlustberücksichtigung entspringt der Diskrepanz zwischen dem Rhythmus der Erfolgsentwicklung und der Länge des Besteuerungsabschnittes, für den der Erfolg ermittelt und der Steuer unterworfen wird. Die zeitliche Entwicklung des gewerblichen Erfolges unterliegt in der modernen arbeitsteiligen Wirtschaft vielfach erheblichen Schwankungen, die sich oft erst in längeren, über den jährlichen Besteuerungsabschnitt hinausreichenden Zeiträumen ausgleichen. Konjunkturschwankungen sind neben anderen gesamtwirtschaftlichen und einzelwirtschaftlichen Faktoren die Hauptursache für derartige Erfolgsschwankungen.

Solange sich diese vor dem ersten Weltkrieg innerhalb der Besteuerung nach dem dreijährigen Durchschnitt noch weitgehend ausgleichen konnten, hatte die Berücksichtigung von Verlusten, zumal bei der damaligen relativ geringen Steuerbelastung keine wesentliche Bedeutung. So ist es nicht verwunderlich, daß die Frage einer steuerlichen Berücksichtigung von Verlusten bis in die zwanziger Jahre hinein nur wenig beachtet wurde. Der Übergang zur Besteuerung nach dem Jahreserfolg, der die Erfolgsschwankungen stärker in Erscheinung treten ließ, und die gleichzeitig zu beobachtende Erhöhung der Steuersätze zwangen zu einer Beachtung und Lösung des Verlustproblems. Worum es dabei geht, zeigt ein einfaches Beispiel:

---

1 Begründung zum EStG vom 16. 10. 1934 RStBl. 1935, S. 35.

2 *Popitz,* Johannes, Einkommensteuer, Hwb. d. Stw., 4. Aufl., Jena 1926, Bd. 3, S. 410.

Eine Unternehmung A erzielt in drei aufeinanderfolgenden Jahren DM 3000 Gewinn, DM 3000 Verlust und wieder DM 3000 Gewinn, während eine Unternehmung B in jedem der drei Jahre einen Gewinn von DM 1000 erzielt. Das Gesamtergebnis der drei Jahre beträgt in beiden Fällen DM 3000; die unterschiedliche zeitliche Verteilung würde aber bei einer isolierten Besteuerung des Jahreserfolges ohne Rücksicht auf die Ergebnisse der Vorjahre zu einer Mehrbelastung von A führen. Bei einem Steuersatz von 30 % würde der Netto-Gewinn der Unternehmung A für die dreijährige Periode nur noch DM 1200, von B jedoch DM 2100 betragen. Im Extremfalle könnte die Steuer bei isolierter Jahresbesteuerung sogar den Gesamtgewinn übersteigen und wäre dann aus der Substanz zu zahlen[3]. In einer Nicht- oder nur begrenzten Berücksichtigung von Verlusten liegt daher eine Tendenz der Erfolgsbesteuerung, zur Substanzbesteuerung zu werden, da nicht alle Erfolgselemente steuerlich wirksam sind[4].

Ist eine derartige Form der Besteuerung gerechtfertigt oder ist eine überperiodische Berücksichtigung von Verlusten notwendig? Das ist die Grundfrage der steuerlichen Behandlung von Verlusten, die an die Bedeutung des Zeitelements für die Besteuerungsgrundlage anknüpft, in ihrem Kern aber das Verhältnis von Steuerpflichtigen mit stabilem und schwankendem Erfolg und eine etwaige Mehrbelastung, d. h. aber steuerliche Diskriminierung schwankenden Erfolgs zum Gegenstand hat.

Die Notwendigkeit und Berechtigung der Verlustberücksichtigung wird heute in der Literatur allgemein anerkannt und hat auch in der Gesetzgebung einen entsprechenden Niederschlag gefunden. Wenn diese Frage hier dennoch aufgeworfen wird, so geschieht das nicht nur aus systematischen Gründen. Aus ihrer Beantwortung ergeben sich wesentliche Folgerungen für die praktische Gestaltung der Verlustberücksichtigung, vor allem für die Beurteilung verschiedener zeitlicher und sachlicher Begrenzungen, die trotz der grundsätzlichen Anerkennung immer noch anzutreffen sind.

Die steuerliche Problematik, die sich aus zeitlichen Erfolgsschwankungen für die Verteilung der Steuerlast ergibt, erschöpft sich nicht im Verlustproblem. Die Progression in der Einkommensteuer natürlicher Personen bewirkt auch für die Steuerpflichtigen mit schwankendem aber stets positivem Erfolg eine Mehrbelastung gegenüber den Steuerpflichtigen mit stabilem Erfolg. Das Verlustproblem erscheint nur als ein Sonderfall, in dem die Erfolgsschwankungen in den negativen Erfolgsbereich hinübergreifen. Das könnte bedeuten, daß das Verlustproblem in diesen größeren Rahmen der allgemeinen steuerlichen Dis-

---

3 In dem obigen Beispiel ist das bereits bei einem Steuersatz von 51 % der Fall.

4 *Beck,* Morris, Tax Treatment of Business Losses, Diss. Columbia University 1951, p. 4.

kriminierung durch die isolierte Jahresbesteuerung bei Erfolgsschwankungen einzuordnen wäre und daß eine isolierte Einführung der Verlustberücksichtigung ohne allgemeine steuerliche Berücksichtigung von Erfolgsschwankungen neue Ungleichmäßigkeiten in der Besteuerung schafft. Auch diese Frage gehört zur Grundentscheidung über die Berechtigung und Notwendigkeit der Verlustberücksichtigung, die in dem Hauptabschnitt 1 untersucht werden soll.

Die grundsätzliche Anerkennung der Verlustberücksichtigung führt zu der Frage nach ihrer praktischen Gestaltung. In dem Hauptabschnitt 2 wird ein Überblick über die steuerliche Behandlung gewerblicher Verluste in Deutschland, Großbritannien und den Vereinigten Staaten von Amerika gegeben[5]. Diese Darstellung bezweckt keine Kommentierung des geltenden Rechts mit einer Untersuchung von Auslegungsfragen, sondern ist darauf gerichtet, verschiedene Lösungsversuche des Verlustproblems, bei denen teilweise recht unterschiedliche Wege beschritten worden sind, nebeneinanderzustellen und damit gewissermaßen das Material für eine systematische Untersuchung der Probleme, die noch einer Lösung und steuerpolitischen Berücksichtigung harren, aufzubereiten.

Kern des steuerlichen Verlustproblems ist heute neben den Fragen der zeitlichen und sachlichen Begrenzung die Form der Verlustberücksichtigung. Auf das obige Beispiel bezogen heißt das zunächst: Soll die Verlustberücksichtigung in der Form vorgenommen werden, daß der Verlust mit den etwa vorhandenen anderen Einkünften des Verlustjahres[6], mit Gewinnen der Folgejahre oder denen der Vorjahre verrechnet wird? Diese drei Möglichkeiten stehen als Grundformen der Verlustberücksichtigung im Rahmen periodischer Erfolgsbesteuerung zur Verfügung:

1. Der innerperiodische Verlustausgleich, bei dem ein Verlust gegen andere positive Ergebnisse des gleichen Besteuerungsabschnittes verrechnet wird;
2. die zwischenperiodische Verlustberücksichtigung, bei der der Verlust eines Besteuerungsabschnittes mit Gewinnen anderer Besteuerungsabschnitte verrechnet wird. Entsprechend der Richtung, in der der Übertrag vorgenommen wird, spricht man von
   a) Verlustvortrag = Verrechnung gegen Gewinne späterer Jahre,
   b) Verlustrücktrag = Verrechnung mit Gewinnen zurückliegender Jahre.

---

[5] Die Untersuchung berücksichtigt die Rechtsentwicklung in Deutschland bis Sommer 1957 (Gesetz zur Änderung steuerrechtlicher Vorschriften vom 26. 7. 1957), in Großbritannien bis Anfang 1957 (Finance Act 1956) und in den USA bis Sommer 1956.

[6] Diese Form der Verlustberücksichtigung ist nur bei der Einkommensteuer möglich.

Die größere Bedeutung besitzt die zwischenperiodische Verlustberücksichtigung, die auch die interessantesten Fragen aufwirft. Bei der Untersuchung der Richtung zwischenperiodischer Verlustberücksichtigung — dem wichtigsten Problem, das die Form der Verlustberücksichtigung betrifft — wird zu zeigen sein, daß im Prinzip sowohl durch den Vortrag als auch durch den Rücktrag die volle Verlustberücksichtigung herbeigeführt werden kann. Die Entscheidung wird damit — abgesehen von gleichfalls zu untersuchenden Sonderfällen, wie der Verlustberücksichtigung bei neugegründeten Unternehmungen einerseits und in der Liquidation befindlichen Unternehmungen andererseits — von Erwägungen steuerlicher Gleichmäßigkeit und Gerechtigkeit unabhängig, so daß neben administrativen und fiskalischen vor allem wirtschaftliche Erwägungen die entscheidende Bedeutung erlangen können.

Welchen Einfluß hat die Form der Verlustberücksichtigung auf die betriebliche Liquidität, auf die Risikobereitschaft und die Investitionsentscheidungen der Wirtschaftssubjekte? Resultieren aus ihnen und den Rückwirkungen auf das Steueraufkommen unterschiedliche Einflüsse auf die Wirtschafts- und Konjunkturentwicklung, die von Bedeutung für die Entscheidung über die Richtung zwischenperiodischer Verlustberücksichtigung sind — deutlicher: übt der Verlustrücktrag konjunkturstabilisierende Wirkungen aus, und welche Bedingungen sind für eine antizyklische Wirksamkeit des Verlustrücktrages erforderlich? Das sind die wichtigsten Fragen, die im Mittelpunkt des Hauptabschnittes 3 dieser Arbeit stehen.

Geht es bei der Untersuchung der Form der Verlustberücksichtigung somit vor allem um die Eignung des Verlustrücktrages zur Verwirklichung außerfiskalischer Zielsetzungen[7], so steht der zweite Teil des Abschnittes über die Probleme der Verlustberücksichtigung stärker unter den traditionellen finanztheoretischen Aspekten, die jedoch auch bei der Form der Verlustberücksichtigung nicht unbeachtet bleiben. Die verschiedenen zeitlichen und sachlichen Begrenzungen, die den Umfang der Verlustberücksichtigung einschränken und ihr den Charakter einer „Steuervergünstigung" verleihen, sind hier zu untersuchen.

In der Schlußbetrachtung werden die offenen steuerpolitischen Probleme auf dem Gebiet der steuerlichen Behandlung gewerblicher Verluste und ihre Lösungsmöglichkeiten de lege ferenda zusammengefaßt.

Den Abschluß der Arbeit bildet schließlich im Rahmen eines Anhangs eine kurze Darstellung verschiedener empirischer Untersuchungen zum Problem der Verlustberücksichtigung.

---

7 Die Legitimität staatlicher Finanz- und Steuerpolitk zur Erreichung derartiger Ziele kann in diesem Zusammenhang nicht untersucht werden; sie wird jedoch weithin anerkannt.

Die Arbeit gliedert sich zwischen Einführung und Schlußbetrachtung in drei Hauptabschnitte, deren Inhalt schlagwortartig wie folgt gekennzeichnet werden könnte. Im Hauptabschnitt 1 wird die Grundfrage „Warum Verlustberücksichtigung?" untersucht. Im Hauptabschnitt 2 schließt sich die Darstellung der Verlustberücksichtigung nach dem geltenden Recht — der bisherigen praktischen Lösungsversuche des steuerlichen Verlustproblems — an. Die sich aus dieser Darstellung ergebenden offenen Probleme werden im Hauptabschnitt 3 auf ihre Lösungsmöglichkeiten untersucht.

B. Abgrenzung des Untersuchungsgebietes

Die vorliegende Arbeit beschäftigt sich nur mit der steuerlichen Behandlung gewerblich-betrieblicher Verluste, d. h. solcher Verluste, die das Ergebnis der wirtschaftlichen Tätigkeit gewerblicher Unternehmungen sind. Gewerbliche Unternehmungen sind wirtschaftliche Organisationsformen unterschiedlicher Rechtsform, die im Wirtschaftsprozeß mit dem Ziel der Gewinnerzielung selbständig handelnd auftreten. Die Besteuerung erfaßt den Erfolg dieser Unternehmungen mehrfach in verschiedener Form, wobei die unterschiedliche Rechtspersönlichkeit der Unternehmungen berücksichtigt wird. Dieser Ausgangspunkt der Besteuerung — die Mehrfachbesteuerung des gewerblichen Erfolges durch die Einkommen-, Körperschaft- und Gewerbeertragsteuer — wird, da eine Prüfung ihrer Berechtigung den Rahmen der Arbeit sprengen müßte, für die vorliegende Untersuchung als gegeben angenommen. Auf die Probleme der Verlustberücksichtigung bei einer grundlegenden Änderung der Erfolgsbesteuerung, wie sie die Betriebssteuer darstellen würde, wird daher nicht eingegangen.

Die Begrenzung des Untersuchungsgebietes auf die Behandlung gewerblicher Verluste findet ihre Begründung und Berechtigung darin, daß die gewerbliche Wirtschaft am stärksten Schwankungen der Erfolgsentwicklung unterworfen und durch den hohen Kapitaleinsatz in besonderem Maße einem Verlustrisiko ausgesetzt ist. Außerdem besitzt die Erfolgsbesteuerung der gewerblichen Wirtschaft wegen ihrer Auswirkungen erhöhte gesamtwirtschaftliche Bedeutung.

Mit dieser Begrenzung des Untersuchungsgebietes wird das Bestehen eines steuerlichen Verlustproblems auf den anderen Gebieten der Erfolgsbesteuerung keineswegs negiert. Eine völlige Trennung wird sich im übrigen auch nicht immer durchführen lassen, da die Behandlung gewerblicher Verluste bei der Einkommensteuer natürlicher Personen eng mit der Behandlung der nichtgewerblichen Einkünfte und Verluste verbunden ist, auf die insoweit auch eingegangen wird, ohne dabei Vollständigkeit anzustreben.

Schließlich ist noch eine Bemerkung zu dem Erfolgs- bzw. Verlustbegriff, von dem diese Untersuchung ausgeht, notwendig. Die Wissenschaft — Finanz- und Wirtschaftstheorie ebenso wie die Betriebswirtschaftslehre — hat eine Vielzahl von Erfolgsbegriffen entwickelt. Diese unterscheiden sich vor allem in der Frage, welches Prinzip der Kapitalerhaltung — nominale, reale oder relative — dem Erfolgsbegriff zugrundegelegt werden soll und wie weit der Kreis wirtschaftlicher Vorgänge, die in die Erfolgsermittlung einbezogen werden, zu ziehen ist.

Auch die hiermit angerührte Problematik geht über die Aufgabenstellung dieser Arbeit hinaus und kann hier nicht behandelt werden, ohne daß damit ihre Bedeutung für die Erfolgsbesteuerung negiert wird. Das Problem der Verlustberücksichtigung erhebt sich aber bei schwankendem, d. h. wechselnd positivem und negativem Periodenerfolg für jeden Erfolgsbegriff, unabhängig von der Gestaltung seines materiellen Inhalts. Grundlage und Ausgangspunkt der Untersuchung steuerlicher Behandlung gewerblicher Verluste ist daher der Erfolgsbegriff des geltenden Steuerrechts in seinen verschiedenen Formen als Gewinn, Einkommen und Ertrag.

C. Prinzipien zur Beurteilung des Verlustproblems

1. Die Beziehungen zwischen den Besteuerungsprinzipien und den Staats- und Wirtschaftsauffassungen

Die Lösung eines steuerlichen Teilproblems, wie es die Berücksichtigung gewerblicher Verluste im Rahmen der Erfolgsbesteuerung darstellt, muß von den allgemeinen Zielsetzungen und Prinzipien der Besteuerung ausgehen. Allerdings kann sich nicht in jeder einzelnen steuerpolitischen Maßnahme die Gesamtheit der Besteuerungsprinzipien niederschlagen. Erst das Zusammenwirken aller Einzelmaßnahmen oder -formen in dem Gesamtgebäude, das man gemeinhin als Steuersystem bezeichnet, kann den herrschenden steuerpolitischen Idealen gegenübergestellt werden, wobei natürlich auch in den Einzelteilen des Systems keine großen Gegensätze auftreten sollten.

Die Besteuerungsgrundsätze sind jedoch, auch als hypothetisch formulierte Postulate der Finanzwissenschaft, keine absoluten Maßstäbe, sondern ändern sich mit den Staatsanschauungen und politischen Idealen der Zeit, aus denen sie abgeleitet sind[8]. Die meisten der bekannten Besteuerungsgrundsätze — insbesondere die Grundsätze der Steuerbemessung und der Steuerverteilung, die sich auf die Höhe der Steuerlast und ihre Verteilung in der Volkswirtschaft beziehen — finden ihre Begründung außerhalb der Finanzwissenschaft in den verschiedenen Staats-

[8] *Schmölders,* Günter, Finanzpolitik, Berlin 1955, S. 199.

und Wirtschaftsanschauungen[9]. Es ist daher unmöglich, bei einer Existenz widerstreitender staats-, wirtschafts- und sozialpolitischer Auffassungen und Zielsetzungen allgemein gültige Besteuerungsprinzipien aufzustellen und Folgerungen abzuleiten, die allgemein akzeptiert werden. Dies gilt selbst dort, wo die Unterschiede nur Varianten einer verkehrswirtschaftlichen Grundkonzeption sind, die sich durch Ablehnung oder mehr oder weniger starke Befürwortung wirtschaftlicher Aktivität des Staates unter Beachtung verkehrswirtschaftlicher Grundsätze unterscheiden.

Wir gehen davon aus, daß sich in den letzten Jahrzehnten — insbesondere unter dem Eindruck der Weltwirtschaftskrise der dreißiger Jahre — ein Wandel in den Aufgaben des Staates vollzogen hat. An die Stelle der wirtschafts- und finanzpolitischen Neutralität, die der ökonomische Liberalismus vom Staate forderte, ist die aktive Wirtschafts- und Finanzpolitik des Staates getreten, die auf eine Stabilisierung der konjunkturellen Entwicklung und auf die Sicherung eines möglichst hohen Beschäftigungsstandes hinzielt. Maßstab der ökonomischen Aktivität des Staates ist nach den Postulaten der herrschenden ökonomisch-sozialen Ideen das „Streben nach einer zugleich stetigen und größtmögliche Ausnutzung der Produktivkräfte sichernden Wirtschaftsentwicklung einerseits, nach einer gleichmäßigen Verteilung von Volkseinkommen und -vermögen in Verbindung mit sozialer Sicherheit andererseits"[10]. Der Erfüllung dieser Aufgaben dienen die Instrumente der Währungs-, Wirtschafts- und Finanzpolitik, von denen die staatliche Einnahmen- und Ausgabenpolitik bei dem heutigen Umfang der öffentlichen Haushalte eine besondere Rolle spielt.

Für die Besteuerung findet das Vordringen des staatlichen Interventionismus mit wirtschafts- und sozialpolitischer Zielsetzung seinen sinnfälligsten Ausdruck in der Anerkennung nicht-, neben- oder außerfiskalischer Zielsetzungen der Besteuerung neben den auf die staatliche Einnahmenbeschaffung gerichteten rein fiskalischen Zielsetzungen. Die Besteuerung ist heute als eines der wichtigsten Mittel der allgemeinen Wirtschaftspolitik erkannt[11], und es ist praktisch nicht mehr möglich, die verschiedenen „Haupt"- und „Neben"zwecke der Besteuerung voneinander zu trennen[12]. Das bedeutet aber zugleich, daß die Verteilung der Steuerlast nicht von einem einzelnen Prinzip allein, etwa der Besteuerung nach der Leistungsfähigkeit, der Förderung der Produktivität oder sozialpolitischer Redistribution, abgeleitet werden kann. Nach

---

[9] Siehe *Gerloff*, Wilhelm, Die öffentliche Finanzwirtschaft, Bd. I, 2. Aufl. Frankfurt am Main o. J., S. 174 ff. — ferner *Schmölders*, a. a. O. S. 205.

[10] *Neumark*, Fritz, Grundsätze und Arten der Haushaltsführung und Finanzbedarfsdeckung, in: HdF Bd. 1, 2. Aufl. Tübingen 1952, S. 622.

[11] *Neumark*, a. a. O. S. 623 f.

[12] *Zweifel*, Fridolin, Förderung und Lenkung industrieller Produktion durch steuerpolitische Maßnahmen, Bern 1948, S. 25.

Laufenburger macht die Verwendung der Einkommensteuer als Instrument des Interventionismus „die Aufrechterhaltung des Begriffs der steuerlichen Gerechtigkeit, mindestens in seiner absoluten Fassung, unmöglich“[13]. Das heißt aber nicht, daß die Grundsätze der Gleichmäßigkeit und der Besteuerung nach der Leistungsfähigkeit, die dem Gerechtigkeitsgrundsatz entsprungen sind, für die Verteilung der Steuerlast bedeutungslos geworden wären.

Zwischen den verschiedenen Zielsetzungen muß nicht in allen Fällen ein Gegensatz bestehen. Es gibt Situationen, in denen wirtschafts- und sozialpolitische Zielsetzungen miteinander harmonieren[14], ebenso kann, wie die weitere Untersuchung der Verlustberücksichtigung zeigen wird, zwischen dem Gleichmäßigkeits- und Leistungsfähigkeitsprinzip der Besteuerung und wirtschaftspolitischen Zielsetzungen Übereinstimmung bestehen.

Die verschiedenen Zielsetzungen und Prinzipien sind daher bei der Beurteilung eines steuerpolitischen Problems nebeneinander zu beachten und gegeneinander abzuwägen. Die letzte Entscheidung über eine stärkere Betonung des einen oder anderen Prinzips — von ‚equity‘ oder ‚efficiency‘, d. h. von steuerlicher Gleichmäßigkeit oder wirtschaftspolitischer Zielsetzung — bleibt stets eine politische Entscheidung, die aber in dem übergeordneten Ziel der gesamten Wirtschafts- und Finanzpolitik ihren Maßstab finden sollte.

2. Vier Aspekte zur Beurteilung des Verlustproblems

Um hiernach die verschiedenen, oft eng miteinander verbundenen Kriterien zur Beurteilung des vorliegenden steuerlichen Problems voneinander isolieren zu können, unterscheiden wir vier Aspekte: einen fiskalischen, einen finanztheoretischen, einen wirtschaftlichen und einen administrativen Aspekt.

a) Der fiskalische Aspekt

Unter dem fiskalischen Aspekt verstehen wir die Beurteilung steuerpolitischer Maßnahmen nach ihrer Wirkung auf das Steueraufkommen. Er findet seinen Maßstab im staatlichen Finanzbedarf und ist daher auf den Ertrag oder Ertragsausfall einer Steuer oder steuerpolitischen Maßnahme gerichtet, den er in seiner absoluten Höhe und zeitlichen Verteilung betrachtet.

Das Gewicht des fiskalischen Aspekts hängt davon ab, ob der Finanzbedarf des Staates als autonome Größe aufgefaßt oder ob die staatliche Ausgabenwirtschaft in eine allgemeine staatliche Wirtschafts- und

---

13 *Laufenburger,* Henry, Die Einkommensbesteuerung, in: HdF Bd. 2, 2. Aufl. Tübingen 1954, S. 453.

14 Siehe *Neumark,* a. a. O. S. 629 f.

Konjunkturpolitik eingeordnet wird. Im letzteren Falle verliert die fiskalische Betrachtung ihr eigenes Gewicht und verbindet sich mit wirtschaftlicher Betrachtung. Für die grundsätzliche Anerkennung oder Ablehnung der Verlustberücksichtigung besitzt der fiskalische Aspekt nur geringes Gewicht, da er lediglich die ‚fiskalische Manövriermasse' bestimmt, die für steuerpolitische Maßnahmen zur Verfügung steht, und damit wohl deren „Wann" und „Wie", langfristig jedoch niemals deren „Ob" beeinflußt. Er hat sich, wie die Entwicklung der Verlustberücksichtigung in den vergangenen Jahrzehnten gezeigt hat[15], lediglich als retardierendes Moment ausgewirkt.

Bei der Beurteilung der Form der Verlustberücksichtigung richtet sich der fiskalische Aspekt auf die Auswirkungen des Vor- bzw. Rücktrages auf die zeitliche Verteilung des Steueraufkommens, wobei die Beurteilung der beiden Formen auch von den deckungspolitischen Etatprinzipien beeinflußt wird.

b) Der finanztheoretische Aspekt

Der finanztheoretische Aspekt geht von den Grundsätzen der Besteuerung nach der Leistungsfähigkeit und der Gleichmäßigkeit der Besteuerung aus, die sich für eine Finanzsteuer i. S. Gerloffs als beherrschende Prinzipien für die Verteilung der Steuerlast herausgebildet haben. Die finanztheoretische Betrachtung untersucht wirtschaftliche und außerwirtschaftliche Tatbestände, an die die Besteuerung anknüpft, und entwickelt Maßstäbe steuerlicher Leistungsfähigkeit. Sie muß hierzu für unterschiedliche und ungleichartige ökonomische Erscheinungsformen beurteilen, ob sie für Zwecke der Besteuerung als vergleichbar angesehen werden können. Neben- und außerfiskalische Zielsetzungen sind mit diesen Betrachtungen, in denen die Besteuerung weitgehend als ein „Gerechtigkeitsproblem"[16] angesehen wird, nicht verbunden.

Beim Verlustproblem beschäftigt sich die finanztheoretische Betrachtung in der grundsätzlichen Auseinandersetzung zunächst mit der Bedeutung der Periodentrennung für die Erfolgsbesteuerung und insbesondere für die Beurteilung der Leistungsfähigkeit bei schwankendem und stabilem Erfolg.

Zur Form der Verlustberücksichtigung muß unter finanztheoretischem Aspekt geprüft werden, ob Verlustvortrag und -rücktrag in gleicher Weise geeignet sind, für sämtliche Verluste einen totalen oder partiellen Ausgleich herbeizuführen, oder ob die beiden Formen unter-

---

15 Siehe z. B. Denkschrift des RdF S 2033 — 1000 vom 23. 3. 1929 über die Besteuerung nach dem dreijährigen Durchschnitt und die Abzugsfähigkeit des Verlustvortrages bei der Einkommen- und Körperschaftsteuer. Deutscher Reichstag, IV. Wahlperiode 1928, Drucksache Nr. 940, S. 12 ff. (im folgenden zitiert: Denkschrift).

16 Siehe *Gerloff*, a. a. O. S. 175.

schiedliche Auswirkungen für die steuerliche Gesamtbelastung der Steuerpflichtigen besitzen. Außerdem ist zu prüfen, ob — wie das amerikanische Treasury Department annimmt[17] — aus zeitlich-ursächlichen Beziehungen der Erfolgselemente bestimmte Folgerungen für die Richtung zwischenperiodischer Verlustberücksichtigung gezogen werden können.

c) Der wirtschaftstheoretische und -politische Aspekt

Der wirtschaftstheoretische und -politische Aspekt sieht die Steuer als „Wirtschaftsproblem"[18] und untersucht die wirtschaftlichen Wirkungen der Besteuerung. Einzel- und gesamtwirtschaftliche Betrachtung sind dabei eng miteinander verbunden, da die gesamtwirtschaftlichen Wirkungen — wie die Beeinflussung der Wirtschaftsstruktur, der Wettbewerbsordnung und des Konjunkturverlaufes — auf den einzelwirtschaftlichen Wirkungen der Besteuerung — wie Beeinflussung der Kapitalbildung, Liquidität, Wettbewerbslage und der Ausgaben- und Investitionsentscheidungen der Unternehmungen — beruhen.

Eine auf dem ökonomischen Liberalismus fußende wirtschaftliche Betrachtung untersucht und erkennt diese Wirkungen der Besteuerung, ohne sie jedoch als legitim anzuerkennen, und sucht sie in ihrer Normgebung nach Art und Umfang zurückzudrängen. Auf der anderen Seite setzt eine wirtschaftliche Betrachtung, die die Aktivität des Staates anerkennt und fordert, positive Normen für eine wirtschaftliche Wirkung der Besteuerung. Sie beschäftigt sich insbesondere mit den Formen steuerlicher Gestaltung, die zur Erzielung bestimmter wirtschaftlicher Wirkungen erforderlich sind.

Bei der Untersuchung des Verlustproblems ist zwischen einzel- und gesamtwirtschaftlicher Betrachtung zu unterscheiden. Die einzelwirtschaftliche Betrachtung beschäftigt sich mit den Wirkungen der Verlustberücksichtigung für die einzelne von einem Verlust betroffene Unternehmung; dabei steht der Einfluß auf die Kapitalerhaltung und die Liquidität der Unternehmung im Vordergrund. Die Bedeutung der Verlustberücksichtigung ist hier von der Häufigkeit der Verlustfälle und der Bedeutung der Verlustunternehmungen in der Volkswirtschaft völlig unabhängig. Auch in Perioden hoher Konjunktur gibt es in einer Volkswirtschaft eine gewisse Anzahl von Unternehmungen, die — sei es aus betrieblicher Unwirtschaftlichkeit, sei es auf Grund von Strukturänderungen — Verluste erleiden und für die die Verlustberücksichtigung einzelwirtschaftlich bedeutsam ist.

Die gesamtwirtschaftlichen Wirkungen der Verlustberücksichtigung beruhen auf den einzelwirtschaftlichen; sie setzen aber, um sichtbar zu

---

17 US Treasury Department, Business Loss Offsets, Press Service No. S — 505, Washington October 24, 1947, p. 4 f.

18 Siehe *Gerloff*, a. a. O. S. 175.

werden, eine bestimmte Häufung von Verlustfällen voraus. Gesamtwirtschaftliche Bedeutung gewinnt die Verlustberücksichtigung daher insbesondere in einer Depression. Der gesamtwirtschaftliche Aspekt ist hier auf den Einfluß der verschiedenen Formen der Verlustberücksichtigung auf den Konjunkturverlauf gerichtet, insbesondere auf die Frage, ob besondere Gestaltungsformen der Verlustberücksichtigung positive konjunkturell antizyklische Wirkungen hervorrufen können. Daneben beschäftigt sich die gesamtwirtschaftliche Betrachtung mit den Einflüssen der Verlustberücksichtigung auf die ökonomische Funktion des Verlustes in der Verkehrswirtschaft und auf die Wettbewerbssituation der Unternehmungen.

d) Der administrative Aspekt

Der administrative Aspekt bezieht sich auf die verwaltungsmäßige Durchführung einer Steuer oder steuerlichen Maßnahme. Er beschränkt sich dabei nicht auf die verwaltungsmäßigen Erfordernisse oder Schwierigkeiten auf Seiten des Staates, sondern berücksichtigt auch die Auswirkungen des Besteuerungsverfahrens auf den Steuerpflichtigen. Die Hauptaufgaben der administrativen Betrachtung bestehen in der Untersuchung der zweckmäßigsten Durchführung einer steuerlichen Maßnahme und in der Prüfung der Frage, ob die verwaltungsmäßigen Erfordernisse in einem angemessenen Verhältnis zu dem verfolgten Ziel stehen und ob dieses durch verwaltungsmäßige Schwierigkeiten wesentlich beeinträchtigt wird.

Beim Verlustproblem besitzt der administrative Aspekt für die Grundentscheidung nur eine untergeordnete Bedeutung. Er wird vor allem bei der Untersuchung der verwaltungstechnischen Bedingungen wirksam, die zur Realisierung der mit bestimmten Formen der Verlustberücksichtigung angestrebten wirtschaftlichen Wirkungen erforderlich sind.

Die vier genannten Aspekte wirken bei der Beurteilung der steuerlichen Behandlung gewerblicher Verluste zusammen, keiner von ihnen kann isoliert berücksichtigt oder vernachlässigt werden. Die Gewichtung der einzelnen Aspekte und ihrer Varianten aber liegt bereits an der Grenze zwischen wissenschaftlicher Untersuchung und politischer Entscheidung, welche letztlich die Gestaltung der Besteuerung bestimmt.

Erster Hauptabschnitt

Die Notwendigkeit und Berechtigung der Verlustberücksichtigung

Die Frage nach der Notwendigkeit und Berechtigung der Verlustberücksichtigung wird in Literatur und Gesetzgebung heute allgemein positiv beantwortet; die grundsätzliche Auseinandersetzung hierüber ist in den zwanziger und dreißiger Jahren geführt worden. Wenn sie dennoch an den Anfang dieser Arbeit gestellt wird, so geschieht das nicht nur aus systematischen Gründen. Denn die Begründung der Verlustberücksichtigung ist auch für die Beurteilung verschiedener sachlicher und zeitlicher Begrenzungen, die heute noch bestehen, und darüber hinaus für die Form der Verlustberücksichtigung bedeutsam.

Sie geht einerseits von den Prinzipien der Besteuerung nach der Leistungsfähigkeit und der Gleichmäßigkeit der Besteuerung aus, wobei die Bedeutung des Zeitelements und der Periodenabgrenzung in der Erfolgsbesteuerung untersucht werden muß. Sie berücksichtigt andererseits aber auch die wirtschaftlichen Wirkungen, die eine Anerkennung oder Ablehnung der Verlustberücksichtigung auf die ökonomische Funktion des Verlustes in der Verkehrswirtschaft und auf die Risikobereitschaft und Investitionsentscheidungen der Wirtschaftssubjekte ausübt. Es läßt sich daher zwischen finanztheoretischer und wirtschaftstheoretischer und -politischer Begründung der Verlustberücksichtigung unterscheiden.

A. Finanztheoretische Begründung der Verlustberücksichtigung

Die finanztheoretische Begründung der Verlustberücksichtigung stützt sich auf den Charakter der Erfolgsbesteuerung als einer Rein- oder Nettoerfolgsbesteuerung.

Die Besteuerung soll nach finanzwissenschaftlichem Postulat bei der Verteilung der Steuerlast dem Prinzip der Besteuerung nach der Leistungsfähigkeit und dem der Gleichmäßigkeit folgen. Den besten Ausdruck steuerlicher Leistungsfähigkeit sieht die Finanztheorie bekanntlich im Einkommen, da es „Periodizitätscharakter aufweist und sich immer wieder erneuert, was dem [Steuer-]Pflichtigen die Wiederherstellung seiner Leistungsfähigkeit gestattet"[1]. Dies ist ausdrücklich nur für das Einkommen natürlicher Personen ausgesprochen, es trifft aber auch für das Einkommen — richtiger den Gesamtertrag — juristischer Personen zu, das ebenfalls Periodizitätscharakter aufweist und gleichfalls als Ausdruck steuerlicher Leistungsfähigkeit gilt.

Eine echte Erfolgssteuer kann nur auf die Erfassung des Netto-Erfolges gerichtet sein; sie muß die Erhaltung des zur Einkommenserzielung eingesetzten Kapitals gewährleisten und sämtliche Aufwandselemente als gewinnmindernd ansehen und damit steuerlich wirksam werden lassen. Eine Steuer, die diesem Postulat entspricht, berücksichtigt nicht nur die individuelle bzw. sachliche steuerliche Leistungsfähigkeit[2], sondern dient gleichzeitig dem fiskalischen Interesse, da sie die Steuerquellen schont und ihre weitere Ertragsfähigkeit sichert[3].

Die Verwirklichung einer echten Nettoerfolgssteuer hängt entscheidend von der Länge der Zeitspanne ab, für die der Erfolg ermittelt und der Steuer unterworfen wird. Bei einer stetigen positiven Erfolgsentwicklung können bereits bei einer Besteuerung des Jahreserfolges sämtliche Aufwandselemente steuerlich berücksichtigt werden. Treten aber Erfolgsschwankungen auf und reichen diese — wie in der modernen Verkehrswirtschaft — über den Zeitabschnitt eines Jahres hinaus, ist das Periodenergebnis also wechselnd positiv und negativ, so hängt die Verwirklichung der Netto-Erfolgsbesteuerung von der Anerkennung zwischenperiodischer Beziehungen ab. Eine Steuer auf der Basis strenger jährlicher Periodentrennung — also ohne Verlustberücksichtigung — würde dazu führen, daß einzelne Erfolgselemente steuerlich unberücksichtigt bleiben, und wäre im Extremfall sogar aus der Substanz zu zahlen. Amerikanische Untersuchungen[4] beweisen, daß dies nicht nur eine theoretische Annahme ist.

Da die Erfolgsschwankungen nur einen Teil der Unternehmungen und diese in unterschiedlichem Ausmaß treffen, würde eine solche Steuer Belastungsunterschiede hervorrufen und damit auch die Gleichmäßigkeit der Besteuerung beeinträchtigen. Es ist daher die Bedeutung des

---

1 *Laufenburger,* Die Einkommensbesteuerung, a. a. O. S. 450.

2 Das Einkommen natürlicher Personen ist Ausdruck individueller, persönlicher Leistungsfähigkeit, das Einkommen juristischer Personen Ausdruck sachlicher Leistungsfähigkeit. Siehe *Neumark,* Fritz, Zum Problem der Klassifikation der Steuerformen, in: Beiträge zur Geld und Finanztheorie, Tübingen 1951, S. 67 ff.

3 *Bergmann* erklärt die Verlustberücksichtigung allein aus dem Grundsatz der „Pflege und Erhaltung der Steuerquellen", den er dem als „Irrlicht" erkannten Grundsatz der Steuergerechtigkeit ausdrücklich entgegenstellt. *Bergmann,* R., Steuerfreier Verlustvortrag und oberste Besteuerungsgrundsätze, in: Die Aktuelle, 2. Jg. (1948), S. 122.

4 *Groves,* Harold M., Postwar Taxation and Economic Progress, New York 1946, p. 135 ff., sowie die dort zitierte Literatur. Siehe auch die im Anhang dargestellten empirischen Untersuchungen.

Zeitelements und der Periodenabgrenzung für die Erfolgsbesteuerung zu untersuchen.

1. Die Bedeutung des Zeitelementes und der Periodenabgrenzung für die Erfolgsbesteuerung

a) Die Beziehungen zwischen Steuererhebungs- und Erfolgsermittlungszeitraum

Das Zeitelement hat in der Erfolgsbesteuerung eine doppelte Funktion: Es umgrenzt den Veranlagungs-(Steuererhebungs-)Zeitraum und den Erfolgsermittlungszeitraum.

Veranlagungszeitraum ist die Zeitspanne, für die eine Steuer zu entrichten ist; seine Länge beträgt normalerweise in Anpassung an die Länge der Etatperiode ein Jahr.

Erfolgsermittlungszeitraum ist die Zeitspanne, für die der Erfolg als Besteuerungsgrundlage zu ermitteln ist, wozu alle in diesem Zeitraum realisierten, d. h. steuerlich wirksam gewordenen positiven und negativen Erfolgselemente gegenübergestellt werden.

Für das Verhältnis der Länge[5] von Ermittlungszeitraum und Veranlagungszeitraum gibt es folgende Möglichkeiten:

1. Der Ermittlungszeitraum ist kürzer als der Veranlagungszeitraum. Dies kann z. B. bei der Eröffnung oder Auflösung einer Unternehmung der Fall sein, wenn diese nur während eines Teiles des Veranlagungszeitraumes bestanden hat; ein Sonderfall, auf den hier nicht näher eingegangen zu werden braucht.

2. Ermittlungs- und Veranlagungszeitraum stimmen in der Länge überein. Dies ist der Fall einer Erfolgsbesteuerung mit strenger Periodentrennung, bei der eine Verlustberücksichtigung nicht anerkannt wird. Der steuerpflichtige Erfolg wird jeweils für ein Jahr und nur aus den in diesem Jahr realisierten Erfolgselementen ermittelt.

Eine Übereinstimmung von Ermittlungs- und Veranlagungszeitraum würde sich auch bei einer Besteuerung nach dem Totalerfolg ergeben. Diese ist aber nur theoretisch vorstellbar, da der Staat laufend Steuereinnahmen benötigt und sich eine allzu lange — streng genommen unendliche — Erhebungsperiode daher mit den Zwecksetzungen sowie den praktischen Erfordernissen der Besteuerung nicht vereinbaren läßt. Weil die Besteuerung nach der Totalperiode aber die Schwierigkeiten der Periodenabgrenzung nicht kennt und die steuerliche Wirksamkeit sämtlicher Erfolgselemente sichert, ist sie nicht zu Unrecht als das theoretische Ideal der Erfolgsbesteuerung bezeichnet worden[6].

---

5 Von der Übereinstimmung oder Abweichung der Lage der beiden Zeiträume, d. h. den Fragen der Besteuerung nach der Vergangenheit oder Gegenwart sowie des abweichenden Wirtschaftsjahres kann abgesehen werden, da diese keine Sonderprobleme der Verlustberücksichtigung einschließen.

6 Denkschrift, a. a. O. S. 9. — *Wölker,* Fritz, Der Verlustvortrag in der steuerlichen Erfolgsbilanz, Berlin 1933, S. 11.

3. Der Erfolgsermittlungszeitraum ist länger als der Veranlagungszeitraum. Dieser Fall tritt bei der Jahreserfolgsbesteuerung mit Verlustberücksichtigung und der Durchschnittsbesteuerung ein. In beiden Fällen werden außerhalb des Erhebungszeitraumes liegende Erfolgselemente in die Erfolgsermittlung einbezogen. Diese erstreckt sich zwar auch hier zunächst auf die Zeitspanne eines Jahres und nimmt dabei eine Periodenabgrenzung sämtlicher positiven und negativen Erfolgselemente vor[7]. Der zunächst auf Jahresbasis ermittelte Erfolg wird jedoch nicht unmittelbar als Ergebnis des Veranlagungszeitraumes der Steuer unterworfen, sondern durch außerhalb des Erhebungszeitraumes liegende Erfolgselemente korrigiert.

Bei der Verlustberücksichtigung wird der ungedeckte Aufwand eines Veranlagungszeitraumes auf einen anderen übertragen und hier steuerlich wirksam. Die Periodenabgrenzung bleibt zwar für die einzelnen positiven und negativen Erfolgselemente bestehen, die Periodentrennung wird aber für einen negativen Erfolgssaldo aufgehoben, und der Ermittlungszeitraum reicht dadurch praktisch über den Veranlagungszeitraum hinaus.

Bei der Durchschnittsbesteuerung werden die zunächst isoliert ermittelten Ergebnisse mehrerer Veranlagungsabschnitte zusammengefaßt, und der Durchschnittserfolg mehrerer Jahre ‚gilt' als Erfolg jedes Veranlagungsabschnittes. Das bedeutet die Aufhebung der Periodentrennung innerhalb der Zeitspanne, die jeweils der Durchschnittsberechnung zugrundegelegt wird, wobei diese Aufhebung alle Erfolgselemente und nicht nur einen negativen Erfolgssaldo berührt.

b) *Finanztheoretische Beurteilung der Periodentrennung*

Wie beurteilt die Finanztheorie die Periodentrennung? Da der Erfolgsbegriff ein Zweckbegriff ist, wäre es möglich, daß die Finanztheorie die Zeitspanne der Erfolgsermittlung ausschließlich nach fiskalischen Gesichtspunkten bestimmt und sich ohne Rücksicht auf die Kontinuität des Wirtschaftsprozesses für eine Anpassung an den Erhebungszeitraum ausspricht.

Dieser Weg wurde von dem Gesetzgeber in den ersten Reichseinkommensteuergesetzen nach dem ersten Weltkrieg beschritten, als von der Besteuerung nach dem mehrjährigen Durchschnitt, die in den meisten bundesstaatlichen Steuergesetzen bestanden hatte, zur Besteuerung des Jahreserfolgs ohne Verlustberücksichtigung übergegangen wurde. Die Begründung hierfür war vorwiegend fiskalischer Art; man kann in den

---

[7] Es ist bemerkenswert, daß keine praktisch realisierbare Form der Erfolgsbesteuerung auf eine Periodenabgrenzung — und sei es auch nur eine vorläufige und nur in die Zukunft gerichtete Abgrenzung gegenüber dem nachfolgenden Erhebungszeitraum — verzichten kann. Dies ist dadurch begründet, daß in jedem Jahr Steuerzahlungen zu leisten sind und der Erfolg daher mit dem Ende jedes Veranlagungszeitraumes neu ermittelt werden muß.

zwanziger und dreißiger Jahren aber auch den Versuch einkommenstheoretischer Begründungen für die Bindung des Einkommensbegriffes an den Zeitraum eines Jahres feststellen, wenn Verlustberücksichtigung und Durchschnittsbesteuerung als Widerspruch zum Einkommensbegriff bezeichnet werden und die Aufgabe der Einkommensbesteuerung in einer Erfassung des tatsächlichen Einkommens eines Jahres ohne Rücksicht auf die Verhältnisse anderer Jahre gesehen wird[8].

Der steuerliche Erfolgsbegriff wird hier autonom formuliert. Laufenburger[9] schreibt die Autonomie des Steuerrechts und seiner Begriffe gegenüber der Wirtschaftstheorie (und anderen Disziplinen) der „ausgeprägten Neigung“ des Steuerrechts zu, den Einkommensbegriff möglichst weit zu fassen, um den Steuerertrag groß werden zu lassen. Eine derartige fiskalische Zwecksetzung dieser Autonomie offenbart aber auch deren Begrenzung. Je mehr die steuerliche Belastung wirtschaftlicher Vorgänge ansteigt und diese dadurch nach Art und Umfang beeinflußt, desto mehr sollten sich die steuerlichen Begriffe den wirtschaftlichen anpassen, um schädliche wirtschaftliche Wirkungen zu vermeiden. Nur zwingende finanzpolitische Gründe sollten nach Neumark[10] zu einer Abweichung von den ökonomischen Begriffen führen.

Bereits in den zwanziger Jahren ist die Auffassung vertreten worden, der Ermittlungszeitraum müsse vom Wirtschaftsprozeß her bestimmt werden, da der Erfolg Ergebnis des Wirtschaftsprozesses ist und die über den Veranlagungszeitraum hinausreichenden Erfolgsschwankungen das isolierte Jahresergebnis willkürlich erscheinen lassen[11]. Heute kann es als herrschende Meinung bezeichnet werden, daß der kontinuierliche Wirtschaftsprozeß durch eine Jahresrechnung willkürlich zerlegt wird und die Wahl des Jahres als Ermittlungszeitraum wissenschaftlich nicht zu begründen ist[12].

Grundlage dieser Auffassung ist der Charakter der Besteuerung als einer Netto- oder Reinerfolgsbesteuerung. Aus dem Begriff des Reineinkommens folgt nach Neumark[13] nicht nur die sachliche Einheit der Einkünfte einer Person, sondern auch die zeitliche Einheit des Einkom-

---

8 *Popitz,* zit. in Denkschrift, a. a. O. S. 5. — ders., Einkommensteuer, a. a. O. S. 407 ff. — *Linker,* Josef, Subjektive und objektive Tendenzen in der Einkommenbesteuerung, Kassel 1934, S. 26.

9 *Laufenburger,* a. a. O. S. 461.

10 *Neumark,* Theorie und Praxis der modernen Einkommensbesteuerung, Bern 1947, S. 37.

11 Denkschrift, a. a. O. S. 50.

12 Siehe u. a. *Neumark,* Fritz, Problems of General Income Theory, in: Revue de la Faculté des Sciences Economique de l'Université d'Istanbul, Vol. 5 (1944), p. 181 f. — ders., Theorie und Praxis, a. a. O. S. 29 f. — *Beck,* op. cit. p. 4 (p. 70). The Economist, Vol. 158 (1950), p. 1131, zit. bei *Weise,* Herbert, Das britische Einkommensteuerrecht in wirtschaftlicher Sicht, Kiel 1950, S. 30.

13 *Neumark,* Theorie und Praxis, a. a. O. S. 30.

mens aufeinanderfolgender Jahre. Wenn in einem Jahr ein Verlust auftritt, kann nicht angenommen werden, daß in diesem Jahr keinerlei Einkommen vorliegt und als Ergebnis daher Null angesetzt werden könnte. Der Verlust muß berücksichtigt werden, da sonst nicht alle Aufwandselemente steuerlich wirksam werden und das Prinzip der Kapitalerhaltung verletzt wird[14].

Zu gleichen Ergebnissen kommt auch Helpenstein[15], der die Verlustberücksichtigung bereits in den zwanziger Jahren vom betriebswirtschaftlichen Kongruenzgedanken her vertrat, da nur bei steuerlicher Verlustberücksichtigung die Übereinstimmung (Kongruenz) von Totalerfolg und Summe der Periodenergebnisse gewährleistet ist. Auch die Kennzeichnung der Einkommensteuer als eine laufende Steuer, die die Ergebnisse der einzelnen Jahre als Glieder einer Kette treffen will[16], deutet auf die Anerkennung zwischenperiodischer Beziehungen hin.

2. Verlustberücksichtigung oder Durchschnittsbesteuerung?

In welcher Form aber sollen die zwischenperiodischen Beziehungen hergestellt werden: durch Verlustberücksichtigung oder auf dem Wege der Durchschnittsbesteuerung? Bei der Entscheidung dieser Frage muß Klarheit über die unterschiedlichen Zielsetzungen und Auswirkungen dieser beiden Formen bestehen.

Die Verlustberücksichtigung soll sämtliche Erfolgselemente steuerlich wirksam werden lassen und steuerliche Mehrbelastungen beseitigen, soweit sie durch Erfolgsschwankungen bedingt sind, die in den negativen Erfolgsbereich hinübergreifen. Sie würde damit die Forderung nach einer Netto-Erfolgsbesteuerung erfüllen.

Die Durchschnittsbesteuerung hat eine über die Verlustberücksichtigung hinausgehende Bedeutung nur für eine progressive Erfolgsbesteuerung und wird in erster Linie wegen ihrer progressionsabschwächenden Wirkung vertreten. Sie soll auch und vor allem diejenigen steuerlichen Belastungsunterschiede beseitigen, die infolge der Steuerprogression bei Erfolgsschwankungen im positiven Erfolgsbereich hervorgerufen werden. Die Durchschnittsbesteuerung schließt die Verlustberücksichtigung theoretisch ein und könnte daher auch bei proportionaler Besteuerung die gleiche Wirkung wie diese erzielen. Die volle Verlustberücksichtigung wird aber nur unter bestimmten Bedingungen erreicht.

---

14 *Neumark,* Problems, op. cit. p. 182.

15 *Helpenstein,* Franz, Die Durchbrechung des Grundsatzes der Kongruenz im Einkommen- und Körperschaftsteuergesetz durch Nichtberücksichtigung des Verlustvortrages, in: ZfhF, 22. Jg. (1928), S. 177—191, insb. S. 181.

16 *Becker,* Enno, Grundlagen der Einkommensteuer, München 1940, S. 40.

Bei einer Besteuerung nach dem mehrjährigen gleitenden Durchschnitt — der einzigen bisher praktisch erprobten Form der Durchschnittsbesteuerung — ist der in einem längeren Zeitraum besteuerte Gesamterfolg größer als der tatsächliche Erfolg, wenn mehrere Verlustjahre aufeinander folgen oder Jahre mit hohen Verlusten durch Jahre mit nur geringen Gewinnen getrennt werden. Die verlustausgleichende Wirkung der Besteuerung nach einem mehrjährigen gleitenden Durchschnitt hängt wesentlich von der zeitlichen Erfolgsverteilung und der Länge der Durchschnittsperiode ab. Diese Tatsache ist bei den bisherigen Untersuchungen der Verlustberücksichtigung und der Durchschnittsbesteuerung nicht mit der notwendigen Deutlichkeit hervorgehoben worden[17].

Hierzu zwei Beispiele[18]:

Beispiel a

Jahr	Erfolg	Steuerpflichtiger Erfolg bei			
		unbegrenzter Verlustberücksichtigung	Durchschnitts-Besteuerung		
			3-jährig	4-jährig	5-jährig
A 1	10				
A 2	10				
A 3	10				
A 4	10				
1	40	40	20	17,5	16
2	—20	—	10	10	10
3	—40	—	—	—	—
4	20	—	—	—	2
5	20	—	—	—	4
6	40	20	26,7	10	4
7	10	10	23,3	22,5	10
8	10	10	20	20	20
9	10	10	10	17,5	18
10	10	10	10	10	16
1—10	100	100	120	107,5	100

17 Die bei den Untersuchungen der Reichstagskommission angeführten Beispiele sind so konstruiert, daß der besteuerte Totalerfolg bei Verlustberücksichtigung und Durchschnittsbesteuerung übereinstimmt. Siehe Denkschrift, a. a. O. S. 163 ff.

18 Um den Einfluß einer zeitlichen Begrenzung der Untersuchungsperiode auf die Durchschnittsbesteuerung auszuschalten, mußten die Jahre A 1—A 4 vorangestellt werden, deren Ergebnis auf den steuerpflichtigen Erfolg der Jahre 1—4 bei Durchschnittsbesteuerung einwirkt. Als Ergebnis dieser Jahre und der letzten vier Jahre der Beispiele wurde der Durchschnitt der Jahre mit schwankendem Erfolg angenommen, so daß die Aussage der Beispiele durch die Grenzjahre nicht beeinflußt werden kann.

Beispiel b

Jahr	Erfolg	Steuerpflichtiger Erfolg bei			
		unbegrenzter Verlust-berücksichtigung	Durchschnitts-Besteuerung		
			3-jährig	4-jährig	5-jährig
A 1	10				
A 2	10				
A 3	10				
A 4	10				
1	—30	—	—	—	2
2	20	—	—	2,5	4
3	—50	—	—	—	—
4	10	—	—	—	—
5	40	—	—	5	—
6	30	20	26,7	7,5	10
7	40	40	36,7	30	14
8	20	20	30	32,5	28
9	10	10	23,3	25	28
10	10	10	13,3	20	22
11	10	10	10	12,5	18
12	10	10	10	10	12
1—12	120	120	150	145	138

Von einer vollen Verlustberücksichtigung im Rahmen der Durchschnittsbesteuerung kann nur dann gesprochen werden, wenn der steuerpflichtige Erfolg sich in der „Totalperiode“ (Jahr 1—10 bzw. 1—12) mit dem Gesamterfolg deckt. Die Beispiele zeigen nun, daß die Durchschnittsbesteuerung zwar die Erfolgskurve glättet und damit die Wirkung progressiver Besteuerung abschwächt, daß aber eine volle Verlustberücksichtigung nur unter bestimmten Bedingungen — vor allem ausreichender Länge der Durchschnittsperiode — erzielt wird.

Dieser Mangel haftet allerdings nur der Besteuerung nach dem mehrjährigen gleitenden Durchschnitt an, der ohnehin wegen seines Einflusses auf die zeitliche Verteilung des Steueraufkommens konjunkturpolitisch ungünstige Wirkungen hervorruft und auch für den Steuerpflichtigen wegen des Nachhinkens der Steuerbelastung nachteilig sein kann.

Die von Vickrey vorgeschlagene Besteuerung nach einem kumulativen Durchschnitt[19] dagegen bewirkt neben der Progressionsabschwächung auch eine volle Verlustberücksichtigung. Ebenso kann die Besteuerung

19 *Vickrey,* William, Agenda for Progressive Taxation, New York 1947, p. 172 ff. Nach *Vickrey's* Vorschlag werden die Ergebnisse der einzelnen Jahre fortlaufend addiert und für das Gesamtergebnis die Gesamtsteuer jährlich neu errechnet, wozu eine Vielzahl von Steuertabellen entsprechend der unterschiedlichen Länge der Gesamtperiode bei den verschiedenen Steuerpflichtigen notwendig ist. Die Steuer für das jeweilige Veranlagungsjahr ergibt sich als Differenz der Gesamtsteuer für die — von Jahr zu Jahr an Länge zuneh-

nach einem mehrjährigen Durchschnitt ohne Überlappung der einzelnen Durchschnittsperioden, wie sie von Simons und Groves[20] vorgeschlagen wird, bei ausreichender Länge der Durchschnittsperiode die volle Verlustberücksichtigung einschließen.

Angesichts der Tatsache, daß die Verlustberücksichtigung nur die Erfolgsschwankungen im negativen und nicht auch im positiven Erfolgsbereich ausgleicht, ist es nicht verwunderlich, daß sie als steckengebliebener Ansatz zur Durchschnittsbesteuerung gekennzeichnet und als unvollkommen kritisiert wird. Nach Plew ist es „betriebswirtschaftlich gar nicht einzusehen, daß nur das negative Geschäftsergebnis mit dem Gewinn der kommenden Jahre als Einheit zusammengefaßt wird, daß aber vom 0-Ergebnis aufwärts die Progression in vollem Umfang wirksam werden soll“[21]. Da die Durchschnittsbesteuerung nur für die progressiv gestaltete Einkommensteuer natürlicher Personen Bedeutung besitzt, wird ihre Anerkennung oder Ablehnung aber nicht so sehr vom betriebswirtschaftlichen als vom finanzwissenschaftlichen Standpunkt zu untersuchen sein, wobei die Begründung für die Steuerprogression selbst berücksichtigt werden müßte. Damit erhebt sich die Frage, ob die Steuerprogression eine Bindung des Erfolgsbegriffes an die Zeitspanne eines Jahres fordert oder rechtfertigt. Man wird hierbei berücksichtigen müssen, daß für die progressive Einkommensteuer die Höhe des Erfolges nur eine, die sachliche, Seite der Leistungsfähigkeit ist und daß diese auch durch subjektive, in der persönlichen Sphäre des Steuerpflichtigen begründete, Momente bestimmt ist. Ob von hier aus aber eine Ablehnung der Durchschnittsbesteuerung finanztheoretisch begründet werden könnte, muß zweifelhaft erscheinen, wenn man die Willkürlichkeit der Periodentrennung einmal grundsätzlich anerkannt hat. Wir lassen diese Frage hier dahingestellt sein. Praktisch wirksam sind vor allem administrative Erwägungen, die gegen den kumulativen Durchschnitt von Vickrey und auch gegen den Simons-Groves'schen

---

mende — Totalperiode zur Gesamtsteuer am Ende des Vorjahres. Verluste sowie bereits ein unterdurchschnittliches aber noch positives Ergebnis können Steuererstattungen auslösen. Das System wird durch einen Zinsfaktor kompliziert, durch den die früheren Steuerzahlungen auf den Gegenwartswert umgerechnet werden, um das Interesse an einer Erfolgsverlagerung in die Zukunft auszuschalten.

20 *Simons,* Henry C., Personal Income Taxation, Chicago 1938, p. 154, zit. bei *Groves,* Postwar Taxation, op. cit. p. 227 f. Nach dem Vorschlag von *Simons-Groves* wird die Besteuerung zunächst auf der Basis des Jahreserfolges und nach den normalen Tarifen durchgeführt. Nach Ablauf einer bestimmten Zeitspanne, für die 5—10 Jahre vorgeschlagen werden, soll aber eine Berichtigung der Veranlagungen nach dem Durchschnittsergebnis dieser Jahre vorgenommen werden. Eine Überlappung der Durchschnittsperioden soll ausgeschlossen werden. Aus administrativen Gründen sollen Erstattungen nur dann durchgeführt werden, wenn sie mindestens 5—10 % der tatsächlich gezahlten Steuer übersteigen.

21 *Plew,* Steuerlicher Betriebsgewinn im dreijährigen Durchschnitt, FR, 4. Jg. (1949), S. 43.

Plan sprechen. Der mehrjährige gleitende Durchschnitt dagegen, der administrativ leichter zu handhaben wäre, ist in seiner verlustausgleichenden Wirkung unzuverlässig.

Eine Ablehnung der Durchschnittsbesteuerung, die nicht auch finanztheoretisch begründet werden kann, und die Beschränkung auf die Verlustberücksichtigung müssen aber in der Erkenntnis geschehen, daß dadurch nicht alle steuerlichen Nachteile beseitigt werden, die durch die Periodentrennung bei schwankendem Erfolg hervorgerufen werden[22].

Für die praktische Gestaltung der Verlustberücksichtigung ergibt sich aus dem Fehlen einer allgemeinen Durchschnittsbesteuerung eine wesentliche Folgerung: Die Verlustberücksichtigung darf dem Steuerpflichtigen nicht die Möglichkeit geben, die Erfolgskurve willkürlich über mehrere Gewinnjahre zu nivellieren und damit über die Verlustberücksichtigung hinaus eine echte Progressionsabschwächung herbeizuführen. Nach finanztheoretischer Beurteilung[23] kann dem Steuerpflichtigen nicht das Recht eingeräumt werden, zwischen verschiedenen Formen der Verlustberücksichtigung zu wählen oder einen berücksichtigungsfähigen Verlust beliebig über mehrere Gewinnjahre zu verteilen. Es würde dem Grundsatz der Gleichmäßigkeit der Besteuerung widersprechen, wenn ein Steuerpflichtiger, der einen Verlust erlitten hat, die Verlustberücksichtigung zur Glättung der Erfolgskurve im positiven Erfolgsbereich benutzen könnte (was durch die Verlustberücksichtigung allein noch nicht bewirkt wird), während ein Steuerpflichtiger mit schwankendem aber stets positivem Erfolg keine Möglichkeit hat, die Willkürlichkeiten der zeitlichen Erfolgsverteilung im positiven Erfolgsbereich und ihre steuerlichen Auswirkungen abzuschwächen.

Zusammenfassend führt die *finanztheoretische Betrachtung* zu folgendem *Ergebnis:* Die fiskalischen Zwecke der Besteuerung erfordern eine Steuererhebung nach jährlichen Zeitabschnitten. Damit wird der kontinuierliche Wirtschaftsprozeß willkürlich zerlegt. Für eine Autonomie des steuerlichen gegenüber dem wirtschaftlichen Erfolgsbegriff besteht keine zwingende Notwendigkeit. Bei Steuerpflichtigen mit wechselnd positivem und negativem Periodenergebnis treten steuerliche Mehrbelastungen gegenüber den Steuerpflichtigen mit stabilem Erfolg auf. Die Verwirklichung einer echten Netto-Erfolgsbesteuerung erfordert die Anerkennung zwischenperiodischer Beziehungen. Die Durchschnittsbesteuerung geht mit ihrer vorwiegend auf Progressionsabschwächung gerichteten Zielsetzung über die Verlustberücksichtigung hinaus. Sie

---

22 *Neumark,* Fritz, Internationale Entwicklungstendenzen auf dem Gebiete der Einkommensbesteuerung, in: Weltwirtschaftliches Archiv, Bd. 63 (1949 Teil II) S. 37.

23 Der finanztheoretischen Beurteilung kann die wirtschaftspolitische entgegenstehen. Auf diese Frage wird bei der Untersuchung der Form der Verlustberücksichtigung noch einzugehen sein (s. S. 152 f.).

gewährleistet aber nicht in allen Fällen eine steuerliche Wirksamkeit sämtlicher Aufwandselemente oder stößt auf administrative oder konjunkturpolitische Bedenken. Die Verlustberücksichtigung erfüllt die Forderung nach einer echten Netto-Erfolgsbesteuerung.

B. Wirtschaftstheoretische und wirtschaftspolitische Rechtfertigung der Verlustberücksichtigung

Die Anerkennung oder Ablehnung der Verlustberücksichtigung übt bestimmte wirtschaftliche Wirkungen aus, die bei der Entscheidung dieses Problems nicht außer acht gelassen werden dürfen, da die Steuerpolitik sich in die allgemeine Wirtschaftspolitik einfügen und den Grundprinzipien der Wirtschaftsordnung entsprechen muß.

Bei den wirtschaftlichen Wirkungen der Verlustberücksichtigung — es handelt sich hier wohlgemerkt zunächst nur um die Grundentscheidung über Anerkennung oder Ablehnung, noch nicht um spezielle Gestaltungsformen — lassen sich zwei Teilfragen unterscheiden:

1. Der Einfluß der Verlustberücksichtigung auf die ökonomische Funktion des Verlustes und auf die Wettbewerbssituation der Unternehmungen;
2. der Einfluß der Verlustberücksichtigung auf die Risikobereitschaft der Wirtschaftssubjekte.

1. Der Einfluß der Verlustberücksichtigung auf die ökonomische Funktion des Verlustes in der Verkehrswirtschaft und auf die Wettbewerbssituation der Unternehmungen

a) Die ökonomische Funktion des Verlustes in der Verkehrswirtschaft

In der auf Arbeitsteilung beruhenden freien Verkehrswirtschaft werden Produktion, Kapitalbildung und Verbrauch durch das freie Spiel von Angebot und Nachfrage über den Marktpreis reguliert. Das treibende Motiv für den Kapitaleinsatz privater Wirtschaftssubjekte ist das Streben nach größtmöglichem Gewinn, das die Kapitalverteilung in der Volkswirtschaft beeinflußt. Zu ihm treten in unterschiedlichem Maße auch außerwirtschaftliche Motive hinzu. Der Gewinnchance steht das Verlustrisiko gegenüber. Der Verlust ist das Kennzeichen dafür, daß die wirtschaftlichen Leistungen einer Unternehmung bei der gegebenen Struktur des volkswirtschaftlichen Bedarfs auf dem Markt keine ausreichende Anerkennung finden. Solange die Unternehmung Verluste einzelner Erzeugnisse oder Leistungen durch Gewinne anderer Erzeugnisse ausgleichen kann, ist sie in ihrer Existenz nicht bedroht. Ist aber das Gesamtergebnis einer Unternehmung negativ, dann besitzt sie in der Verkehrswirtschaft keine Existenzberechtigung, da sie Produktionsfaktoren bindet und einer besseren Ausnutzung vorenthält.

Die Deutung des Verlustes als „Strafe für Fehlinvestitionen, Unwirtschaftlichkeit und Marktunkenntnis“[24] kann sich ebenso wie die vorhergehende Kennzeichnung nur auf Verluste beziehen, die über einen längeren Zeitraum hinweg auftreten. Anlaufverluste, die bei Neugründungen und Neuentwicklungen oft unvermeidlich entstehen, sind noch kein Beweis für Unwirtschaftlichkeit oder Fehlinvestition. Ebenso muß diese Kennzeichnung dort eine Einschränkung erfahren, wo die Wirksamkeit des Marktmechanismus durch außerökonomische Einflüsse beeinträchtigt wird.

Im Grundsatz wird die nützliche ökonomische Funktion des Verlustes durch diese Einschränkungen aber nicht berührt. Sie besteht in der Aussonderung unwirtschaftlicher, nicht genügend leistungsfähiger Unternehmungen und trägt zu einer Kapitalverteilung bei, die dem bestehenden Bedarf der Volkswirtschaft am zweckmäßigsten gerecht wird. Die Besteuerung muß die Funktion des Verlustes berücksichtigen, wenn sie ein wichtiges Lenkungsprinzip der Verkehrswirtschaft nicht beeinträchtigen will[25].

b) Die Wirkungen der Verlustberücksichtigung

Es erhebt sich daher die Frage, ob die Verlustberücksichtigung diese Funktion beeinträchtigt, indem sie die Liquidation unwirtschaftlicher Unternehmungen hemmt oder gar verhindert. Eng damit verbunden ist die Frage, ob die Verlustberücksichtigung die Unternehmungen mit wechselnd positiven und negativen Periodenergebnissen in ihrer Wettbewerbssituation gegenüber den übrigen Unternehmungen begünstigt, worauf in der Literatur insbesondere bei der Behandlung der zeitlichen Dauer der Verlustberücksichtigung eingegangen worden ist. Verschiedentlich wird eine zeitliche Begrenzung der Verlustberücksichtigung mit der Förderungsunwürdigkeit von Unternehmungen, die über einen bestimmten Zeitraum hinaus Verluste erlitten haben, begründet. Hier interessiert noch nicht die zeitliche Begrenzung sondern lediglich die Tatsache, daß in der Verlustberücksichtigung eine Begünstigung unwirtschaftlicher Unternehmungen gesehen wird, was gleichbedeutend

---

[24] *Schmölders,* Günter, Steuersystem und Wettbewerbsordnung, in: Ordo, Bd. 3, 1950, S. 141 f.

[25] Unberührt davon bleiben die Möglichkeiten oder gar Notwendigkeiten einer staatlichen Subventionierung für bestimmte Wirtschaftszweige, die standort- oder strukturpolitisch begründet sein kann. Für derartige gezielte Maßnahmen sind aber zumeist feinere Mittel notwendig als die Erfolgsbesteuerung, die zwischen einzelnen Wirtschaftszweigen nicht oder nur ungenau differenzieren kann. Außerdem ist es wirtschafts- und finanzpolitisch wünschenswert, Subventionen als solche kenntlich zu machen und in ihrer Höhe feststellen zu können. Beides wird bei einer Subventionierung auf dem Wege der Besteuerung erschwert.

mit einer Beeinträchtigung der Auslesefunktion des Verlustes wäre. Dieckhoff[26] hat den unbegrenzten Verlustvortrag mit gewissen Einschränkungen als eine Prämie auf unternehmerische Untüchtigkeit bezeichnet. In den Parlamentsberatungen zur Steuerreform 1954 wurde eine Ausdehnung des Verlustvortrages von drei auf fünf Jahre von einer Minderheit mit der Begründung abgelehnt, daß Unternehmungen, die über mehrere Jahre unwirtschaftlich geführt werden, nicht förderungswürdig seien[27].

α) Bedeutet die Verlustberücksichtigung eine steuerliche Begünstigung der Verlustunternehmungen?

Ob die Verlustberücksichtigung tatsächlich eine Begünstigung der Verlustunternehmungen darstellt, soll an einem Beispiel untersucht werden. Wir vergleichen vier Unternehmungen, von denen A im Laufe von fünf Jahren nur Gewinne, B nur Verluste erzielt, während bei C und D Gewinne und Verluste auftreten, wobei die Summe der Periodenergebnisse bei C positiv und bei D negativ ist.

Unternehmungen	Periodenergebnisse					Gesamtergebnis	Durchschnittsergebnis
	1	2	3	4	5		
A	10	10	10	10	10	50	10
B	—10	—5	—15	—10	—10	—50	—10
C	25	—10	—15	30	20	50	10
D	—30	—20	15	10	—25	—50	—10

Um die Wirkung der Verlustberücksichtigung feststellen zu können, werden drei Situationen verglichen.

a) Es existiert keine Erfolgsbesteuerung;

b) es besteht eine 20prozentige Erfolgsbesteuerung ohne Verlustberücksichtigung;

c) es besteht eine 20prozentige Erfolgsbesteuerung mit Verlustberücksichtigung.

Für die Unternehmung B ergibt sich sofort die Unmöglichkeit jeglicher erfolgsteuerlichen Verlustberücksichtigung, da keine Gewinne erzielt worden sind, durch die der Verlust ausgeglichen werden könnte. Eine echte „Verlustbeteiligung" des Staates gibt es im Rahmen der Erfolgsbesteuerung nicht. Die Äußerung von Beck, daß der Anteil des Staates am Gewinn und am Verlust im Falle unbeschränkter Verlust-

[26] Siehe Kapitalbildung und Steuersystem, Veröffentlichungen der Friedrich List-Gesellschaft, Bd. 3, Berlin 1930, S. 375.

[27] Verhandlungen des Deutschen Bundestages, 2. Wahlperiode 1953, Berichte, S. 2684 f. (55. Sitzung).

berücksichtigung dem Steuersatz entspricht[28], ist mißverständlich. Der Staat nimmt steuerlich stets nur am Gewinn teil und läßt Periodenverluste im äußersten Falle bis zur Höhe der Periodengewinne gegen sich gelten[29].

Damit beschränkt sich die „Begünstigungsmöglichkeit" durch die steuerliche Verlustberücksichtigung auf Unternehmungen, die wenigstens zeitweise Gewinne erzielen. Wir ermitteln die Wirkung der Verlustberücksichtigung durch einen Vergleich des Gesamtergebnisses der Unternehmungen bei Änderung der Situation in den Fällen a—c. Beim Fehlen einer Erfolgsbesteuerung (Fall a) beträgt der Gesamtgewinn der Unternehmungen A und C 50 und verhält sich wie 1 : 1. Durch die Einführung der 20prozentigen Erfolgssteuer ohne Verlustberücksichtigung verringert sich der Gewinn bei A auf 40 und bei C auf 35, wodurch sich das Verhältnis zuungunsten von C auf 1 : 0,875 verschiebt. Die Einführung der unbegrenzten Verlustberücksichtigung (Fall c) würde die Unternehmung A nicht berühren, für C dagegen das Ergebnis auf 40 verbessern und damit die alte Relation wiederherstellen. Bei der Unternehmung D verschlechtert sich das Gesamtergebnis durch eine 20prozentige Erfolgssteuer ohne Verlustberücksichtigung (Fall b) von —50 auf —55 und verbessert sich mit der Einführung der Verlustberücksichtigung wieder auf —50.

---

28 *Beck,* Morris, Tax Treatment of Business Losses, Diss. Columbia University 1951, p. 228 f. (p. 81). Die nur in Maschinenschrift zugängliche Dissertation ist teilweise abgedruckt unter dem Titel: Carryover of Business Losses, in: National Tax Journal, Vol. 6 (1953), p. 69. Soweit sich im Folgenden Zitate und Anlehnung auf Stellen beziehen, die hier veröffentlicht sind, werden sie neben der Zitierung *Beck,* Diss., op. cit. p. ... durch Zusatz (p. ...) gekennzeichnet.

29 E. Cary *Brown* (Business Income Taxation and Investment Incentives, in: Income, Employment and Public Policy, New York 1948, p. 330) untersucht unter konjunkturpolitischen Aspekten eine echte Verlustbeteiligung des Staates nach Art einer negativen Steuer. Danach würde die Verlustunternehmung ohne Rücksicht auf frühere oder spätere Gewinne — d. h. ohne Rücksicht auf ihre Rentabilität in der Totalperiode — im Verlustjahr vom Staat eine Zahlung erhalten, deren Höhe der Steuer auf einen gleich großen Gewinn entsprechen würde. Nur bei einem solchen System, das bisher nirgends existiert hat, würde auch der Anteil des Staates am Verlust dem Steuersatz entsprechen, wobei dieses System zweifellos eine Begünstigung der Verlustunternehmung und eine starke Beeinträchtigung der Funktion des Verlustes bedeuten würde. Völlig beseitigt wäre die Verlustfunktion aber auch hier nicht, da trotz der negativen Steuer ein Verlustrest bleibt, der die Substanz der Unternehmung und damit ihre Lebensfähigkeit angreift. E. C. *Brown* behandelt die echte Verlustbeteiligung des Staates unter konjunkturpolitischen Aspekten und geht auf ihre Auswirkungen auf die Wettbewerbssituation der Unternehmungen und die Verlustfunktion nicht ein. Ralph S. *Brown* (Techniques for Influencing Private Investment, in: Income Stabilization for a Developing Democracy, New Haven 1953, p. 397) hält sie aber auch aus konjunkturpolitischen Gründen für einen ständigen Gebrauch für ungeeignet, „unless we posit secular stagnation and an attendant need for continual inducement to invest" (p. 418 f.).

Was zeigt dieses Beispiel? Bei der Betrachtung des Netto-Ergebnisses mehrerer Perioden ist die Frage der „Begünstigung“ abhängig von der steuerlichen Ausgangssituation. Die Einführung der Verlustberücksichtigung bei einer bestehenden Erfolgsbesteuerung verbessert den Gesamterfolg der Unternehmungen mit wechselnd positivem und negativem Erfolg und scheint sie dadurch in ihrer Wettbewerbssituation gegenüber den übrigen Unternehmungen zu begünstigen. In Wirklichkeit stellt sie jedoch nur die Erfolgsrelation wieder her, die durch die Einführung der Erfolgsbesteuerung ohne Verlustberücksichtigung verändert worden war. Die Verlustberücksichtigung stellt also keine Begünstigung dar, ihr Fehlen ist vielmehr eine Benachteiligung, eine Diskriminierung der Unternehmungen mit schwankendem Erfolg. Diese Unterscheidung ist nicht etwa eine terminologische Spitzfindigkeit, sondern hebt — wie das Beispiel zeigt — einen echten Unterschied hervor, der sich als Abweichung von dem theoretischen Modell einer steuerfreien Wirtschaft ergibt, das allein ein Maßstab für Wirkungen unterschiedlicher Besteuerungsformen sein kann.

β) Keine wesentliche Beeinträchtigung der Selektionsfunktion des Verlustes

Das obige Beispiel beweist auch, daß die selektive Funktion des Verlustes durch die Verlustberücksichtigung nicht wesentlich beeinträchtigt oder gar beseitigt wird. Die unrentable Unternehmung B wird durch die Verlustberücksichtigung nicht berührt, die Unternehmung C dagegen hat ihre Daseinsberechtigung erwiesen. Das Fehlen der Verlustberücksichtigung würde sie weniger rentabel erscheinen lassen, als sie in Wirklichkeit ist, und daher eine steuerbedingte Verschärfung der Verlustfunktion bedeuten. Bei der Unternehmung D wird die Verlustberücksichtigung am leichtesten den Eindruck einer Beeinflussung der Selektionsfunktion des Verlustes erwecken, da hier eine langfristig gesehen unrentable Unternehmung eine Steuerermäßigung erhält, die ihre Auszehrung verlangsamt und die volkswirtschaftlich notwendige Liquidation hinauszögert. Da eine Erfolgsteuer in den Gewinnjahren aber nicht einen echten Netto-Gewinn träfe, würde sie — wie auch der Vergleich mit dem theoretischen Modell der steuerfreien Wirtschaft zeigt — eine beschleunigte Auszehrung der Unternehmungssubstanz bewirken. Das Urteil einer Beeinträchtigung der Selektionsfunktion läßt sich bei der Unternehmung D, wenn überhaupt, nur ex post fällen; eine Verlustberücksichtigung nach anfänglichen Verlusten und anschließender, wenn auch nur vorübergehender, Wiederherstellung der Rentabilität kann niemals als eine solche Beeinträchtigung bezeichnet werden, da die Erzielung von Gewinnen nach den verkehrswirtschaftlichen Gesetzmäßigkeiten die Existenzberechtigung der Unternehmung beweist.

Ein abschließendes Urteil über die Einflüsse der Verlustberücksichtigung auf den verkehrswirtschaftlichen Lenkungsmechanismus läßt sich hier noch nicht fällen, da hierfür auch die Gestaltungsform der Verlustberücksichtigung von Bedeutung ist. Dennoch kann man im Vorgriff auf die Ergebnisse der Untersuchung zur Form der Verlustberücksichtigung[30] mit Groves feststellen, daß die nützliche ökonomische Funktion des Verlustes „would not be seriously impaired if the income tax were operated as a t r u e n e t - income tax instead of as one in name only“[31].

Die Frage der Verlustberücksichtigung besitzt dadurch einen besonderen wettbewerbspolitischen Aspekt, daß Großunternehmungen und Konzerne zumeist die Möglichkeit besitzen, Verluste einzelner Produktionszweige oder Anlaufverluste neuer Fertigungen durch Gewinne anderer Produktionszweige innerperiodisch auszugleichen, ohne daß dies steuersystematisch in Erscheinung tritt. Groves bezeichnet diese Unternehmungen daher sehr treffend als eine „mutual insurance company“[32]. Kleinere Unternehmungen, die wegen ihrer geringen Kapitalbasis in der Variationsmöglichkeit wirtschaftlicher Betätigung beschränkt sind, bedürfen zur steuerlichen Anerkennung gleichartiger Verluste der zwischenperiodischen Verlustberücksichtigung[33]. Die Anerkennung der Verlustberücksichtigung ist daher auch notwendig, um zur Schaffung gleicher Wettbewerbsbedingungen zwischen Groß- und Kleinbetrieben beizutragen.

2. Der Einfluß der Verlustberücksichtigung auf die Risikobereitschaft der Wirtschaftssubjekte

Eine Besteuerung des Jahreserfolges ohne Verlustberücksichtigung schafft nicht nur innerhalb der einzelnen Wirtschaftszweige Belastungsunterschiede, die hier noch als Folge unterschiedlicher Wirtschaftlichkeit gedeutet werden könnten, sie bewirkt vor allem auch eine Diskriminierung zwischen strukturell unterschiedlichen Wirtschaftszweigen. Die Konjunkturschwankungen treffen die verschiedenen Wirtschaftszweige in unterschiedlichem Ausmaß. Im allgemeinen ist das Risiko konjunkturbedingter Periodenverluste in den Produktionsmittelindustrien höher als in den Konsumgüterindustrien[34, 35]. Auch in neu-

---

30 Siehe S. 130 ff.

31 *Groves*, op. cit. p. 132.

32 *Groves*, op. cit. p. 131.

33 *Hiller*, Werner, Die Behandlung von Verlusten in der deutschen und amerikanischen Einkommensteuergesetzgebung, in: Wpg., 1. Jg. (1948), S. 20, ebenso *Groves*, op. cit. p. 131.

34 Siehe hierzu die Untersuchung des Machinery and Allied Products Institute, Capital Goods Industries and Federal Income Taxation, Chicago 1940, zit. bei *Groves* op. cit. p. 132 f. (Das Ergebnis dieser Untersuchung ist im Anhang kurz dargestellt.)

35 Es mag vermerkt werden, obwohl es nach dem vorhergehenden Abschnitt

gegründeten Unternehmungen und neuentstandenen Wirtschaftszweigen besteht ein höheres Verlustrisiko, das hier allerdings nicht konjunkturell, sondern durch die häufig unvermeidlichen Anlaufverluste bedingt ist.

Dem höheren Verlustrisiko steht zumeist eine entsprechende Gewinnchance gegenüber, die erst die Bereitschaft zu Investitionen mit hohem Risikograd schafft. Übt die Anerkennung oder Ablehnung der Verlustberücksichtigung einen Einfluß auf diese Risikobereitschaft der Wirtschaftssubjekte aus? Diese Frage ist vornehmlich von Beck[36] und Domar-Musgrave[37] untersucht worden, auf deren Arbeiten sich die folgende Darstellung im wesentlichen stützt.

Eine Erfolgsbesteuerung ohne Verlustberücksichtigung verändert das Verhältnis von Gewinnchance und Verlustrisiko; der erzielbare Nettogewinn wird durch die Besteuerung reduziert, während das Verlustrisiko unvermindert bestehen bleibt. Die Ertragsunterschiede der Investitionen mit unterschiedlichem Risikograd verringern sich. Das kann zu einer Verminderung der Risikobereitschaft der Wirtschaftssubjekte führen, wenn die Risikoprämie nicht mehr als ausreichend für die Höhe des eingegangenen Risikos angesehen wird. Voraussetzung hierzu ist allerdings, daß die Wirtschaftssubjekte ihre Investitionsentscheidungen ausschließlich am Gewinn- bzw. Sicherheitsstreben und nicht an außerökonomischen Faktoren orientieren und daß die Realisierung der Entscheidungen nicht durch beschränkte Mobilität des Kapitals beeinträchtigt wird.

Diese Tendenz zu einer Bevorzugung von Investitionen mit geringerem Risikograd bezeichnen Domar-Musgrave als den „Substitutionseffekt der Besteuerung“[38]. Ihm steht eine entgegengesetzt wirkende Tendenz gegenüber — der „Einkommenseffekt“ nach Domar-Musgrave —, das durch die Besteuerung verminderte Einkommen wieder auf die ursprüngliche Höhe zu steigern. Dies ist nur durch eine Erhöhung des ursprünglich, vor der Besteuerung übernommenen Risikos möglich. Welcher von beiden Effekten stärker ist, ob also bei Einführung bzw. Erhöhung einer Erfolgsteuer ohne Verlustberücksichtigung eine Verminderung der Risikobereitschaft eintritt, die zweifellos als hemmend für die wirtschaftliche Entwicklung der Volkswirtschaft zu bezeichnen wäre, ist nicht generell zu beantworten. Tendenziell wird man eine Beeinträchtigung der Risikobereitschaft der Wirtschaftssubjekte erwarten müssen.

---

nicht entscheidend für die Rechtfertigung der Verlustberücksichtigung ist, daß mit diesen Verlusten im Gegensatz zu Erfolgsunterschieden innerhalb des gleichen Wirtschaftszweiges kein Urteil über die Wirtschaftlichkeit der Wirtschaftszweige verbunden sein kann.

36 *Beck*, Diss., op. cit. p. 227—233 (p. 80—82).

37 *Domar*, Evsey D. — *Musgrave*, Richard A., Proportional Income Taxation and Risk-Taking, in: The Quarterly Journal of Economics, Vol. 58 (1944), p. 388—422.

38 *Domar-Musgrave*, op. cit. p. 405 f.

Diese Tendenz wird durch die Anerkennung der Verlustberücksichtigung aufgehoben. Die Relation zwischen Gewinnchance und Verlustrisiko wird durch eine Erfolgsteuer mit Verlustberücksichtigung nicht berührt. Der Gewinn wird zwar absolut durch die Steuer vermindert, in gleichem Maße vermindert sich aber auch das Verlustrisiko, da ein Verlust durch die Steuerfreiheit eines entsprechenden Gewinnteiles in Höhe des Steuersatzes vom Staat getragen wird. Voraussetzung hierfür ist allerdings — und daher ist die Deutung der Verlustberücksichtigung als eine Verlustbeteiligung des Staates durch Beck auch hier mißverständlich —, daß überhaupt positive Ergebnisse erzielt werden. Wenn keinerlei Gewinne erzielt werden, bleibt das Verlustrisiko auch bei einer steuerlichen Verlustberücksichtigung voll bestehen und muß allein von dem Wirtschaftssubjekt getragen werden. Da aber alle ökonomisch bestimmten Investitionsentscheidungen langfristig von der Annahme positiven Gesamterfolges ausgehen, dürfte sich hieraus keine Beeinträchtigung der Risikobereitschaft ergeben.

Lintner[39] bringt den Einfluß der Verlustberücksichtigung auf die Investitionsbereitschaft der Wirtschaftssubjekte mit der Höhe der steuerlichen Belastung in Verbindung. Hohe Erfolgssteuern vermindern die absoluten Erfolgsunterschiede zwischen erfolgreichen und erfolglosen Investitionen und setzen damit auch das Verlustrisiko herab, wenn langfristig eine volle Verlustberücksichtigung erreicht werden kann. „These reductions in the net potential loss with higher tax rates will probably also make corporations somewhat more willing than they otherwise would have been to undertake investments justified by considerations other than profit return[40]."

Beck sieht in der Verlustberücksichtigung die Beseitigung einer steuerlichen Strafe, die durch eine Erfolgsbesteuerung ohne Verlustberücksichtigung Investitionen mit hohem Risikograd auferlegt ist. „With respect to the allocation of investment funds as between risky and non-risky investments (enterprises which do and do not entail the risk of periodic losses), an unlimited offset means that the tax penalty against risky investment is removed. The investor still has to choose from among investments with varying degress of risk, but his choice is no longer disturbed by government participation in his earnings[41]."

Die Notwendigkeit der Verlustberücksichtigung findet damit ihre Begründung auch darin, die Risikobereitschaft und Investitionsentscheidungen der Wirtschaftssubjekte von hemmenden steuerlichen Einflüssen zu befreien[42].

---

[39] *Linter,* John, Effect of Corporate Taxation on Real Investment, in: American Economic Review, Vol. 44/II (1954), p. 523.

[40] *Lintner,* op. cit. p. 523.

[41] *Beck,* Diss., op. cit. p. 228 (p. 80).

[42] Siehe hierzu auch *Welinder,* Carsten, Steuerüberwälzung und Steuerwirkungen, in: HdF Bd. 2, 2. Aufl. Tübingen 1956, S. 349.

Als Veränderung eines bestehenden „Gleichgewichts" würde die Einführung der Verlustberücksichtigung bei einer Erfolgsbesteuerung mit strenger Periodentrennung cet. par. stimulierend auf die Risikobereitschaft der Wirtschaftssubjekte wirken und Investitionen in Unternehmungen mit hohem Risikograd fördern[43].

Da gerade Forschung und Förderung des technischen Fortschritts mit hohem Aufwand verbunden sind und beides nicht durch Sicherheitsstreben, sondern durch hohe Risikobereitschaft vorangetrieben wird, gewinnt die Verlustberücksichtigung hier volkswirtschaftliche Bedeutung. Aber übt sie darüber hinaus eine allgemeine investitionsfördernde Wirkung aus, die zu einer Steigerung der Gesamtinvestitionen führt? Diese Frage, die hier angeschlossen werden mag, obwohl sie über die Begründung der Notwendigkeit steuerlicher Verlustberücksichtigung hinausgeht, wird in der Literatur unterschiedlich beantwortet.

Dobrovolsky[44] verneint die Möglichkeit einer Erhöhung der Gesamtinvestition unter dem Einfluß der Verlustberücksichtigung und sieht in dieser auch eine Gefahr für die Stabilität der wirtschaftlichen Entwicklung. Die Verlustberücksichtigung bedeute eine Förderung von Neugründungen oder Erweiterungen kleiner und mittlerer Unternehmungen, die zunächst einen positiven Einfluß auf die Investitionstätigkeit ausübe. Die Krisenanfälligkeit der Wirtschaft werde aber auf diese Weise erhöht, da Zahl und relative Bedeutung von schlecht fundierten und wenig widerstandsfähigen Unternehmungen zunähmen. Eine anfängliche Steigerung der Investitionstätigkeit werde daher in einer Krise durch höhere Desinvestition ausgeglichen, so daß der Verlustberücksichtigung langfristig keine investitionserhöhende und stabilisierende Wirkung zuerkannt werden könne.

Shoup[45] hält eine Veränderung der Gesamtinvestition für möglich, sieht aber die Angebots- und Nachfragebedingungen von Investitionen mit unterschiedlichem Risikograd für zu wenig erforscht an, um hier bestimmte Folgerungen ziehen zu können.

Groves[46] äußert sich positiv und nimmt an, daß die Verlustberücksichtigung auch bei einer Erhöhung der Steuersätze, die zum Ausgleich des Rückganges im Steueraufkommen infolge Einführung der Verlustberücksichtigung notwendig sein könnte, eine Steigerung wirtschaftlicher Aktivität bewirkt.

Diese Annahme ähnelt der Feststellung von Domar-Musgrave[47], daß die Einführung einer Steuer mit voller Verlustberücksichtigung das ins-

---

[43] Siehe u. a. *Zweifel,* a. a. O. S. 200.

[44] *Dobrowolsky,* S. P., Business Income Tax and Asset Expansion, in: The Journal od Finance, Vol. 4 (1949), p. 187.

[45] *Shoup,* Carl S., Taxation and Fiscal Policy, in: Income Stabilization for a Developing Democracy, New Haven 1953, p. 274.

[46] *Groves,* op. cit. p. 145.

[47] *Domar-Musgrave,* op. cit. p. 410 f.

gesamt übernommene Risiko erhöht. Domar-Musgrave unterscheiden zwischen dem „private risk", das von den Wirtschaftssubjekten getragen wird, und dem „total risk", das auch den vom Staat durch die Verlustberücksichtigung übernommenen Risikoteil umschließt. Wenn die Wirtschaftssubjekte zur Wiederherstellung ihres durch die Steuer verminderten Einkommens ein höheres Risiko übernehmen — sei es durch erhöhte Gesamtinvestition oder durch Übergang zu Investitionen mit erhöhtem Risikograd —, dann ist die Summe des von den Wirtschaftssubjekten und dem Staat getragenen „total risk" höher als vor Einführung (oder Erhöhung) der Steuer[48].

Beck[49] hat in einer Auseinandersetzung mit Domar-Musgrave zutreffend darauf hingewiesen, daß diese Folgerung allein auf dem Einkommenseffekt beruht, der von der Verlustberücksichtigung unabhängig ist. Der Einkommenseffekt wird durch die Einführung oder Erhöhung einer Steuer ausgelöst und beruht auf einer Veränderung in der Verhaltensweise der Wirtschaftssubjekte bei den Investitionsentscheidungen, einer tendenziellen Verschiebung vom Sicherheits- zum Gewinnstreben. Die Verlustberücksichtigung ist auf diesen Effekt — wenn man seine Wirksamkeit einmal annimmt, was bestritten werden könnte — ohne Einfluß.

Es erscheint angesichts dieser widerstreitenden Auffassungen in der Literatur schwer, eine schlüssige Folgerung für den Einfluß der Verlustberücksichtigung auf die Gesamtinvestition zu ziehen. Die hier berührte Problematik reicht hinein in das Gebiet der Verhaltensforschung, die wegen der in der Praxis auch psychologisch bestimmten Reaktionen der Wirtschaftssubjekte nur zu vorsichtigen Aussagen gelangen kann. Im ganzen wird man die Wirkung der Verlustberücksichtigung hier ähnlich kennzeichnen können wie ihren Einfluß auf die ökonomische Funktion des Verlustes: Sie stellt die durch die Einführung einer Erfolgsteuer ohne Verlustberücksichtigung veränderte Situation wieder her, bedeutet aber als Veränderung eines bestehenden Zustandes eine Förderung der Risikobereitschaft. „Where full offset [of loss] is possible, the amount of risk-taking will recover to the level achieved before imposition of the tax. Risk-taking is discouraged by a tax which does not permit the complete offset of losses, but the introduction of an unlimited loss carryover simply restores the pre-tax equilibrium between the risky and non-risky investments[50]."

---

[48] Die Folgerung von *Domar-Musgrave* gilt nur unter Voraussetzungen, die ihre praktische wirtschaftliche Auswirkung stark einschränken. Siehe op. cit. p. 421 f.

[49] *Beck,* Diss., op. cit. p. 229 ff. (p. 81 f.).

[50] *Beck, Diss.,* op. cit. p. 230 (p. 81).

C. Zusammenfassung

Die finanztheoretische und wirtschaftstheoretische und -politische Beurteilung führt zu folgendem Ergebnis: Die Verwirklichung einer echten Netto-Erfolgsbesteuerung erfordert eine steuerliche Berücksichtigung von Verlusten. Die Verlustberücksichtigung beseitigt steuerliche Mehrbelastungen von Unternehmungen mit wechselnd positivem und negativem Erfolg. Sie bedeutet aber keine echte Verlustbeteiligung des Staates. Die wirtschaftliche Beurteilung der Verlustberücksichtigung muß sich an dem theoretischen Modell einer steuerfreien Wirtschaft orientieren. Die ökonomische Funktion des Verlustes in der Verkehrswirtschaft wird durch die Verlustberücksichtigung nicht wesentlich beeinträchtigt. Die Verlustberücksichtigung bedeutet auch keine Begünstigung der Verlustunternehmungen und kann nicht generell als Belohnung unternehmerischer Untüchtigkeit bezeichnet werden. Sie stellt die wirtschaftliche Ausgangssituation wieder her, die durch eine Erfolgsbesteuerung auf der Basis strenger jährlicher Periodentrennung verändert worden ist. Als Veränderung eines bestehenden „Gleichgewichts" übt die Einführung oder Erweiterung der Verlustberücksichtigung einen positiven Einfluß auf die Risikobereitschaft der Wirtschaftssubjekte aus.

Zweiter Hauptabschnitt

Die steuerliche Behandlung gewerblicher Verluste nach dem geltenden Recht

A. Vorbemerkung

Die Notwendigkeit einer steuerlichen Verlustberücksichtigung ist in der deutschen Gesetzgebung und, soweit feststellbar, auch in den meisten ausländischen Steuergesetzen anerkannt; die Gestaltung der Verlustberücksichtigung zeigt aber erhebliche Unterschiede, die nur teilweise auf verschiedenartigen Strukturen der Erfolgsbesteuerung in den verschiedenen Ländern beruhen. Eine Betrachtung der Lösungsversuche eines steuerpolitischen Problems im Ausland kann daher wertvolle Erkenntnisse für die weitere Gestaltung des deutschen Rechtes bringen. Das gilt für viele Teilfragen selbst dort, wo zwischen den Erfolgsteuern so große Unterschiede bestehen wie zwischen der deutschen und der britischen Einkommensteuer. Die folgende Darstellung der Verlustberücksichtigung nach dem geltenden Recht in Deutschland, Großbritannien und den USA verfolgt diesen Zweck, die verschiedenen Lösungsversuche des gleichen Problems nebeneinander zu stellen und damit gewissermaßen das Material für eine systematische Untersuchung der verschiedenen Grundformen und Einzelfragen der Verlustberücksichtigung aufzubereiten, die mit einer Kritik des deutschen Rechts verbunden sein wird.

Die Zielsetzung zwingt zu einem Verzicht auf eine erschöpfende Behandlung aller steuerrechtlichen Einzelheiten und vor allem der Auslegungszweifel bei der Verlustberücksichtigung, die einer Kommentierung des geltenden Rechts vorbehalten bleiben muß.

Gleichzeitig sei aber auch darauf hingewiesen, daß ein steuerrechtlicher Normenvergleich — den die folgende Darstellung praktisch beinhaltet — nur eine begrenzte wirtschaftliche Aussagekraft besitzt, und daß aus dieser Untersuchung, die nur ein relativ kleines, wenngleich nicht unbedeutendes Teilgebiet der Erfolgsbesteuerung umfaßt, keine Schlüsse hinsichtlich der vergleichbaren steuerlichen Belastung von Unternehmungen mit schwankendem Erfolg in den verschiedenen Ländern gezogen werden können.

B. Die steuerliche Behandlung gewerblicher Verluste in Deutschland

I. Grundzüge der Erfolgsbesteuerung

Die Besteuerung erfaßt den gewerblichen Erfolg mehrfach und in verschiedener Form durch die Einkommen-, Körperschaft- und Gewerbeertragsteuer.

Die Körperschaft- und die Gewerbeertragsteuer treffen den gewerblichen Erfolg direkt, wobei sie sich dadurch unterscheiden, daß die erstere den Erfolg in seiner betriebsindividuellen Form erfaßt, während die letztere die Einflüsse verschiedener betriebsindividueller Aufwands- und Ertragselemente auf die Höhe des Erfolges ausschaltet, und dieser damit in gewisser Weise objektiviert wird. In ihrem Geltungsbereich geht die Gewerbeertragsteuer über die Körperschaftsteuer als eine Steuer auf den Erfolg wirtschaftlicher Organisationsformen mit eigener Rechtspersönlichkeit hinaus und erfaßt auch solche Organisationsformen, die eine eigene Rechtspersönlichkeit nicht besitzen.

Im Unterschied zu der Körperschaft- und der Gewerbeertragsteuer trifft die Einkommensteuer den gewerblichen Erfolg als Teil des Einkommens natürlicher Personen. Der gewerbliche Erfolg wird nicht isoliert, sondern in seinem Zusammentreffen mit anderen Einkünften besteuert; erst die Zusammenfassung der verschiedenen einer Person zufließenden Einkünfte ergibt das Einkommen.

Doch nicht allein der Summencharakter des Einkommens als Besteuerungsgrundlage der Einkommensteuer unterscheidet diese von der Körperschaft- und Gewerbeertragsteuer — dieser Unterschied besteht zwischen Einkommen- und Körperschaftsteuer nur formal, da bei letzterer die Fiktion gilt, daß alle Einkünfte einer Kapitalgesellschaft gewerbliche Einkünfte sind — wesentlicher ist die Einbeziehung subjektiver, in der Person des Steuerpflichtigen begründeter Tatbestände in die Besteuerung.

Alle drei Erfolgsteuern basieren auf dem zeitlich begrenzten Jahreserfolg, für alle erhebt sich daher das Problem der steuerlichen Verlustberücksichtigung.

Den drei Erfolgsteuern liegt ein im Prinzip einheitlicher Erfolgsbegriff zugrunde, der in den §§ 4 und 5 EStG niedergelegt und in das Körperschaftsteuergesetz[1] und das Gewerbesteuergesetz[2] übernommen ist. Die Ermittlung des gewerblichen Erfolges geschieht zunächst unabhängig von der Rechtsform der Unternehmung nach den gemeinsamen Prinzipien der steuerlichen Gewinnermittlung, und erst danach tritt eine Differenzierung ein, die in dem unterschiedlichen Charakter der drei Steuern begründet ist.

---

1 § 6 Abs. 1 KStG.
2 § 7 GewStG.

Der Erfolg von Unternehmungen ohne eigene Rechtspersönlichkeit stellt für den Eigentümer „Einkünfte aus Gewerbebetrieb“ dar und wird mit den Ergebnissen anderer Einkunftsarten zur Ermittlung des steuerpflichtigen Einkommens zusammengefaßt, wobei auch noch die in der persönlichen Sphäre des Steuerpflichtigen begründeten Abzüge berücksichtigt werden. Bei Personalgesellschaften muß der Erfolg der Unternehmung vorher einheitlich festgestellt und auf die Gesellschafter aufgeteilt werden. Der gewerbliche Erfolg ist Teil des steuerpflichtigen Einkommens des Eigentümers oder Anteilseigners der Unternehmung.

Bei Unternehmungen mit eigener Rechtspersönlichkeit unterliegt der gewerbliche Erfolg nach gewissen Korrekturen[3] unmittelbar der Körperschaftsteuer.

Für die Gewerbeertragsteuer werden die einkommen- oder körperschaftsteuerpflichtigen Einkünfte aus Gewerbebetrieb durch ertragsteuerlich bedingte Hinzurechnungen und Kürzungen[4] abgewandelt und unterliegen sodann der Steuer.

Die Frage nach der Behandlung gewerblicher Verluste knüpft dort an, wo der gewerbliche Erfolg die der jeweiligen Erfolgsteuer entsprechende Form erhalten hat, aber bevor er — wie bei der Einkommensteuer — zu übergeordneten Summen zusammengefaßt wird. Unter Verlustberücksichtigung ist im deutschen Recht die Behandlung des gewerblichen Verlustes zu verstehen, der als negative „Einkünfte aus Gewerbebetrieb“ für die Einkommensteuer, als negatives „Einkommen“ für die Körperschaftsteuer und als negativer „Gewerbeertrag“ für die Gewerbeertragsteuer maßgeblich ist[5]. Die Ermittlung dieser Erfolgsgrößen selbst stellt nur insoweit schon eine Verlustberücksichtigung dar — und ist dann in die Untersuchung einzubeziehen —, als der Verlustbegriff gegenüber dem Gewinnbegriff begrenzt wird; sie liegt im übrigen außerhalb des Problems der Verlustberücksichtigung.

II. Die Entwicklung der Verlustberücksichtigung im Reichs- und Bundessteuerrecht

Die Verlustberücksichtigung hat im Laufe der Zeit mancherlei Wandlungen erfahren. Der folgende historische Überblick beschränkt sich auf die wichtigsten Entwicklungsstufen, die die Verlustberücksichtigung durchlaufen hat, bis sie ihre derzeitige Gestalt erhielt. Dabei kann von Einzelheiten der jeweiligen Ausgestaltung abgesehen werden, da es zunächst nur auf die Entwicklungslinien ankommt. Ebenso wird von einer gesonderten Darstellung für die einzelnen Erfolgsteuern abgesehen.

---

3 §§ 11 und 12 KStG.

4 §§ 8 und 9 GewStG.

5 § 2 Abs. 3 Ziff. 2 EStG; § 6 KStG; 7 GewStG.

1. Innerperiodischer Verlustausgleich

Der innerperiodische Verlustausgleich ergibt sich als eine „gesetzliche Strukturfolge"[6] bei der Einkommensteuer aus der besonderen Ermittlungsform des Einkommens als der Summe der verschiedenen Einkünfte, die einer Person aus verschiedenen Einkunftsarten zufließen und unabhängig voneinander ermittelt werden. Verluste einzelner Einkunftsarten werden zur Ermittlung des steuerpflichtigen Einkommens durch die positiven Ergebnisse anderer Einkunftsarten ausgeglichen. Eine Verlustberücksichtigung liegt hierbei nur hinsichtlich einzelner Einkunftsarten vor, die für sich noch nicht die Besteuerungsgrundlage darstellen. Daß diese Form der Verlustberücksichtigung keine Selbstverständlichkeit ist, wie sie nach dem deutschen Recht erscheinen könnte, wird das Beispiel Englands zeigen.

Im deutschen Reichs- und Bundeseinkommensteuerrecht hat der innerperiodische Verlustausgleich seit 1920 im Grundsatz ununterbrochen bestanden. Er war und ist jedoch für gewisse Sondereinkünfte, von denen nur einzelne ex definitione als gewerbliche Einkünfte gelten — z. B. Verluste aus Spekulationsgeschäften, Veräußerungen wesentlicher Beteiligungen —, sachlich oder, bei land- und forstwirtschaftlichen Einkünften, qualitativ eingeschränkt. Das Ausmaß dieser Einschränkungen hat im Laufe der Zeit geschwankt; auf Einzelheiten wird bei der Darstellung des derzeitigen Rechtsstandes eingegangen.

2. Zwischenperiodische Verlustberücksichtigung

a) Verlustberücksichtigung im Rahmen der Durchschnittsbesteuerung

Die älteste Form zwischenperiodischer Verlustberücksichtigung findet sich vor dem ersten Weltkrieg in einer Reihe von Landeseinkommensteuergesetzen im Rahmen der Durchschnittsbesteuerung. Im preußischen Einkommensteuergesetz von 1891 galt bei gewerblichen Einkünften kraft gesetzlicher Fiktion das Durchschnittsergebnis der vergangenen drei Jahre als Einkommen des Veranlagungsjahres; Verlustjahre waren dabei mit dem negativen Betrage anzusetzen. Der Verlustbetrag wurde außer in Preußen auch in einer Reihe anderer Länder — u. a. Braunschweig, Mecklenburg und Sachsen-Altenburg — abgezogen, während andere Länder mit Durchschnittsbesteuerung — u. a. Königreich Sachsen und die Hansestädte — die Verlustjahre bei der Durchschnittsberechnung mit Null ansetzten[7].

---

[6] *Auffermann,* E., Der Aufbau der britischen Einkommensteuer unter besonderer Berücksichtigung der Schedule D, StW 1952, Sp. 169.

[7] Denkschrift, a. a. O. S. 2 f.

b) Verlustberücksichtigung im Rahmen einer Erfolgsbesteuerung mit klarer jährlicher Periodentrennung

α) Das Unterbilanzprivileg

Die erste Form der Verlustberücksichtigung im Rahmen einer Erfolgsbesteuerung mit klarer jährlicher Periodentrennung stellt das Unterbilanzprivileg des § 7 Ziff. 3 KStG 1920 dar. Es war auf Kapitalgesellschaften mit festem Grundkapital beschränkt und ließ den Abzug der „zur Deckung von Unterbilanzen eingestellten Beträge" vom Gesamtbetrag der Einkünfte der Kapitalgesellschaften ohne zeitliche Begrenzung zu. Eine Legaldefinition der Unterbilanz fehlte zunächst noch und wurde erst durch § 15 Ziff. 3 KStG 1925 gegeben. In einem Urteil des RFH[8] wird Begriff und Wesen der Unterbilanz jedoch dahingehend umrissen, daß eine Unterbilanz nicht schon vorhanden ist, „wenn ein Jahresverlust vorliegt, auch wenn dieser aus den Reserven gedeckt werden kann", sondern erst dann, wenn infolge des Verlustes „das Grundkapital selbst ganz oder teilweise verloren ist". Eine Verlustberücksichtigung trat also nur unter zwei Voraussetzungen ein:

1. Der Verlust mußte so groß sein, daß er nach Auflösung der Reserven das Grundkapital angriff;
2. in den Folgejahren mußte das Grundkapital wieder ergänzt, die Unterbilanz beseitigt werden.

Nur insoweit Beträge zur Ergänzung des Grundkapitals — nicht aber etwa auch der Reserven — verwandt wurden, waren sie steuerlich berücksichtigungsfähig; wurde dagegen die Unterbilanz durch Kapitalherabsetzung beseitigt, so entfiel eine steuerliche Berücksichtigung[9].

Das Unterbilanzprivileg und seine Auslegung ist in Literatur und Rechtsprechung stark umstritten gewesen[10]. Die Unterbilanz als fest umrissene handelsrechtliche Kategorie ließ sich nur mit Schwierigkeiten in eine von den handelsrechtlichen Wertansätzen abweichende Steuerbilanz einfügen. Hinzu kamen besondere Abgrenzungsschwierigkeiten gegenüber Kapitalentwertungskonten, die sich durch die Goldmarkumstellung 1924 ergeben hatten. Der Zweck des Unterbilanzprivilegs war ganz offensichtlich nicht auf eine allgemeine Verlustberücksichtigung im Interesse gleichmäßiger Besteuerung gerichtet, sondern blieb auf die Erhaltung der Lebensfähigkeit von Unternehmungen begrenzt, die in rein juristischer Betrachtungsweise allein an der Überschuldung bzw. an der Beeinträchtigung des Grundkapitals gemessen wurde.

---

8 RFH-Urteil I A 162/20 vom 20. 10. 20 (ergangen zum KAbgG 1918).

9 RFH-Urteil I A 188/28 vom 22. 1. 29.

10 RFH-Gutachten I D 5/26 vom 15. 2. 27. — *Kennerknecht,* A., Die Unterbilanz i. S. des § 15 Nr. 3 KStG, in: DStZtg. 1926, Sp. 293 und Sp. 400 — *Fürnrohr,* Unterbilanz und Steuer, in: DStZtg. 1926, Sp. 507. — *Mirre,* Ludwig, Körperschaftsteuergesetz, Stuttgart 1926, S. 95 ff.

Die praktische Bedeutung des Unterbilanz-Privilegs war gering. Steuersystematisch interessant ist es wegen der Bindung der Steuerermäßigung an die Wiederauffüllung des Grundkapitals. Ein ähnlicher Versuch wurde auf etwas breiterer Basis in der ersten Fassung des Verlustvortrags wiederholt.

β) Der Verlustvortrag (1929—1934)

Durch das Gesetz zur Änderung des Einkommen- und Körperschaftsteuergesetzes vom 29. 6. 1929 wurde der zweijährige sogenannte Verlustvortrag in das deutsche Steuerrecht eingeführt. Neben Werbungskosten und Sonderausgaben waren „bei Steuerpflichtigen, die Bücher im Sinne der §§ 13, 28 führen", vom Gesamtbetrag der Einkünfte steuerlich abzugsfähig „die Beträge, die zur Beseitigung eines Verlustes verwendet werden, der in den beiden unmittelbar vorangegangenen Steuerabschnitten nach den Ergebnissen der Buchführung entstanden ist (Verlustvortrag)"[11].

Der Verlustvortrag wies zunächst insofern eine gewisse Verwandtschaft zum Unterbilanz-Privileg auf, als die steuerliche Abzugsfähigkeit nach dem Wortlaut des Gesetzes nur für „Beträge, die zur *Beseitigung* eines Verlustes verwendet werden", gewährt wurde. Die Verpflichtung zur Erhaltung der betrieblichen Substanz wurde von der Finanzverwaltung[12] und dieser nahestehenden Kommentatoren[13] als Voraussetzung des Verlustvortrages angesehen. Der RFH hat dagegen für Einkommen- und Körperschaftsteuer in ständiger Rechtsprechung erklärt, daß die Beseitigung des Verlustes (Wiederauffüllung des Betriebsvermögens) nicht Voraussetzung für die Inanspruchnahme des Verlustvortrages sei[14]. Damit war die Verlustberücksichtigung von jeglicher Bindung an eine *betriebliche* Kapitalerhaltung gelöst und diente nur noch einer zutreffenden überperiodischen Erfolgsermittlung.

Bedeutungsvoll an dem Verlustvortrag in seiner damaligen Fassung ist die Beschränkung auf buchführende Gewerbetreibende und Land- und Forstwirte, die sich in der weiteren Entwicklung weitgehend erhalten und dem Verlustvortrag den Charakter eines Steuerprivilegs verliehen hat. Der Verlustvortrag galt im Gegensatz zum Unterbilanzprivileg für Körperschaftsteuer[15] *und* Einkommensteuer, so daß die buchführenden Gewerbebetriebe nunmehr in der Verlustberücksichtigung gleichgestellt waren.

---

11 § 15 Abs. 1 Nr. 4 EStG in der Fassung des Gesetzes vom 29. 6. 1929 — RGBl. I S. 123.

12 Erlaß des RdF vom 9. 7. 1929 — S. 2209—4. Abgedruckt bei *Kennerknecht-Pissel,* Der Verlustvortrag und die sonstigen Steueränderungen 1929, Berlin 1929, S. 147.

13 *Kennerknecht-Pissel,* a. a. O. S. 83 ff.

14 Zuerst im Urteil VI A 1268/30 vom 8. 8. 30.

15 § 15 KStG in der Fassung des Gesetzes vom 29. 6. 1929.

γ) Der Verlustabzug (seit 1938)

Nachdem der Verlustvortrag 1934 in der Reinhardtschen Steuerreform fortgefallen war, da er „aus steuerpolitischen Gründen nicht mehr vertretbar“[16] war, ist er 1938 für Einkommen- und Körperschaftsteuer als „Ausgleich gegenüber der Beseitigung der Bewertungsfreiheit für kurzlebige Wirtschaftsgüter“[17] wieder eingeführt worden. Der Verlustabzug — wie die zwischenperiodische Verlustberücksichtigung zur besseren Unterscheidung von dem handelsrechtlichen Begriff des Verlustvortrages jetzt offiziell bezeichnet wurde — blieb ebenso wie der frühere Verlustvortrag auf buchführende Gewerbetreibende und Land- und Forstwirte beschränkt. Unverändert waren die Verluste in den folgenden beiden Jahren abzugsfähig, sofern sie nicht im innerperiodischen Verlustausgleich berücksichtigt werden konnten.

Im Unterschied zum Verlustvortrag, dessen gesetzessystematische Form unklar war, wurde der Verlustabzug eindeutig in die Form einer Sonderausgabe gekleidet[18].

Die bedeutsamsten Veränderungen, die in der Zeit von 1938 bis 1957 eingetreten sind, waren die Ausdehnung des Verlustabzuges auf Einkünfte aus selbständiger Tätigkeit und die Verlängerung der Abzugsfrist auf drei und später auf fünf Jahre. Außerdem wurde durch die Gesetzgebung der Nachkriegszeit ein Abzugsverbot für Verluste aus Wehrmachtsaufträgen, öffentlicher Schuld und Kriegszerstörungen erlassen[19], das bestimmte kriegsbedingte Verluste steuerlich neutralisierte[20].

Schließlich ist die Durchbrechung der Kontinuität der Erfolgsermittlung durch die Gesetzgebung zur Währungsumstellung vom 21. 6. 1948 zu erwähnen, die auch eine Berücksichtigungsfähigkeit von Verlusten aus Steuerabschnitten vor dem 21. 6. in der DM-Zeit aufhob.

Diese beiden durch die Kriegsfolgen ausgelösten gesetzgeberischen Maßnahmen verursachten jedoch keine fortwirkenden Veränderungen an den Voraussetzungen und der Form der Verlustberücksichtigung.

---

16 Begründung zum EStG 1934 — RStBl. 1935, S. 33.

17 Begründung zum Steueränderungsgesetz vom 1. Februar 1938 — RStBl. 1938, S. 101.

18 Auf die Bedeutung der gesetzessystematischen Fassung als Gewinnermittlungsvorschrift oder Sonderausgabe wird bei der Darstellung des derzeitigen Rechtsstandes eingegangen.

19 KRG Nr. XII.

20 Eine Einengung des Verlustbegriffes (s. S. 168 f.) stellt diese Vorschrift jedoch nicht dar, da sie Gewinn- und Verlustunternehmungen traf.

III. Der Rechtsstand im Sommer des Jahres 1957

1. Die Berücksichtigung gewerblicher Verluste bei der Einkommensteuer

a) Der innerperiodische Verlustausgleich

α) Inhalt und Voraussetzungen

Die innerperiodische Berücksichtigung von Verlusten setzt voraus, daß der Steuerpflichtige in dem gleichen Steuerabschnitt andere positive Einkünfte erzielt hat. Das ist nach der Systematik der deutschen Erfolgsbesteuerung nur bei der Einkommensteuer der Fall, bei der die Ergebnisse der verschiedenen Einkunftsarten gesondert voneinander ermittelt werden[21].

Die innerperiodische Verlustberücksichtigung geschieht in der Form des Verlustausgleichs, der seine Rechtsgrundlage im § 2 Abs. 2 EStG hat: „Einkommen ist der Gesamtbetrag der Einkünfte . . . *nach Ausgleich mit Verlusten*[22], die sich aus einzelnen Einkunftsarten ergeben, und nach Abzug der Sonderausgaben."

Dieser Verlustausgleich beinhaltet zweierlei:

Einmal und als wesentlichstes den Ausgleich von Verlusten aus einzelnen Einkunftsarten mit den positiven Ergebnissen anderer Einkunftsarten (dies ist der im Gesetz ausdrücklich genannte Fall);

zum anderen den Ausgleich von positiven und negativen Ergebnissen innerhalb der gleichen Einkunftsart, der etwa dort auftreten kann, wo ein Steuerpflichtiger mehrere selbständige Gewerbebetriebe ohne eigene Rechtspersönlichkeit besitzt oder an ihnen beteiligt ist. Wenn in einem solchen Fall ein Ausgleich von positiven und negativen Ergebnissen zur Ermittlung der Einkünfte aus Gewerbebetrieb notwendig ist, spricht Mölders[23] zur klareren Unterscheidung des zugrundeliegenden Tatbestandes von Verlustverrechnung, die dem eigentlichen Verlustausgleich stets vorausgeht. Besondere Bedingungen sind für die Zulassung des Verlustausgleichs nicht gestellt. Das ist besonders hinsichtlich der verschiedenen Methoden der Erfolgsermittlung bemerkenswert, die alle für den Verlustausgleich anerkannt sind, während für den zwischenperiodischen Verlustabzug bestimmte Ermittlungsmethoden gefordert werden. Der Verlustausgleich ist grundsätzlich zwischen allen Einkunftsarten möglich, d. h., daß Verluste jeder Einkunftsart durch positive Ergebnisse jeder anderen Einkunftsart ausgeglichen werden können.

---

21 Für Kapitalgesellschaften besteht faktisch auch ein innerperiodischer Verlustausgleich, der jedoch — abgesehen von einer durch die Rechtsprechung entwickelten Sonderform — steuertechnisch nicht in Erscheinung tritt. Siehe im Einzelnen S. 65 und S. 68 ff.

22 Hervorhebung vom Verfasser.

23 *Mölders,* Carl, Die Verlustbegriffe im Einkommensteuerrecht, in: Wp. 1949, S. 205.

β) Beschränkungen des Verlustausgleichs

Von dieser Regel gibt es jedoch eine Reihe von Ausnahmen, die entweder die Berücksichtigungsfähigkeit bestimmter Verluste begrenzen oder völlig ausschließen oder die Heranziehung bestimmter positiver Einkünfte zum Ausgleich an sich berücksichtigungsfähiger Verluste verbieten.

Bei gewerblichen Einkünften bestehen folgende Beschränkungen: Verluste aus der Veräußerung von wesentlichen Beteiligungen und von Bodenschätzen dürfen nicht nach § 2 Abs. 2 durch positive Ergebnisse anderer Einkunftsarten ausgeglichen werden[24].

In einem Urteil zum EStG 1925[25] hat der RFH auch eine Verlustverrechnung im Sinne von Mölders, d. h. einen Ausgleich von Veräußerungsverlusten durch Gewinne anderer Gewerbebetriebe und sogar aus der Veräußerung anderer Beteiligung ausgeschlossen. Kapp folgerte nach diesem Urteil die Ausgleichsfähigkeit derartiger Verluste nur noch gegen Veräußerungsgewinne, die aus der gleichen Beteiligung und im gleichen Veranlagungsabschnitt erzielt werden — ein wahrscheinlich äußerst seltener Ausnahmefall[26].

Bei beschränkt Steuerpflichtigen dürfen positive Einkünfte, die dem Steuerabzug unterliegen, und bestimmte Zinseinkünfte nicht zum Verlustausgleich herangezogen werden[27].

Außerhalb der gewerblichen Einkünfte bestehen weiter folgende Beschränkungen des Verlustausgleichs:

Spekulationsverluste dürfen nicht gegen andere Einkünfte, sondern nur bis zur Höhe der im gleichen Besteuerungsabschnitt erzielten Spekulationsgewinne aufgerechnet werden[28], und landwirtschaftliche Verluste werden nur dann berücksichtigt, wenn sie DM 1000,— übersteigen, was der besonderen Freigrenze von DM 1000,— für landwirtschaftliche Gewinne entspricht[29].

γ) Abgrenzung des berücksichtigungsfähigen Verlustes

Soweit die Verluste der verschiedenen Einkunftsarten durch die genannten Beschränkungen nicht berührt werden, sind sie ihrer Art nach berücksichtigungsfähig. Die Höhe der berücksichtigungsfähigen Verluste bestimmt sich zunächst nach den gleichen materiellen Prinzipien, die auch die Höhe der steuerpflichtigen positiven Einkünfte bestimmen.

---

24 § 17 Abs. 5 bzw. § 17 a Abs. 4 EStG.

25 RFH-Urteil VI A 1042/32 vom 15. 12. 1932; vom BFH bestätigt durch Urteil IV 544/56 U vom 10. 1. 57.

26 *Kapp*, Verlustausgleich und Verlustabzug bei der Einkommensteuer, in: DStZtg. 1941, S. 425.

27 § 50 Abs. 2 EStG.

28 § 23 Abs. 4 EStG.

29 § 13 Abs. 3 EStG.

Ganz allgemein gilt dabei der Grundsatz: „Aufwendungen, die mit Einnahmen zusammenhängen, für die Einkommensteuer nicht in Betracht kommt, müssen einkommensteuerlich ebenfalls außer Betracht bleiben[30]". Die Art der Aufwandselemente — Werbungskosten, Betriebsausgaben oder Sach- und Wertverluste — ist gleichgültig. Im besonderen folgt hieraus, daß Verluste aus ausländischen Betriebsstätten, die auf Grund von Doppelbesteuerungsverträgen im Ausland von der Besteuerung ausgenommen sind, nicht in die Erfolgsermittlung einbezogen werden können[31]. Sonderausgaben werden bei der Ermittlung des ausgleichsfähigen Verlustes nicht berücksichtigt, da sie sich nicht auf die einzelne Einkunftsart beziehen, sondern zur Berechnung des Gesamteinkommens gehören.

Die grundsätzliche Übereinstimmung zwischen dem Gewinn- und Verlustbegriff erfährt jedoch eine Einschränkung durch den Gedanken, daß Verluste nur insoweit berücksichtigt werden sollen, als sie durch den Steuerpflichtigen selbst getragen werden. Formale Verluste, die ihn nur buchmäßig aber nicht wirtschaftlich belasten, sind nicht berücksichtigungsfähig. In erster Linie handelt es sich hierbei um Verluste, die durch Sanierung oder Konkurs auf die Gläubiger der Unternehmung abgewälzt werden. Während die Steuerfreiheit des Sanierungsgewinnes ausdrücklich im Gesetz[32] ausgesprochen ist, stützt sich die Heranziehung von Sanierungsgewinnen zur Neutralisierung an sich berücksichtigungsfähiger Verluste allein auf die ständige Rechtsprechung des RFH[33, 34].

Ebenso wie die durch die Sanierung von den Gläubigern freiwillig übernommenen Verluste müssen diejenigen Verlustteile aus dem berücksichtigungsfähigen Verlust ausgesondert werden, die bei einem in Konkurs geratenen Kaufmann „auf Schulden entfallen, die von dem Kaufmann voraussichtlich nicht getilgt werden . . . Ein anderer Standpunkt würde darauf hinauskommen, dem Steuerpflichtigen Verluste, die tatsächlich die Gläubiger zu tragen haben, steuerlich als eigene Verluste zuzurechnen"[35]. Darüber hinaus hat der RFH aber auch steuerfreie Einnahmen, die mit einem Verlust in keinem wirtschaftlichen Zusammenhang stehen, zur Verminderung des berücksichtigungsfähigen Verlustes

---

30 RFH-Urteil VI A 836/36 vom 28. 10. 1936.

31 RFH-Urteil VI A 199/32 vom 25. 1. 33, — VI A 414/35 vom 26. 6. 1935 und VI A 473/35 vom 21. 10. 1936.

32 § 11 Abs. 1 Ziff. 4 KStG — Für die Einkommensteuer durch RFH-Urteil VI A 1499/28 vom 12. 12. 1928 und ständige Rechtsprechung übernommen.

33 z. B. RFH-Urteile VI A 968/31 vom 21. 10. 1931 und VI A 690/34 vom 5. 2. 1936.

34 Auf den scheinbaren Widerspruch hierin und auf die Frage, ob diese Heranziehung des Sanierungsgewinnes zum Ausgleich berücksichtigungsfähiger Verluste eine Einengung des Verlustbegriffes bedeutet, wird S. 173 eingegangen.

35 RFH-Urteil VI 690/34 vom 5. 2. 1936.

herangezogen. Nach einem älteren Urteil[36] darf ein Verlust, der durch die Nichtberücksichtigung bestimmter steuerfreier Bezüge entsteht, in den nächsten Jahren nicht steuerfrei abgedeckt werden. Man wird annehmen müssen, daß dieses Urteil weiterhin angewandt wird, nachdem die Finanzverwaltung unter Berufung auf die Rechtsprechung in jüngster Zeit auch den nach § 3 a EStG[37] steuerfreien Zinsen eine gleiche Behandlung zuteil werden läßt[38]. Die Steuerfreiheit der genannten Zinsen kann danach nicht zur Begründung oder Erhöhung eines berücksichtigungsfähigen Verlustes führen.

δ) die Reihenfolge von Verlustausgleich und Sonderausgaben bei der Einkommensermittlung

Die Wirksamkeit des Verlustausgleichs wird entscheidend durch die Reihenfolge bestimmt, in der neben dem innerperiodischen Ausgleich der zwischenperiodische Verlustabzug und die Sonderausgaben von den positiven Einkünften abzuziehen sind. Auf die Konkurrenz zwischen inner- und zwischenperiodischer Verlustberücksichtigung wird bei Behandlung des Verlustabzugs eingegangen. Die Sonderausgaben sind sinngemäß und nach dem Wortlaut des Gesetzes stets erst nach dem innerperiodischen Verlustausgleich abzuziehen. Dieser wird dadurch praktisch wirkungslos, wenn die positiven Einkünfte auch ohne Verlustausgleich durch die Sonderausgaben unter die steuerpflichtige Grenze gedrückt würden. Eine Entscheidungsfreiheit zur Beeinflussung der Wirksamkeit der Verlustberücksichtigung räumt das deutsche Steuerrecht im Gegensatz zum britischen dem Steuerpflichtigen nicht ein.

b) Der zwischenperiodische Verlustabzug

α) Inhalt und Rechtsgrundlage

Der zwischenperiodische Verlustabzug, der die Berücksichtigung eines Verlustes in den folgenden fünf Veranlagungsabschnitten gestattet, hat seine Rechtsgrundlage seit dem Steuerneuordnungsgesetz vom 2. Dezember 1954 im § 10 d EStG[39]. Er ist außer für gewerbliche Verluste nur

---

36 RFH-Urteil I A 39/35 vom 28. 5. 1935. In dem zur Entscheidung stehenden Fall handelt es sich um nach § 3 Ziff. 10 EStG 1934 (§ 8 Ziff. 10 EStG 1925) steuerfreie „Bezüge aus öffentlichen Mitteln oder aus Mitteln einer öffentlichen Stiftung, die wegen Hilfsbedürftigkeit oder als Beihilfe für Zwecke der Erziehung und Ausbildung, der Wissenschaft oder Kunst bewilligt werden" (vgl. auch § 3 Ziff. 11 EStG 1957).

37 Nach § 15 KStDV auch für die Körperschaftsteuer gültig.

38 Erlaß des Niedersächsischen Ministers der Finanzen Nr. 5 2116-53-31 1 vom 8. 6. 1956; abgedruckt in: DStZtg. Nr. 36 vom 29. 9. 1956, S. 451 — sowie ähnlich lautende Erlasse anderer Landesfinanzministerien.

39 „Steuerpflichtige, die den Gewinn nach § 4 Abs. 1 oder nach § 5 auf Grund ordnungsmäßiger Buchführung ermitteln, können die Verluste der fünf vorangegangenen Veranlagungszeiträume aus Land- und Forstwirtschaft, aus Gewerbebetrieb und aus selbständiger Arbeit wie Sonderausgaben vom Gesamtbetrag der Einkünfte abziehen, soweit die Verluste nicht bei der Veranlagung für die vorangegangenen Veranlagungszeiträume ausgeglichen oder abgezogen worden sind."

für solche aus Land- und Forstwirtschaft und aus selbständiger Tätigkeit zugelassen. Voraussetzung für die Abzugsfähigkeit ist die Ermittlung des Verlustes auf Grund ordnungsmäßiger Buchführung durch Vermögensvergleich. Der Abzug des berücksichtigungsfähigen Verlustes wird in den fünf Folgejahren von der Summe der Einkünfte vorgenommen; er ist also nicht davon abhängig, daß in diesen Jahren aus der gleichen (der Verlust-)Einkunftsart positive Ergebnisse erzielt werden.

β) Beschränkungen des Verlustabzuges

Im Unterschied zum innerperiodischen Verlustausgleich ist der Verlustabzug auf einen Teil der Einkunftsarten, die dadurch den Charakter privilegierter Einkunftsarten bekommen, beschränkt. Aber auch innerhalb dieser begünstigten Einkunftsarten bestehen weitere Beschränkungen.

Zunächst sind die Verluste, die sachlich bereits vom Verlustausgleich ausgeschlossen waren — z. B. Verluste aus der Veräußerung von wesentlichen Beteiligungen und Bodenschätzen —, auch zum Verlustabzug nicht zugelassen. Die wesentlichste Beschränkung des Verlustabzugs innerhalb der Gewinneinkunftsarten wird aber durch das Erfordernis einer Gewinnermittlung auf Grund ordnungsmäßiger Buchführung durch Vermögensvergleich nach § 4 Abs. 1 und § 5 EStG herbeigeführt. Hierdurch werden bei den gewerblichen Einkünften alle Kleingewerbetreibenden und Handwerker, die keine kaufmännische Buchführung besitzen, sondern nur eine Einnahme-/Ausgaberechnung führen, vom Verlustabzug ausgeschlossen, während sie den innerperiodischen Verlustausgleich vornehmen können. Eine erste Auflockerung, die diese Begrenzung durch die Ausdehnung des Verlustabzugs auf „nicht-buchführende Winzer" im Steuerneuordnungsgesetz vom 31. Dezember 1954 erfahren hatte, ist 1956[40] wieder aufgehoben worden.

Die Anforderung des Gesetzes an die Methode der Erfolgsermittlung ist zwingend. Bei der Beurteilung der Ordnungsmäßigkeit der Buchführung ist nach der Rechtsprechung des RFH[41] die Einhaltung der handelsrechtlichen Buchführungsvorschriften und der Grundsätze ordnungsmäßiger Buchführung maßgebend, nicht dagegen die Einhaltung besonderer steuerlicher, z. B. der Bewertungs-Vorschriften. Entscheidend ist die Möglichkeit, den richtigen Sachverhalt aus den Büchern einwandfrei festzustellen, wobei die Notwendigkeit, etwaige Fehler richtigzustellen, nicht steuerschädlich wirken darf. In einem — nicht speziell zum Verlustabzug ergangenen — Urteil[42] hat der RFH die Inanspruchnahme von Steuervergünstigungen abgelehnt, wenn bei einem Steuer-

40 Gesetz vom 5. 10. 1956 — BGBl. I S. 781.
41 Siehe z. B. RFH-Urteil VI 115/38 vom 9. 3. 1938.
42 RFH-Urteil VI 74/44 vom 3. 5. 1944.

pflichtigen mit *mehreren* selbständigen Gewerbebetrieben in *einem* der Betriebe die Ordnungsmäßigkeit der Buchführung verworfen werden muß. Diese Entscheidung, die auch für den Verlustausgleich gelten dürfte, folgt aus dem Charakter der Einkommensteuer als Personalsteuer, bei der die Erfolgsermittlung auf das „Gesamtergebnis der gewerblichen Betätigung“, also auf die Person und nicht auf den einzelnen Gewerbebetrieb, gerichtet ist.

γ) Bindung der Verlustberücksichtigung an das Steuersubjekt und Lösung vom Gewerbebetrieb

Dieser Grundsatz führte aber auch dazu, daß das Recht zur Wahrnehmung des Verlustabzuges an den Steuerpflichtigen, der den Verlust erlitten hat, und nicht an das Verlustunternehmen und seinen jeweiligen Eigentümer gebunden ist. Das Recht des Verlustabzuges ist nicht übertragbar, es kann weder durch Erbschaft noch durch Kauf zusammen mit dem Verlustbetrieb erworben werden. Der Verlustabzug ist „grundsätzlich eine Vorschrift zur Berechnung des persönlichen Einkommens desjenigen Steuerpflichtigen, der in früheren Jahren einen Verlust gehabt hat“[43]. Eine Anrechenbarkeit des Verlustabzuges bei anderen Personen wird durch die Rechtsprechung[44] nur dann zugelassen, wenn sich eine steuerliche Personeneinheit nachweisen läßt, wie sie z. B. bei der Haushaltsbesteuerung gegeben ist. In derartigen Fällen — die eine gemeinsame Veranlagung von Ehegatten, bzw. Eltern und Kindern voraussetzen — hat der RFH die Vornahme des Verlustabzuges eines verstorbenen Gewerbetreibenden durch dessen Witwe anerkannt. Dagegen wird eine bürgerlich-rechtliche Vererblichkeit ausdrücklich abgelehnt[45].

Die Lösung des Verlustabzuges vom Gewerbebetrieb und seine Bindung an die steuerpflichtige Rechtsperson führen dazu, daß das Erfordernis ordnungsmäßiger Buchführung — ja das Vorliegen gewerblicher Einkünfte überhaupt — nur für das Jahr der Verlustentstehung, nicht dagegen auch für das der Verlustanrechnung erfüllt sein muß. Dies hatte der RFH schon zum Einkommensteuergesetz von 1925/29, in dem die Verlustberücksichtigung (Verlustvortrag) als Gewinnermittlungsvorschrift im Rahmen der betreffenden Einkunftsart angesehen wurde, in einem Urteil zum Veräußerungsverlust ausdrücklich anerkannt[46]; er hat sie später zum Einkommensteuergesetz 1938 allgemein bestätigt[47], wobei er sich auf die eindeutige Herauslösung der Verlustberücksichtigung aus dem Zusammenhang mit den betrieblichen

---

[43] RFH-Urteil VI A 875/34 vom 7. 11. 1934.
[44] RFH-Urteil VI A 2067/32 vom 26. 10. 1933.
[45] RFH-Urteil VI A 875/34 vom 7. 11. 1934.
[46] RFH-Urteil VI A 558/32 vom 28. 6. 1932.
[47] RFH-Urteil IV 11/42 vom 30. 4. 1942.

Einkünften durch die rechtssystematische Fassung als Sonderausgabe stützte[48].

δ) Die Höhe des berücksichtigungsfähigen Verlustes

Die Höhe des berücksichtigungsfähigen Verlustes ist nicht begrenzt; sie richtet sich ebenso wie beim innerperiodischen Verlustausgleich nach den allgemeinen materiellen Ermittlungsvorschriften. Die Ausführungen zum Verlustausgleich über die Korrekturen zur Erfolgsermittlung für Zwecke der Verlustberücksichtigung sind dahingehend zu ergänzen, daß Sanierungsgewinne nicht nur im Jahre der Verlustentstehung einen an sich ausgleichsfähigen Verlust vermindern, sondern daß sie auch in den Folgejahren gegen im übrigen abzugsfähige Verluste zu verrechnen sind und diese daher vermindern. Ob gleiches nach Auffassung der Finanzverwaltung auch für die steuerfreien Zinserträge gilt, geht aus den oben genannten Erlassen nicht hervor. Da derartige Einengungen aber dem Zweck der Verlustberücksichtigung zuwiderlaufen und im Gesetz keine Stütze finden, ist diese Frage zu verneinen.

Verluste, die bereits vom innerperiodischen Verlustausgleich ausgeschlossen waren — Verluste aus der Veräußerung wesentlicher Beteiligungen und von Bodenschätzen —, können auch im Rahmen des Verlustabzuges nicht berücksichtigt werden.

Die Höhe des Verlustes, der in den fünf auf die Verlustentstehung folgenden Jahren abgezogen werden kann, hängt im übrigen davon ab, inwieweit der Verlust bereits im Entstehungsjahr ausgeglichen ist oder hätte ausgeglichen werden können. Damit wird das Verhältnis von Verlustausgleich und Verlustabzug berührt, das für die materielle Auswirkung der Verlustberücksichtigung von erheblicher Bedeutung ist.

ε) Die Reihenfolge von Verlustabzug, Verlustausgleich und Sonderausgaben bei der Einkommensermittlung

Die Reihenfolge, in der der Verlustausgleich und der Verlustabzug vorzunehmen sind, und ihr Verhältnis zu den übrigen abzugsfähigen Beträgen (wie Sonderausgaben) hängen von der gesetzessystematischen Fassung des Verlustabzuges ab. Nach der Systematik der Einkommensteuer kann er in die Form einer Gewinnermittlungsvorschrift oder in die Form einer Sonderausgabe gekleidet werden. Als Gewinnermittlungsvorschrift wäre der Verlustabzug an die Erfolgsermittlung bei der einzelnen (Verlust-) Einkunftsart gebunden, während er als Sonderausgabe erst bei der Einkommensermittlung aus der Summe der Einkünfte abzusetzen ist.

In den Einkommensteuergesetzen 1938—1953 hatte der Verlustabzug eindeutig die Form einer Sonderausgabe, obwohl Gesetzgeber, Recht-

---

48 Hierin unterscheidet sich die deutsche Form der Verlustberücksichtigung nicht unwesentlich von der britischen und französischen (s. S. 77 ff. u. S. 108).

sprechung und Literatur übereinstimmend feststellten, daß er im eigentlichen Sinne keine Ausgabe des Steuerpflichtigen darstellt. Aus der Herauslösung des Verlustabzuges aus dem Katalog der Sonderausgaben und seiner Verselbständigung im § 10 d EStG 1954 folgert Bühler[49] die Anerkennung als Gewinnermittlungsvorschrift. Dem kann nicht gefolgt werden. Nach dem Wortlaut des Gesetzes ist der Verlustabzug weiterhin „wie Sonderausgaben vom Gesamtbetrag der Einkünfte" (§ 10 d EStG) abzuziehen. Er ist auch in der Systematik des Gesetzes weiterhin den Sonderausgaben (§§ 10—10 d EStG) und nicht den Gewinnermittlungsvorschriften (§§ 4—7 e EStG) zugeordnet. Die Herauslösung des Verlustabzuges aus dem Katalog der Sonderausgaben im § 10 EStG dürfte materiell nur soviel bedeuten, daß er in der Reihenfolge der Sonderausgaben und wie Sonderausgaben zu behandelnden Beträge an letzter Stelle zu berücksichtigen ist[50]. Diese Reihenfolge, die bislang unklar und umstritten war, bewirkt, daß die an das jeweilige Veranlagungsjahr gebundenen Sonderausgaben dem Verlustabzug, der auf spätere Jahre übertragen werden kann, vorangehen.

Im Verhältnis des Verlustausgleichs zum Verlustabzug ist die Reihenfolge nicht so günstig. Hier geht der Verlustausgleich, der bei der Summierung der verschiedenen Einkünfte vorgenommen wird, dem Verlustabzug als einem Abzug von der Summe der Einkünfte voraus. Das kann — vor allem bei den früheren kurzen Abzugsfristen von zwei bzw. drei Jahren — dazu führen, daß die Berücksichtigung des älteren Verlustes wegen Ablauf der Abzugsfrist verfällt, während der jüngere Verlust ebenfalls sachlich vortragsfähig wäre. Allerdings dürfte diese Gefahr bei einer Abzugsfrist von fünf Jahren verhältnismäßig gering sein. In seinem Urteil vom 1. 12. 1950 versuchte der BFH[51] dieser Gefahr entgegenzutreten, indem er einen Grundsatz der Erstberücksichtigung älterer Verluste[52] erneuerte und die Verlustberücksichtigung in folgender Reihenfolge vornehmen wollte:

1. Ausgleich nicht vortragsfähiger Verluste,
2. Abzug aus Vorjahren stammender Verluste,
3. Ausgleich aus dem Veranlagungszeitraum stammender vortragsfähiger Verluste.

---

[49] *Bühler,* Ottmar, Einkommensteuer, Körperschaftsteuer und die Gewinnbestimmungen aus der Gewerbesteuer, München 1956, S. 198. Ähnlich im Ergebnis *Peters-Hermann,* Kommentar zur Einkommensteuer und Körperschaftsteuer, 7. Aufl. Köln, Anm. 15—22 zu § 10 d EStG. Der wissenschaftliche Beirat des BFM hatte in seinem Gutachten zur organischen Steuerreform (Bonn 1953 S. 49) eine Zuordnung des Verlustabzuges zu den Bestimmungen über die Gewinnermittlung empfohlen.

[50] So auch *Vogel,* Horst, Die Änderung der Vorschriften über die steuerliche Gewinnermittlung, in: BB 10. Jg. (1955), S. 25.

[51] BFH-Urteil IV 90/50 U vom 1. 12. 1950.

[52] RFH-Urteil I 246/41 vom 2. 12. 1941.

Das Urteil wurde wegen seiner Zielsetzung teilweise lebhaft begrüßt[53] oder im Ergebnis anerkannt[54], während es wegen der Durchbrechung der rechtssystematischen Form der Verlustberücksichtigung im Gesetz kritisiert wurde[55]. Die Finanzverwaltung hat das Urteil nicht angewandt[56] und der BFH die darin ausgedrückten Rechtsauffassungen in seiner weiteren Rechtsprechung nicht aufrechterhalten[57].

Im Zusammenhang mit der Konkurrenz von Verlustausgleich und -abzug und der mehr-jährigen Abzugsfähigkeit ist in der Literatur die Frage diskutiert worden, ob der Steuerpflichtige ein Wahlrecht hinsichtlich der Art und des Zeitpunktes der Verlustberücksichtigung besitzt. Ein Wahlrecht über die Art der Verlustberücksichtigung ist mit den vorstehenden Ausführungen bereits verneint. Die freie Wahl des Zeitpunktes wird vornehmlich von Oswald[58] vertreten. Sie wird angesichts des Fehlens positiver Rechtsvorschriften mit der ursprünglichen Einführung des Verlustvortrages als Ersatz für die Durchschnittsbesteuerung und dem daraus zu folgernden Ziel notwendig günstigster Wirkung für den Steuerpflichtigen begründet. Hieraus leitet Oswald dann auch das Recht des Steuerpflichtigen ab, den Verlustabzug aufzuteilen und innerhalb der Abzugsfrist in Teilbeträgen geltend zu machen[59]. Dagegen haben der RFH und BFH in ständiger Rechtsprechung[60] den Zwang zur Verlustberücksichtigung im Erstjahr vertreten und eine Berücksichtigung im Folgejahr nur dann zugelassen, wenn sie im Erstjahr nicht möglich war.

ζ) Verlustabzug bei abweichendem Wirtschaftsjahr

Durch das Steuerneuordnungsgesetz vom 26. 7. 1957[61] ist für Gewerbetreibende die Veranlagung nach dem abweichenden Wirtschaftsjahr wieder eingeführt worden. Veranlagungszeitraum bleibt das Kalenderjahr; als Ergebnis eines Veranlagungszeitraumes gilt aber der Gewinn oder Verlust des Wirtschaftsjahres, das in dem jeweiligen Kalenderjahr

---

53 *Oswald,* Franz, Probleme des Verlustvortrages, in: StW 1951, Sp. 339. — *Peters-Hermann,* a. a. O. Anm. 18 zu § 10 d EStG. — *Peters,* J. F. H., Die Reihenfolge beim Verlustvortrag, in: FR, 4. Jg. (1949), S. 160 f. *Peters* hatte bereits vor dem Urteil des BFH die gleiche Reihenfolge vertreten.

54 *Zitzlaff,* Franz, Der Verlustabzug, in: StW 1951, Sp. 547.

55 *Blümich-Falk,* Einkommensteuer, 7. Aufl. Berlin 1955, S. 631.

56 EStR 1950 Ziff. 112 Abs. 2.

57 BFH-Gutachten I D 4/50 S vom 25. 1. 1951.

58 *Oswald,* Franz, Zur Auslegung der Vorschriften über den Verlustvortrag, in: StW 1949, Sp. 63. — ders., Probleme des Verlustvortrages, in: StW 1951, Sp. 339. — *Peters-Hermann,* a. a. O. Anm. 6 zu § 10 d EStG.

59 *Oswald* ,a. a. O. Sp. 344. *Peters-Hermann,* a. a. O. waren zu gleichen Folgerungen gekommen, zweifelten aber daran, ob die Praxis dem wegen entgegenstehender Rechtsprechung folgen würde.

60 RFH-Urteil VI 115/41 vom 9. 4. 41; ferner BFH-Urteil IV 266/54 U vom 1. 12. 1955, Verw.G. Berlin IX A 270/54 vom 26. 1. 56.

61 BGBl. I S. 848.

endet[62]. Damit entfällt die bisherige problematische Aufteilung der Gewinne und Verluste abweichender Wirtschaftsjahre nach dem Anteil der auf die beiden betroffenen Kalenderjahre entfallenden Umsätze am Gesamtumsatz des Wirtschaftsjahres.

Bei einer Umstellung des Wirtschaftsjahres, die allerdings von der Zustimmung des Finanzamtes abhängt, können in einem Veranlagungsabschnitt die Ergebnisse eines vollen und eines Rumpf-Wirtschaftsjahres zur Veranlagung kommen. Im Extremfall kann es sich — bei einer Umstellung des abweichenden Wirtschaftsjahres auf das Kalenderjahr — um das Ergebnis von 23 Monaten handeln: Wirtschaftsjahr 1. 2. 57—31. 1. 58 sowie Rumpfwirtschaftsjahr 1. 2. 58—31. 12. 58. Schließt eines dieser Jahre mit einem Gewinn und das andere mit einem Verlust, so führt der Steuerpflichtige wirtschaftlich einen Verlustvortrag, folgt auf ein Gewinnjahr ein Rumpfwirtschaftsjahr mit Verlust sogar einen Verlustrücktrag herbei[63], die steuersystematisch allerdings nicht in Erscheinung treten. Grundsätzliche Bedeutung ist dieser „Form der Verlustberücksichtigung" nicht beizumessen.

2. Die Verlustberücksichtigung bei der Körperschaftsteuer

Das Körperschaftsteuergesetz übernimmt mit den Vorschriften über die Einkommensermittlung[64] auch die wesentlichen Grundsätze und Vorschriften der Verlustberücksichtigung in die Besteuerung von Körperschaften. Die Darstellung kann sich daher auf die Abweichungen und Besonderheiten der Verlustberücksichtigung bei Unternehmungen mit eigener Rechtspersönlichkeit beschränken.

a) Innerperiodische Verlustberücksichtigung

Da alle Einkünfte handelsrechtlich buchführungspflichtiger Kapitalgesellschaften ex definitione als gewerbliche Einkünfte gelten[65] — auch wenn sie wirtschaftlich Erfolgsteile enthalten, die nach der Systematik des Einkommensteuergesetzes als Einkünfte aus Land- und Forstwirtschaft, Kapitalvermögen oder aus aus Spekulation etc. zu behandeln wären — und zusammengefaßt ermittelt werden, tritt der innerperiodische Verlustausgleich steuersystematisch nicht in Erscheinung. Er vollzieht sich aber wirtschaftlich im Rahmen der Ermittlung des Gesamterfolges, ohne daß er dabei den Begrenzungen hinsichtlich einzelner Erfolgsarten wie bei der Einkommensteuer unterliegt.

---

62 § 2 Abs. 6 Ziff. 2 EStG.

63 Siehe hierzu ausführlicher *Hoffmann,* Friedrich Wilhelm, Das gewerbliche Wirtschaftsjahr und seine steuerlichen Probleme, Berlin 1941, S 65 ff., 134 ff.

64 § 6 Abs. 1 KStG.

65 § 16 KStDV.

b) Zwischenperiodische Verlustberücksichtigung

α) Die Höhe des berücksichtigungsfähigen Verlustes

Für die Ermittlung des Verlustes, der in den folgenden fünf Veranlagungsabschnitten abgezogen werden kann, gelten zunächst die gleichen allgemeinen Erfolgsermittlungsvorschriften wie bei der Einkommensteuer. Außerdem sind aber die besonderen Vorschriften über abzugsfähige und nicht abzugsfähige Ausgaben[66] zu berücksichtigen, die steuersystematisch die Verbindung zwischen dem gewerblichen Erfolg und dem steuerpflichtigen Einkommen der Kapitalgesellschaft herstellen. Bei ihrer Einbeziehung in die Ermittlung des berücksichtigungsfähigen Verlustes ist bemerkenswert, daß die „Ausgaben zur Förderung mildtätiger, kirchlicher, religiöser, wissenschaftlicher und staatspolitischer Zwecke“[67] bei der Körperschaftsteuer einen Verlust herbeiführen oder vergrößern können, während sie einkommensteuerlich als Sonderausgaben bei einem negativen Gesamtbetrag der Einkünfte unwirksam bleiben müssen (§ 10 b EStG). Aufwendungen für Steuern vom Einkommen und Vermögen und für die Überwachungsorgane, die handelsrechtlich Aufwendungen der Gesellschaft darstellen, dürfen den steuerlichen Gewinn nicht vermindern oder einen berücksichtigungsfähigen Verlust begründen. Umgekehrt bleiben aber auch Erstattungen der genannten Steuern ohne Einfluß auf die Höhe des berücksichtigungsfähigen Verlustes[68]. Ebenso wird ein abzugsfähiger Verlust nicht durch Buchgewinne, die bei einer Kapitalzusammenlegung entstehen[69], oder durch die handelsrechtliche Verrechnung aus offenen Reserven[70] beeinträchtigt.

Soweit die abzugsfähigen und nicht abzugsfähigen Ausgaben sowohl für die Gewinn- als auch für die Verlustermittlung gleichbehandelt werden, liegt in ihnen eine Einengung des Erfolgsbegriffes für Zwecke der Verlustberücksichtigung nicht begründet. Durch die Verminderung des berücksichtigungsfähigen Verlustes um die steuerfreien Schachtelerträge[71] wird aber — im Unterschied zu den meisten der bei der Einkommensteuer bestehenden und auch für die Körperschaftsteuer maßgeblichen Korrekturen des buchmäßigen Verlustes — eine echte Einengung des Verlustbegriffes herbeigeführt. Der BFH[72] entschied in

---

66 §§ 11 und 12 KStG.

67 § 11 Abs. 1 Ziff. 5 KStG.

68 RFH-Urteil IA 110/34 vom 28. 9. 1934.

69 RFH-Urteil IA 174/33 vom 8. 11. 1933.

70 RFH-Urteil IA 243/35 vom 4. 2. 1936.

71 Ertäge einer unbeschränkt steuerpflichtigen Kapitalgesellschaft, die seit mindestens 12 Monaten an einer anderen unbeschränkt steuerpflichtigen Kapitalgesellschaft mit mindestens 25 % beteiligt ist, bleiben nach § 9 KStG bei der Erfolgsermittlung außer Ansatz.

72 BFH-Urteil I 46/50 U vom 16. 1. 1951.

Anknüpfung an die Rechtsprechung des RFH[73], daß steuerfreie Einnahmen (u. a. Schachtelerträge) sowohl im Jahr der Verlustentstehung wie im Jahre der Verlustanrechnung einen berücksichtigungsfähigen Verlust vermindern, wobei ein wirtschaftlicher Zusammenhang zwischen dem Verlust und den Einnahmen nicht zu bestehen braucht. Im Unterschied zu den übrigen Einnahmen, die den berücksichtigungsfähigen Verlust unmittelbar mindern, wird dieser bei einem Zusammentreffen von steuerfreien Schachtelerträgen und steuerpflichtigen Einkünften im Anrechnungsjahr aber zuerst mit den steuerpflichtigen Einkünften verrechnet. Die steuerschädliche Wirkung der Schachtelerträge tritt demnach erst dann ein, wenn keine anderen steuerpflichtigen Einkünfte mehr vorhanden sind.

β) Die Bindung an das Steuersubjekt

Auch bei der Körperschaftsteuer ist das Recht des zwischenperiodischen Verlustabzuges an das Steuersubjekt gebunden, das den Verlust erlitten hat. Als Steuersubjekt gilt dabei in der Praxis die Kapitalgesellschaft[74] in ihrer speziellen Rechtsform. Diese enge Bindung der subjektiven Steuerpflicht an die Rechtsform und nicht nur allgemein an die Existenz einer juristischen Person hat für die Verlustberücksichtigung erhebliche Bedeutung. Da das Steuersubjekt mit der Auflösung der Gesellschaft oder Änderung ihrer Rechtsform untergeht, geht ein berücksichtigungsfähiger Verlust nicht nur bei der Liquidation, sondern auch bei der Fusion[75] verloren. Eine rechtsgeschäftliche Übertragung des Verlustabzuges ist ebenso wie bei der Einkommensteuer nicht möglich. Während aber das Handelsrecht eine formwechselnde Umwandlung von Kapitalgesellschaften unter Fortbestand der Rechtspersönlichkeit der bisherigen Kapitalgesellschaft in der veränderten Rechtsform kennt[76], wird diese steuerlich nicht anerkannt. Aus der steuerrechtlichen Fiktion, daß das bisherige Steuersubjekt mit der Umwandlung erlischt und ein neues Steuersubjekt entsteht[77], folgt u. a. daß die umgewandelte Gesellschaft Verluste aus früheren Veranlagungsabschnitten nicht abziehen kann[78], obwohl wirtschaftlich keine Änderung eingetreten ist. Diese streng formale Auslegung ist von Zitzlaff[79] und

---

73 RFH-Urteil IA 104/31 vom 29. 9. 1931 und IA 123/36 vom 19. 1. 1937.

74 Von den übrigen körperschaftsteuerpflichtigen Körperschaften und Vermögensmassen kann im Rahmen dieser Arbeit abgesehen werden.

75 RFH-Urteil IA 107/36 vom 19. 5. 1936.

76 §§ 257, 262, 265, 274, 281, 285 Akt.-Ges., § 40 Umw.Ges. s. hierzu u. a. *Godin-Wilhelmi*, Aktiengesetz, 2. Aufl. Berlin 1950, S. 1068 ff.

77 RFH-Urteil I 177/39 vom 13. 2. 1940. Siehe auch *Blümlich-Klein-Steinbring*, Körperschaftsteuergesetz, 3. Aufl. Berlin 1956, S. 11.

78 RFH-Urteil I A 84/1936 vom 12. 5. 1936.

79 *Zitzlaff*, Franz, Erläuterungen zur Rechtsprechung, in: StW 1941, Sp. 810.

vor allem von Hoffmann[80] stark kritisiert worden, während sie u. a. von Bühler[81] nach anfänglicher Ablehnung neuerdings anerkannt wird. Sie findet in gewisser Weise ein Gegenstück in der allerdings umstrittenen „Möglichkeit" einer *wirtschaftlichen* Übertragung des Verlustabzuges, bei dem formal das Steuersubjekt erhalten bleibt. Durch den Kauf sämtlicher Anteile an einer Kapitalgesellschaft, die über abzugsfähige Verluste verfügt, und nachfolgende Einbringung von rentablen Betriebsstätten durch den Erwerber wäre wirtschaftlich eine Umgehung des Übertragungsverbotes möglich. Eine solche Möglichkeit müßte dazu beitragen, Kapitalgesellschaften, die nur noch aus einem Gesellschaftsmantel bestehen, aber über steuerlich berücksichtigungsfähige Abzüge verfügen, einen besonderen Verkehrswert[82] zu verleihen. In den Vereinigten Staaten, in denen der Kauf von Verlustunternehmungen eine wesentlich größere Rolle spielt, sucht man neuerdings derartigem Mißbrauch durch besondere „loop-hole closing provisions"[83] zu begegnen.

Während hier die formale Bindung der Verlustberücksichtigung an das Steuersubjekt in zwei verschiedenen Fällen zu wirtschaftlich wenig sinnvollen Ergebnissen führt — auf die hier berührten Probleme wird im weiteren Verlauf der Arbeit noch näher einzugehen sein[84] —, gelangt die Rechtsprechung bei der Behandlung von Organgesellschaften in Anwendung wirtschaftlicher Betrachtungsweise zu Ergebnissen, die den Erfordernissen der Wirtschaft weitgehend entsprechen.

c) Inner- und zwischenperiodische Verlustberücksichtigung zwischen verschiedenen Unternehmungen mit eigener Rechtspersönlichkeit

Eine Sonderform der Verlustberücksichtigung besteht in dem größeren Rahmen der erfolgsteuerlichen Organschaft mit Ergebnisausschlußvereinbarung, durch die u. a. praktisch ein inner- und auch zwischenperiodischer Verlustausgleich zwischen verschiedenen Unternehmungen mit eigener Rechtspersönlichkeit herbeigeführt wird. Grundlage hierfür ist die Organtheorie, die für die Erfolgsteuern nur im Gewerbesteuergesetz[85] einen gesetzlichen Niederschlag gefunden hat, als Ergebnis der ständigen Rechtsprechung von RFH und BFH jedoch auch für die Körperschaftsteuer materielle Rechtskraft besitzt.

---

80 *Hoffmann,* Gisela, Der Verlustvortrag bei Gesellschaftsumwandlung, in: B 1952, S. 603.

81 *Bühler,* Ottmar, Das Steuerrecht der Gesellschaften und Konzerne, 3. Aufl. Berlin 1956, S. 145 f.

82 Dieser Verkehrswert beruht allerdings nicht allein auf der Steuerersparnis durch Verlustberücksichtigung, sondern zu wesentlichen Teilen auf der Ersparnis von Gründungs-Kosten, einem eventuellen Firmenwert u. a.

83 Siehe S. 106 f.

84 Siehe S. 180 ff.

85 § 2 Abs. 2 Ziff. 2 Satz 2 GewStG.

α) Inhalt und Voraussetzungen der Organschaft

Inhalt der Organtheorie ist die „steuerliche Anerkennung der wirtschaftlichen Einheit rechtlich selbständiger Wirtschaftssubjekte"[86]. Konkret heißt das in dem hier interessierenden Fall der Organschaft mit Ergebnisausschlußvereinbarung, daß der Gewinn oder Verlust einer Organgesellschaft von der Muttergesellschaft, die keine Kapitalgesellschaft zu sein braucht, übernommen wird, ohne daß dadurch steuerliche Belastungen ausgelöst werden (u. a. Körperschaftsteuer, Gesellschaftsteuer).

Voraussetzung[87] für die Anerkennung der Organschaft mit Ergebnisausschlußvereinbarung sind

1. die finanzielle, wirtschaftliche und organisatorische Eingliederung des Organs in die Obergesellschaft nach der Art einer Betriebsabteilung,
2. das Vorliegen eines schriftlichen Ergebnisausschlußvertrages, der die Verpflichtung der Organgesellschaft zur Abführung der Gewinne und die Verpflichtung der Obergesellschaft zur Übernahme der Verluste enthalten muß.

Diese zweite Voraussetzung ist nur für die Körperschaftsteuer von Bedeutung, da für die Gewerbesteuer nach § 2 Abs. 2 Ziff. 2 Satz 2 GewStG bereits das Fehlen eines eigenen Willens genügt, um ein an sich selbständiges Unternehmen als Betriebsstätte der Obergesellschaft zu behandeln. Diese geringeren Anforderungen bei der Gewerbesteuer erklären sich daraus, daß es nicht im freien Willen der Organgesellschaft stehen kann, den Anteil der Belegenheitsgemeinde an dem Gewerbesteueraufkommen durch mögliche Gewinnverlagerungen zu beeinträchtigen[88]. Die gewerbesteuerliche Organschaft ist somit weiter gefaßt als die körperschaftsteuerliche; sie besitzt auch eine andere Konstruktion, ohne in ihrer Wirkung wesentlich zu differieren.

β) Verlustübertragung zwischen Mutter- und Tochtergesellschaft bei Aufrechterhaltung der rechtlichen Selbständigkeit

Steuertechnisch wird der Erfolg für die beteiligten Gesellschaften getrennt ermittelt (eine gemeinsame „Konzernsteuerbilanz" [Bühler] wird nicht aufgestellt) und das Ergebnis der Organgesellschaft der Obergesellschaft zugerechnet. Zu einem innerperiodischen Verlustausgleich zwischen den juristisch selbständigen Gesellschaften kommt es dann, wenn eine der beteiligten Gesellschaften einen Verlust und die

---

[86] *Schultze-Schlutius*, Hans-G., Die Organtheorie, 2. Aufl. Düsseldorf 1956, S. 31.

[87] Siehe hierzu *Schultze-Schlutius*, a. a. O. S. 58 f. und S. 98 f., sowie BFH-Urteil I 73/54 U vom 8. 3. 1955.

[88] Bei Betriebsstätten wird der Gesamtertrag der Unternehmung nach einem bestimmten Schlüssel auf die Betriebsstätten aufgeteilt.

andere einen Gewinn ausweist. Übersteigt der von der Organgesellschaft erlittene Verlust den Gewinn der Obergesellschaft, so begründet er bei der letzteren — beim Vorliegen der sonst üblichen Voraussetzungen — einen vortragsfähigen Verlustabzug, so daß die Organschaft auch die zwischenperiodische Verlustberücksichtigung zwischen juristisch selbständigen Gesellschaften einschließen kann. Nach der Rechtsprechung des RFH blieb die Organgesellschaft zwar subjektiv steuerpflichtig, eine sachliche Steuerpflicht trat aber mangels eigenen Einkommens nicht ein, da der Obergesellschaft stets das steuerliche Ergebnis nach Berichtigung durch die nicht abzugsfähigen Ausgaben zugerechnet wurde[89]. In seiner jüngsten Rechtsprechung hat der BFH diese Auffassungen des RFH verlassen und die nicht abzugsfähigen Ausgaben — Vermögenssteuer, Aufsichtsratsvergütungen, Mindestabgabe Notopfer Berlin u. ä. — als eigenes Einkommen der Organgesellschaft behandelt, das von ihr selbst zu versteuern ist[90]. Infolgedessen kann sich die paradoxe Situation ergeben, daß die Organgesellschaft mit einem Verlust lt. Steuerbilanz abschließt, der bei der Veranlagung der Obergesellschaft ungeschmälert berücksichtigt wird, während sie selbst für die nicht-abzugsfähigen Ausgaben Körperschaftsteuer zu zahlen hat. Die hierfür erforderlichen Beträge — sie sind nicht unerheblich, da die Körperschaftsteuer selbst auch zu den nicht-abzugsfähigen Ausgaben zählt — müssen ihr von der Obergesellschaft überlassen werden und stellen bei jener abzugsfähige Betriebsausgaben dar. Diese Komplizierung der steuertechnischen Durchführung von Organverträgen, die in der Literatur auf heftige Kritik gestoßen ist[91], erfaßt auch die Behandlung vororganschaftlicher Verluste.

γ) Die Behandlung vororganschaftlicher Verluste

Der BFH hat den unmittelbaren Abzug des vororganschaftlichen Verlustes der Organgesellschaft, d. h. des Verlustes, den die Organgesellschaft vor Abschluß des Organvertrages erlitten hat, bei der Obergesellschaft abgelehnt und einen Abzug nur vom eigenen Einkommen der Organgesellschaft anerkannt[92]. Die Möglichkeit zur Berücksichtigung vororganschaftlicher Verluste würde sich danach lediglich

---

89 Siehe *Schultze-Schlutius*, a. a. O. S. 101, sowie die im BFH-Urteil I 73/54 U vom 8. 3. 1955 zitierten Entscheidungen des RFH.

90 BFH-Urteil I 109/53 U vom 24. 11. 1953 und I 73/54 U vom 8. 3. 1955.

91 u. a. *Schultze-Schlutius*, Hans-G., Die Organtheorie in der Rechtsprechung des Körperschaftsteuer-Senates des BFH, in: BB 11. Jg. (1956), S. 345. — *Krollmann*, Heinz, Zur neuen Rechtsprechung des BFH über Körperschaftsteuerliche Organfragen, in BB 11. Jg. (1956), S. 525, sowie die in diesen Arbeiten zitierte Literatur.

92 Im Rechtssatz zum Urteil vom 14. 2. 1956 heißt es: „Verlustabzüge einer Organgesellschaft sind von ihren eigenen Einkünften abzugsfähig; sie können nicht auf das beherrschende Unternehmen übertragen werden." BFH I 73/55 U.

auf die Verrechnung gegen die bei der Organgesellschaft steuerpflichtigen nicht-abzugsfähigen Ausgaben beschränken. Um dennoch ihre steuerliche Wirksamkeit zu sichern, will der BFH eine Vereinbarung der Gesellschaften anerkennen, nach der der Organvertrag erst nach Abdeckung der vororganschaftlichen Verluste durch die Organgesellschaft wirksam werden soll[93].

Außerdem ist es nach Auffassung des BFH steuerlich anzuerkennen, wenn die Organgesellschaft Teile ihres Jahresgewinnes dazu verwendet, den handelsrechtlichen Verlustvortrag auszugleichen, soweit auf diese Weise Fehlbeträge am Stammkapital (Grundkapital) und gegebenenfalls an den gesetzlichen Rücklagen beseitigt werden. Die Organgesellschaft hat insoweit eigenes Einkommen[94].

Krollmann[95] weist aber zutreffend nach, daß diese Konstruktion des BFH versagen muß, wenn die Organgesellschaft vor Abdeckung der vororganschaftlichen Verluste weitere Verluste erleidet, die das Inkrafttreten des Organvertrages erfordern und eine weitere Berücksichtigung der vororganschaftlichen Verluste ausschließen bzw. nur gegen das „nicht übertragbare Einkommen" der Organgesellschaft zulassen.

Die steuerliche Behandlung von Organverhältnissen mit Ergebnisausschlußvereinbarungen ist durch die jüngste Rechtsprechung des BFH in Fluß geraten und weist mancherlei Unklarheiten auf. Der BFH hat zwar in seinem jüngst erstatteten Gutachten[96] zur Frage der Dividendengarantie bei Organverhältnissen an seiner Rechtsauffassung festgehalten, daß die Organgesellschaft subjektiv steuerpflichtig sei und daß die steuerlich nicht abzugsfähigen Ausgaben eigenes Einkommen der Organgesellschaft darstellten. Die Diskussion über diese in der praktischen Handhabung äußerst komplizierte Konstruktion dürfte damit aber nicht abgeschlossen sein.

3. Die Verlustberücksichtigung bei der Gewerbesteuer

Die gewerbesteuerliche Verlustberücksichtigung folgt im wesentlichen den Grundsätzen, die für die Behandlung gewerblicher Verluste im Rahmen der Einkommen- und Körperschaftsteuer entwickelt sind. Die Länge des Abzugszeitraumes von fünf Jahren und die Bedingung einer Erfolgsermittlung auf Grund ordnungsmäßiger Buchführung durch Vermögensvergleich stimmen mit der Verlustberücksichtigung bei der Einkommen- und Körperschaftsteuer überein.

---

93 BFH-Urteil I 73/54 U vom 8. 3. 1955, sowie BFH-Urteil I 254/55 U vom 31. 1. 1956 (zur Gewerbesteuer).

94 BFH-Urteil I 73/55 U vom 14. 2. 1956.

95 *Krollmann*, a. a. O. S. 526 f.

96 BFH-Gutachten I D 1/56 S vom 27. 11. 1956.

Die Höhe des bei der Gewerbesteuer berücksichtigungsfähigen „Fehlbetrages" weicht vom einkommen- und körperschaftsteuerlichen Verlust wegen der verschiedenen Hinzurechnungen und Kürzungen[97] ab. Infolge dieser Umrechnungen kann sich ein einkommen- und körperschaftsteuerlicher Verlust in einen gewerbesteuerlichen Ertrag verwandeln und umgekehrt. Sanierungsgewinne und — bei Kapitalgesellschaften — auch Schachtelerträge bleiben wie bei der Einkommen- und Körperschaftsteuer im Prinzip steuerfrei, werden aber im Falle eines Gewerbeverlustes in die Erfolgsermittlung einbezogen[98]. Die objektbezogene Ertragsermittlung und -besteuerung schließt einen innerperiodischen Verlustausgleich zwischen mehreren selbständigen Gewerbebetrieben des gleichen Gewerbetreibenden aus; jeder Betrieb wird für sich besteuert. Auch eine Aufteilung des Gewerbeertrages bzw. Fehlbetrages einer Mitunternehmerschaft (OHG, KG) auf die Gesellschafter wird nicht vorgenommen.

Die objektsteuerliche Bindung der Verlustberücksichtigung an den Gewerbebetrieb ist aber nicht konsequent durchgeführt. Die Verlustberücksichtigung trägt starke personalsteuerliche Züge, die sich beim Unternehmerwechsel offenbaren. „Ein Gewerbeverlust kann in Fällen des Unternehmerwechsels in der Regel nicht berücksichtigt werden"[99], heißt es in einem Urteil des BFH, da gewerbesteuerlich die Annahme gilt, daß bei einem Unternehmerwechsel nicht der gleiche Betrieb unter einem neuen Steuerschuldner fortgeführt wird, sondern der alte Betrieb zu bestehen aufhört und ein neuer gegründet wird. Danach erlischt der Anspruch auf Verlustberücksichtigung sowohl bei einer Veräußerung oder Vererbung des Gewerbebetriebes durch natürliche Personen als auch bei einer Liquidation, Fusion oder Umwandlung von Kapitalgesellschaften[100] (auch formwechselnder Umwandlung nach §§ 257 bis 285 Akt.Ges., § 40 Umw.Ges.). Nur wenn Steuergegenstand und Steuerschuldner — d. h. Gewerbebetrieb und Unternehmer — vor und nach der Betriebsübergabe die gleichen sind, bleibt die Berücksichtigungsfähigkeit des Gewerbeverlustes erhalten[101]. Diese Voraussetzung sieht der BFH im Falle einer unentgeltlichen Betriebsübergabe im Rahmen einer vorweggenommenen Erbfolge als gegeben an, wenn der Erbe vor Eintritt des Erbfalles in den Betrieb aufgenommen wird und die Bilanzansätze des Betriebes beibehalten werden[102].

---

97 §§ 8 und 9 GewStG.

98 GewStR 1955 Abschn. 41 und 68. Ebenso *Blümich-Boyens-Steinbring,* Gewerbesteuergesetz, 5. Aufl. Berlin 1953, S. 155. Anderer Ansicht ist *Priese,* Johannes, Der Gewerbeverlust, in: Das Steuerrecht der Unternehmung (Sammlung Herbert/Lüdenscheid), Heft 35, Teil 11, S. 10 f.

99 BFH-Urteil IV 425/53 U vom 4. 5. 1955.

100 RFH-Urteil VI 236/42 vom 26. 8. 1942.

101 BFH-Urteil IV 425/53 U vom 4. 5. 1955.

102 BFH-Urteil I 37/54 U vom 21. 6. 1954.

Die Gestaltung der Verlustberücksichtigung bei Unternehmerwechsel entspricht der allgemeinen personalsteuerlichen Ausprägung, die die Behandlung des Unternehmerwechsels in der Gewerbesteuer im Jahre 1951 erfahren hat[103]. Als Ergebnis ist auch bei der Gewerbesteuer auf die Gesamtlebensdauer des Gewerbebetriebes gesehen die Kongruenz des Totalerfolges mit der Summe der Periodenergebnisse nicht gewährleistet. Die Gewerbesteuer trägt in der Gestaltung der Verlustberücksichtigung stärker die Züge einer Personal- als einer Objektsteuer[104].

C. Die steuerliche Behandlung gewerblicher Verluste in Großbritannien

I. Grundzüge der Erfolgsbesteuerung und Erfolgsermittlung

Das System der britischen Erfolgsbesteuerung umfaßt die Income Tax, der natürliche und juristische Personen unterliegen, die Surtax, die mit der Income Tax rechtlich und faktisch zu ‚der' Einkommensteuer verbunden ist[1], aber nur natürliche Personen trifft[2], und die Profits Tax auf ausgeschüttete und nicht ausgeschüttete Gewinne von Kapitalgesellschaften. Die Besteuerung juristischer Personen durch die Income Tax bedeutet für die ausgeschütteten Gewinnteile nur einen Quellenabzug der Steuer, die bei der Einkommensteuerveranlagung der Anteilseigner berücksichtigt werden kann. Der nicht ausgeschüttete Gewinnteil wird dagegen durch die Income Tax und die Profits Tax bei der Gesellschaft doppelt belastet. Auf eine nähere Darstellung der verschiedenen Steuern auf den gewerblichen Erfolg, insbesondere auf ihr Verhältnis untereinander muß hier verzichtet werden[3].

Die verschiedenen Formen der Verlustberücksichtigung sind im Rahmen der Income Tax entwickelt worden. Dies ist nicht nur wegen der zeitlichen Priorität der Income Tax natürlich, sondern auch dadurch begründet, daß die Einkommensbesteuerung natürlicher Personen kompliziertere Tatbestände zu berücksichtigen hat. Die Ausschaltung der persönlichen Sphäre bei der Besteuerung juristischer Personen erlaubt dann eine vereinfachte Übernahme der in der Einkommensbesteuerung entwickelten Formen. Wir untersuchen daher in erster Linie die Verlustberücksichtigung für natürliche Personen im Rahmen der Income Tax und gehen danach auf die Behandlung von Verlusten bei Personen- und Kapitalgesellschaften ein. Zunächst müssen jedoch die Einordnung der gewerblichen Einkünfte in die Einkommens-

[103] Durch das Gesetz zur Änderung des Gewerbesteuerrechts vom 27. 12. 1951.

[104] Siehe *Blümich-Boyens-Steinbring,* Gewerbesteuergesetz, a. a. O. S. 154.

[1] *Neumark,* Fritz, Besteuerung der gewerblichen Gewinne in England, in: Internationaler Steuerbelastungsvergleich, Schr.R. d. DEA, H. 15, Frankfurt/Main 1952, S. 73 (im folgenden zitiert: Steuerbelastungsvergleich).

[2] Zur Ausnahme bei "director-controlled companies" s. *Weise,* Herbert, Das britische Einkommensteuerrecht, a. a. O. S. 67 ff., und *Neumark,* a. a. O. S. 115 f.

[3] Wir verweisen auf die genannten Arbeiten von *Neumark* und *Weise.*

besteuerung und die komplizierten Zeitbeziehungen innerhalb der Income Tax betrachtet werden, da ihre Kenntnis zum Verständnis der Verlustberücksichtigung bei der Income Tax notwendig ist.

Die englische Einkommensteuer lehnt sich in ihrer Gestaltung an die Quellentheorie an. Sie besitzt keinen allgemeinen Einkommensbegriff, sondern stützt sich auf fünf Schedulen, in denen die steuerpflichtigen Einkünfte im einzelnen beschrieben werden. Die gewerblichen Einkünfte sind in Schedule D, Case I geregelt. Zu ihnen gehören aber im Gegensatz zum deutschen Steuerrecht nicht alle Einkünfte, die im Gewerbebetrieb erzielt werden, sondern nur diejenigen, die mit dem Betreiben eines Gewerbes (carrying on a trade) unmittelbar verbunden sind. Dagegen gehören Zinseinkünfte und Einkünfte aus Grundvermögen auch dann nicht zu den gewerblichen Einkünften, wenn sie im Rahmen des Gewerbebetriebes erzielt und in der Buchführung ausgewiesen werden.

Die Ermittlung der gewerblichen Einkünfte geht von der kaufmännischen Gewinn- und Verlustrechnung — nicht von der Bilanz — aus und berichtigt diese um die (steuerlich) nicht abzugsfähigen Ausgaben[4]. Zu diesen gehören auch die verschiedenen Abschreibungen, die nicht bei der Ermittlung der gewerblichen Einkünfte, sondern erst bei der Ermittlung des gesamten steuerbaren Einkommens (statutory income) in Form sog. allowances abgezogen werden.

Da das Problem der Verlustberücksichtigung durch die zeitliche Begrenzung des Besteuerungsabschnittes bedingt ist, bedarf es zum Verständnis seiner praktischen Gestaltung einer Kenntnis der allgemeinen Beziehungen zwischen Besteuerungsabschnitt und Erfolgsermittlungszeitraum. Diese Beziehungen sind in der britischen Income Tax kompliziert und von der deutschen Praxis verschieden.

Die Steuer wird für das Veranlagungsjahr (Income Tax year) erhoben, das am 6. 4. beginnt und am 5. 4. des folgenden Jahres endet. Der Steuersatz für das Veranlagungsjahr wird jährlich durch die Finance Act neu festgelegt. Die Besteuerungsgrundlage ist nun aber nicht das Einkommen des Veranlagungsjahres, sondern stammt — je nach der Art der Einkünfte — aus verschiedenen Zeitabschnitten. Grundsätzlich gilt die Besteuerung nach der Vergangenheit: die Bemessungsgrundlage der Steuer ist das Einkommen eines zurückliegenden Zeitraumes, und die Steuerzahlung ist eine Verpflichtung des späteren Veranlagungsjahres und nicht eine Nachzahlung auf den vorangegangenen Zeitraum der Einkommensentstehung. Dieses Prinzip ist für eine Reihe von Einkunftsarten zugunsten der Gegenwartsbesteuerung durchbrochen. Für das Veranlagungsjahr 6. 4. 1954 bis 5. 4. 1955 können z. B. folgende Zeiträume der Einkommensentstehung als Bemessungsgrundlage gelten[5]:

---

[4] Siehe im einzelnen *Neumark,* a. a. O. S. 79 ff.

[5] Report of the Committee on the Taxation of Trading Profits, London 1951, § 23 (im folgenden zitiert: Tucker Report).

1. Bei gewerblichen Einkünften ist das Ergebnis desjenigen Wirtschaftsjahres zugrunde zu legen, das in dem vorangegangenen Veranlagungsjahr geendet hat; also das Ergebnis sämtlicher Wirtschaftsjahre, die zwischen dem 6. 4. 1953 und dem 5. 4. 1954 *geendet* haben.
2. Bei den im Quellenabzug besteuerten Einkünften — Löhnen, Gehältern, Pacht- und Zinseinkünften — decken sich Einkommens- und Veranlagungsjahr (6. 4. 1954 bis 5. 4. 1955).
3. Für sonstige Einkünfte, die nicht dem Steuerabzug unterliegen — z. B. aus ausländischen Kapitalanlagen — gilt schließlich als Bemessungszeitraum das vorangegangene Veranlagungsjahr (6. 4. 1953 bis 5. 4. 1954).

Bei der Veranlagung eines Steuerpflichtigen mit mehreren Einkunftsarten kann also das Bruttoeinkommen des Veranlagungsjahres eine zeitlich heterogene Größe sein. Die Vergangenheitsbesteuerung hat den Vorteil, daß die Höhe der Einkünfte im Veranlagungsjahr bereits bekannt ist und auf ein System von Voraus- und Abschlußzahlungen verzichtet werden kann. Wenn man berücksichtigt, daß die Steuersätze am Beginn jedes Jahres neu festgesetzt und vorher geheimgehalten werden, wird durch die Vergangenheitsbesteuerung bei gewerblichen Einkünften auch die Möglichkeit eingeschränkt, bei Änderungen der steuerlichen Belastung Erfolgsverlagerungen zum Zwecke der Steuerersparnis vorzunehmen. Das Tucker-Committee hat die Frage der Besteuerung nach der Vergangenheit, die — wie sich im folgenden zeigen wird — erheblichen Einfluß auf die Formen der Verlustberücksichtigung hat, ausführlich behandelt, ohne jedoch eine Änderung des seit 1927 bestehenden Systems zu empfehlen[6].

II. Die Verlustberücksichtigung für selbständige Gewerbetreibende im Rahmen der Income Tax

1. Hauptmerkmale und Formen der Verlustberücksichtigung

Fünf Punkte sind besonders kennzeichnend für die Verlustberücksichtigung im britischen Steuerrecht:

1. Die Verlustberücksichtigung ist im Prinzip zeitlich unbegrenzt;

2. das britische Recht kennt neben der vorherrschenden Form des Verlustvortrages auch einen begrenzten Verlustrücktrag;

3. eine Einengung des Verlustbegriffes wird nicht vorgenommen, so daß die Symmetrie zwischen Gewinn- und Verlustbegriff gewahrt bleibt;

4. die Verlustberücksichtigung muß überwiegend innerhalb des Ver-

---

6 Tucker Report, §§ 19—66.

lustunternehmens oder innerhalb der gewerblichen Einkünfte durchgeführt werden;

5. der Steuerpflichtige hat ein Wahlrecht zwischen den verschiedenen Formen der Verlustberücksichtigung und kann dadurch ihre materielle Wirkung beeinflussen.

Im einzelnen stehen dem Income Tax-Pflichtigen folgende Formen zur Auswahl offen:

1. Ein sofortiger Ausgleich gewerblicher Verluste durch das Gesamteinkommen, der nach der Systematik der Income Tax praktisch einen einjährigen Verlustrücktrag darstellt (sec 341 ITA 1952);

2. ein innerperiodischer Ausgleich gewerblicher Verluste durch die übrigen Einkünfte (sec 341 ITA 1952 in Verbindung mit sec 15 FA 1953);

3. ein innerperiodischer Ausgleich von Verlusten eines Betriebes durch Gewinne anderer Betriebe (sec 142 ITA 1952);

4. ein zeitlich unbegrenzter Vortrag von Verlusten gegen Gewinne des gleichen Betriebes (sec 342 ITA 1952);

5. ein dreijähriger Rücktrag des ‚terminal loss', d. h. desjenigen Verlustes, der in den letzten 12 Monaten vor der Betriebsaufgabe bzw. -auflösung entstanden ist (sec 18 FA 1954).

2. Die Höhe des berücksichtigungsfähigen Verlustes

Die Höhe des berücksichtigungsfähigen Verlustes richtet sich in allen Fällen nach den allgemeinen Erfolgsermittlungsvorschriften. Eine Einengung des Verlustbegriffes wird im Zusammenhang mit der Verlustberücksichtigung nicht vorgenommen. Bemerkenswert ist jedoch die Behandlung der Abschreibungen, die nicht zur Ermittlung des gewerblichen Erfolges gehören, sondern erst bei der Ermittlung des steuerbaren Bruttoeinkommens vom gewerblichen Erfolg abgezogen werden. Das Besondere hierbei ist, daß die Abschreibungen nicht für das Geschäftsjahr, sondern für das Veranlagungsjahr berechnet werden und daher zeitlich nicht dem im Veranlagungsjahr herangezogenen Erfolg zugehören[7]. Abschreibungen, die durch Gewinne nicht gedeckt sind, gehen dem Steuerpflichtigen nicht verloren, sondern sind unbegrenzt vortragsfähig[8]. Der Steuerpflichtige kann aber die ungedeckten Abschreibungen in die Erfolgsermittlung einbeziehen und dadurch einen bereits vorhandenen Verlust vergrößern oder einen Gewinn in einen Verlust umwandeln, wenn er die vorzeitige Verlustberücksichtigung oder den innerperiodischen Verlustausgleich beantragt[9]. Er erreicht

---

[7] Siehe auch *Weise,* a. a. O. S. 23, sowie *Neumark,* Steuerbelastungsvergleich, a. a. O. S. 83 ff.

[8] Die unbegrenzte Vortragsfähigkeit der Abschreibungen bestand schon vor der Beseitigung der Zeitgrenze für den Verlustvortrag im Jahre 1952.

[9] sec 20 FA 1954. s. auch *Taylor,* E. Miles, Income Tax, Surtax and Profits Tax, 14th Ed. Harpenden/Herts 1955, p. 231 f.

damit, daß die Abschreibungen nicht nur gegen gewerbliche Einkünfte sondern — zumal zeitlich schneller — auch gegen nichtgewerbliche Einkünfte verrechnet werden können.

3. Die verschiedenen Formen der Verlustberücksichtigung

a) Berücksichtigung gewerblicher Verluste durch Ausgleich innerhalb des Gesamteinkommens

α) Die vorzeitige Verlustberücksichtigung

Die erste Möglichkeit der Verlustberücksichtigung[10] ist systematisch durch die Besteuerung nach der Vergangenheit begründet, wonach ein Steuerpflichtiger im Veranlagungsjahr 1955/56 mit dem Gewinn von Wirtschaftsjahren veranlagt wird, die zwischen dem 6. 4. 1954 und 5. 4. 1955 enden. Wir wollen ein Wirtschaftsjahr vom 1. 10. 1953 bis 30. 9. 1954 annehmen, das mit einem Gewinn abschließt. Entsteht nun im folgenden Wirtschaftsjahr 1954/55 ein Verlust, so würde dieser normalerweise erst bei der Veranlagung für 1956/57 mit anderen Einkünften verrechnet werden können. Sind derartige Einkünfte nicht vorhanden, dann kommt es zu einer Freiveranlagung und eine Möglichkeit zur Verlustberücksichtigung würde erst bei der Veranlagung 1957/58 bestehen.

Sec 341 ITA 1952 gibt nun aber dem Steuerpflichtigen das Recht auf eine Berichtigungsveranlagung für 1955/56 als dem Veranlagungsjahr, in dem das Verlustwirtschaftsjahr endet. Wegen der verschiedenen Möglichkeiten der Verlustberücksichtigung ist stets ein Antrag erforderlich. Ist diese Veranlagung bereits durchgeführt worden, so erhält der Steuerpflichtige eine Erstattung, die ohnehin bei der Verlustberücksichtigung immer dort notwendig wird, wo die zum Ausgleich dienenden Einkünfte dem Steuerabzug unterlegen haben. In vielen Fällen — namentlich bei einer Beendigung des Wirtschaftsjahres zu Beginn des Veranlagungsjahres (und beim Fehlen sonstiger nichtgewerblicher Einkünfte) — wird der Verlust bereits bei der Erstveranlagung berücksichtigt werden können, so daß sich für den Steuerpflichtigen sofort eine verminderte Steuerschuld ergibt.

Die vorzeitige Verlustberücksichtigung ist unabhängig davon, ob das Einkommen des Veranlagungsjahres 1954/55 ganz, teilweise oder überhaupt nicht aus gewerblichen Einkünften besteht. Es ist also möglich, daß der Gewerbeverlust 1954/55 durch gewerbliche Gewinne des Wirtschaftsjahres 1953/54, durch abzugspflichtige Lohn-, Zins- oder Dividendeneinkünfte des Veranlagungsjahres 1954/55 oder nicht abzugspflichtige Einkünfte des Veranlagungsjahres 1953/54 ausgeglichen wird. Diese Form der Verlustberücksichtigung scheint in bestimmten Fällen

---

[10] sec 341 ITA 1952 — früher sec 34 ITA 1918.

— z. B. bei Ausgleich von Verlusten des Wirtschaftsjahres 1954/55 durch die abzugspflichtigen Einkünfte des Veranlagungsjahres 1954/55 — dem innerperiodischen Ausgleich deutschen Rechts vergleichbar zu sein. Infolge der Durchbrechung der Vergangenheitsbesteuerung stellt sie aber nach der Systematik des britischen Rechts eine „vorzeitige Berücksichtigung von Verlusten“[11] dar, d. h. sie wirkt „praktisch wie ein Verlustrücktrag“[12].

Obwohl der Abzug unabhängig von der Zusammensetzung des Gesamteinkommens vorzunehmen ist, spielt die Reihenfolge der Aufrechnung gegen die beiden Einkommensgruppen — earned oder unearned income — doch eine Rolle, da diese als Berechnungsgrundlage für besondere Freibeträge dienen. Die gewerblichen Einkünfte rechnen zum earned income, und eine Verrechnung von gewerblichen Verlusten gegen das earned income vermindert die Berechnungsgrundlage für die earned income allowance[13]. Die vorgeschriebene[14] Reihenfolge für die Verrechnung des gewerblichen Verlustes lautet:

1. Eigenes earned income des Steuerpflichtigen;
2. eigenes unearned income des Steuerpflichtigen;
3. earned income des Ehegatten (bei Zusammenveranlagung);
4. unearned income des Ehegatten.

Die Verlustberücksichtigung vermindert darüber hinaus auch die Basis für die übrigen Freibeträge, deren Höhe sich teilweise am Gesamteinkommen mißt. Die vorzeitige Verlustberücksichtigung verliert daher für den Steuerpflichtigen an Wert, wenn die Freibeträge vermindert werden und praktisch nicht mehr der volle Verlustbetrag zu einer Steuerermäßigung führt.

β) Der innerperiodische Verlustausgleich

Auf Empfehlung des Tucker Committee[15] wurde der Ausgleich von gewerblichen Verlusten durch nichtgewerbliche Einkünfte auch im ersten dem Verlust folgenden Jahr zugelassen[16]. Voraussetzung hierfür ist jedoch, daß der Verlustbetrieb fortgeführt wird.

Wir knüpfen an das obige Beispiel an: Wenn der Verlust des Wirtschaftsjahres 1954/55 durch die vorzeitige Verlustberücksichtigung im Veranlagungsjahr 1955/56 nicht voll berücksichtigt werden konnte, so kann der Steuerpflichtige nun im Veranlagungsjahr 1956/57 — das ist das Jahr, dem der Verlust nach dem System der Vorjahresbesteuerung zuzuordnen ist — einen Ausgleich durch die übrigen nicht-gewerblichen

---

[11] *Neumark,* Steuerbelastungsvergleich, a. a. O. S. 88.

[12] *Weise,* a. a. O. S. 31.

[13] Die earned income allowance betrug nach den Finance Acts 1953—56 $^{2}/_{9}$ des earned income, höchstens jedoch 450 £

[14] sec 15 (1) FA 1953.

[15] Tucker Report § 82.

[16] sec 341 ITA 1952 in Verbindung mit sec 15 FA 1953.

Einkünfte beantragen. Dieser Ausgleich nach sec 15 FA 1953 geht in der Reihenfolge einem weiteren Antrag auf vorzeitige Verlustberücksichtigung vor, der etwa nach sec 341 für einen gewerblichen Verlust aus dem Wirtschaftsjahr 1955/56 gestellt werden könnte.

Wirtschaftlich ist durch die Verrechnung von Verlusten des am 30. 9. 1955 endenden Wirtschaftsjahres mit nicht-gewerblichen Einkünften aus dem Veranlagungsjahr 1956/57 ein Verlustvortrag gegeben. Das Tucker Committee spricht in seiner Empfehlung auch von einem einjährigen Vortrag. Unter Berücksichtigung der zeitlichen Zuordnung der Einkünfte nach dem System der Vorjahresbesteuerung für gewerbliche Einkünfte handelt es sich aber um einen innerperiodischen Verlustausgleich.

Das Besondere dieses innerperiodischen Verlustausgleichs ist die Verrechnung gewerblicher Verluste mit *nicht*-gewerblichen Einkünften, die sonst nur bei der vorzeitigen Verlustberücksichtigung zugelassen ist.

b) Berücksichtigung gewerblicher Verluste durch Verrechnung mit gewerblichen Einkünften bzw. mit Gewinnen des Verlustunternehmens

α) Innerperiodische Verlustverrechnung

Wenn die bisher behandelten Möglichkeiten vom Steuerpflichtigen ausgeschöpft oder nicht geltend gemacht sind, verengt sich der Kreis der positiven Einkünfte, gegen die die Verluste verrechnet werden können. War es bei der vorzeitigen Verlustberücksichtigung und beim innerperiodischen Verlustausgleich nach sec 341 ITA 1952 das Gesamteinkommen, so läßt sec 142 ITA 1952 noch eine innerperiodische Verlustverrechnung (Set-off) zwischen zwei Gewerbebetrieben eines Steuerpflichtigen zu, wobei auch die Gewerbebetriebe der Ehefrau als Betriebe des Ehemannes gelten. Diese Form der Verlustberücksichtigung ist jedoch auf das dem Verlustjahr folgende — als das nach der Vergangenheitsbesteuerung normale — Veranlagungsjahr beschränkt[17].

Ein Vortrag und eine Verrechnung gegen Gewinne anderer Betriebe in den folgenden Jahren ist nicht möglich. Bemerkenswert ist aber, daß auch diese innerperiodische Verlustverrechnung in das Belieben des Steuerpflichtigen gestellt ist. In der Rechtsprechung[18] wird ausdrücklich betont, daß der ‚Set-off‘ „not a rule of computation“ sondern das R e c h t des Steuerpflichtigen darstellt, nach dem Netto-Ergebnis besteuert zu werden. In jedem Falle sind die Ergebnisse der einzelnen Betriebe gesondert zu ermitteln.

Macht der Steuerpflichtige von dem ‚Set-off‘ keinen Gebrauch oder reicht dieser zur vollen Verlustberücksichtigung nicht aus, so ist eine

---

[17] Nur bei einem Verlust im ersten Geschäftsjahr eines Betriebes ist die Verlustverrechnung nach sec 142 in den ersten drei Veranlagungsjahren möglich (s. im einzelnen *Taylor*, op. cit. p. 238).

[18] Halsbury's Statutes of England, 2nd Ed., Vol. 31, London 1952, p. 140.

weitere Verlustberücksichtigung nur noch durch spätere Gewinne des Verlustbetriebes möglich. Die systematisch aufeinander folgenden Berücksichtigungsmöglichkeiten weisen also eine zunehmende Verengung der sachlichen Ausgleichsbasis auf, ohne daß jedoch gleichzeitig eine Einengung des Verlustbegriffes vorgenommen wird, durch die bestimmte Verlustteile von der Berücksichtigung ausgeschlossen würden.

β) Der Verlustvortrag

Der Verlustvortrag[19], der dem Steuerpflichtigen als eine letzte Möglichkeit bei einer Fortführung seines Betriebes offensteht, war ursprünglich auf fünf Jahre begrenzt. Die Zeitbegrenzung ist auf Empfehlung des Tucker Committee[20] durch die Finance Act 1952 aufgehoben worden. Das Tucker Committee hatte sich bei seiner Empfehlung von der Tatsache leiten lassen, daß die Begrenzung der Vortragsfähigkeit durch den praktisch unbegrenzten Vortrag für Abschreibungen bereits weitgehend durchbrochen war.

Die zeitlich unbeschränkte Abzugsfähigkeit gewerblicher Verluste hängt von dem Weiterbestehen des gleichen Gewerbebetriebes (trade) ab und ist gleichzeitig an die Person dessen gebunden, der den Verlust erlitten hat. Ein Erwerber oder Erbe des Betriebes kann einen Verlust seines Vorgängers steuerlich nicht geltend machen[21]. Gleiches gilt für den Verlustanteil eines Gesellschafters einer ‚partnership' (Gesellschaft ohne eigene Rechtspersönlichkeit), der von jedem Gesellschafter gesondert geltend gemacht werden muß.

Es entspricht der doppelten Bindung der Verlustberücksichtigung an den Verlustbetrieb und an den betroffenen Steuerpflichtigen, daß die steuerliche Vortragsfähigkeit eines Verlustanteils bei einem Gesellschafterwechsel für den ausscheidenden Gesellschafter verlorengeht[22] und auch nicht auf den neuen Gesellschafter übertragen werden kann[23]. Das englische Recht ist hier enger als das deutsche, das den Abzug unabhängig von dem Weiterbestehen des Gewerbebetriebes zuläßt.

Der vortragsfähige Verlust ist in jedem der folgenden Jahre so weit wie möglich abzuziehen. Ein Wahlrecht für einen nur partiellen Abzug trotz eines ausreichend hohen Gewinnes im Veranlagungsjahr — wie er in Deutschland im Interesse einer Progressionsabschwächung verschiedentlich gefordert wird[24] — gewährt das britische Recht nicht[25].

---

19 sec 342 ITA 1952, ergänzt durch sec 27 FA 1952.

20 Tucker Report §§ 77—79.

21 Halsbury Statutes op. cit. p. 330.

22 Der ausscheidende Gesellschafter hat allerdings die Möglichkeit eines dreijährigen Rücktrages für den ‚terminal loss' (s. den folgenden Abschnitt).

23 sec 19 FA 1953. s. *Taylor,* op. cit. p. 300.

24 s. S. 64.

25 *Taylor,* op. cit. p. 241.

Die Entscheidung, daß ein Verlustvortrag nur beschränkt — nämlich nur durch Verrechnung mit gewerblichen Gewinnen des Verlustbetriebes — möglich ist, erhält eine wirtschaftliche und nicht formalrechtliche Interpretation[26]. Ein Ausgleich des Verlustes ist danach auch durch Zins- und Dividendeneinkünfte möglich, die im Rahmen des Gewerbebetriebes erzielt, aber infolge des Quellenabzuges bereits unter anderen Schedulen besteuert waren. Sobald der Gewinn im Veranlagungsjahr zum Ausgleich des vorgetragenen Verlustes nicht ausreicht, sind diese Zins- und Dividendeneinkünfte, die als ‚trading receipts' in der Gewinn- und Verlustrechnung des Betriebes erscheinen, aber bei der Ermittlung des steuerpflichtigen Gewinns ausgesondert werden, in die Verlustberücksichtigung einzubeziehen. Das führt dazu, daß der Steuerpflichtige insoweit eine Erstattung der im Quellenabzug erhobenen Steuern verlangen kann.

γ) Der Verlustrücktrag bei Betriebsaufgabe

Die bereits sehr weitgehende Verlustberücksichtigung in Großbritannien ist auf Empfehlung des Tucker Committee[27] im Jahre 1954 durch einen dreijährigen Rücktrag für ‚terminal losses'[28] — das sind Verluste, die in den letzten 12 Monaten vor Betriebsaufgabe entstanden sind — abgerundet worden. Die Einführung dieses Verlustrücktrages trug der Tatsache Rechnung, daß das britische Steuerrecht für derartige Verluste infolge der weitgehenden Bindung der Verlustberücksichtigung an das Weiterbestehen des Verlustbetriebes nur die vorzeitige Verlustberücksichtigung nach sec 341 kannte[29]. Rücktragsfähig sind neben dem eigentlichen steuerlichen Verlust auch die Abschreibungen der letzten 12 Monate, nicht dagegen unausgenutzte Verlustvorträge und Abschreibungen früherer Jahre.

Als Reihenfolge für den Rücktrag schreibt das Gesetz vor, daß beim letztvergangenen Jahr zu beginnen ist und die unausgeglichenen Verlustteile dann weiter zurückgetragen werden. Zins- und Dividendeneinkünfte werden dabei ebenso wie beim Verlustvortrag in die Verlustberücksichtigung einbezogen. Ein nur partieller Ausgleich in den einzelnen Berücksichtigungsjahren ist auch hier nicht zugelassen. Besondere Vorschriften sorgen dafür, daß durch willkürliche Beendigung und Wiederaufnahme eines Betriebes sowie durch Änderung der Rechtsform ohne Eigentümerwechsel keine Steuervorteile erzielt werden können[30].

---

26 sec 342 (4) ITA 1952.

27 Tucker Report § 81.

28 sec 18 FA 1954.

29 Lediglich für Kohlenbergwerke, Ölquellen u. ä. gewährte sec 27 (3) ITA 1945 im Falle der Stillegung einen sechsjährigen Rücktrag von bestimmten Abschreibungen; s. dazu Tucker Report § 81.

30 sec 18 (8) FA 1954; ferner sec 17 FA 1954.

c) *Das Zusammenwirken der verschiedenen Formen der Verlustberücksichtigung und ihr Einfluß auf die Freibeträge*

Das Zusammenwirken der verschiedenen Möglichkeiten der Verlustberücksichtigung soll an dem folgenden Beispiel[31] verdeutlicht werden, wobei gleichzeitig angedeutet werden kann, welchen Einfluß die Verlustberücksichtigung auf die Veränderung der Freibeträge ausübt.

X hat zwei getrennte Betriebe A und B, die beide nach einem Wirtschaftsjahr vom 1. 4. bis 31. 3. Abschlüsse machen und folgende Ergebnisse ausweisen (alles in £):

Wirtschaftsjahr	Ergebnis der Betriebe	
	A	B
1948—49	350	450
49—50	— 1 100	100
50—51	200	400
51—52	— 150	200
52—53	300	480
53—54	260	520

Außerdem hat X jährlich 100 £ nichtgewerbliche Einkünfte. *Ohne Verlustberücksichtigung* würden die steuerpflichtigen Ergebnisse in den einzelnen Jahren betragen:

Veranlagungsjahr	Einkünfte aus den Betrieben		Sonstige Einkünfte	Summe
	A	B		
1949—50	350	450	100	900
50—51	—	100	100	200
51—52	200	400	100	700
52—53	—	200	100	300
53—54	300	480	100	880
54—55	260	520	100	880

Die Summe der positiven Einkünfte beträgt 3860, die der Verluste 1250.

X hat nun folgende Möglichkeiten zur Berücksichtigung der Verluste aus dem Betrieb A:

1949—50: Vorzeitige Verlustberücksichtigung nach sec 341 und Rückerstattung der Steuern auf 900 £ gewerbliche und nichtgewerbliche Einkünfte. Berücksichtigungsfähig bleiben 200 £.

1950—51: Innerperiodischer Verlustausgleich nach sec 15 FA 1953 durch die Gesamteinkünfte oder Verlustverrechnung nach sec 142 nur gegen den Gewinn B. Wird der innerperiodische Verlustausgleich nicht beantragt, aber die Verlustverrechnung vorgenommen, so vermindert sich das Einkommen[32] auf 100 £. Vortragsfähig bleiben 100 £.

---

[31] in Anlehnung an *Taylor,* op. cit. p. 242.

[32] Einkommen — hier und im folgenden — vor Abzug der verschiedenen Freibeträge.

1951—52: Vortrag und Ausgleich nach sec 342 von 100 £ durch den Gewinn A. Vorzeitige Verlustberücksichtigung nach sec 341 von 150 £ gegen Gewinn B, so daß ein Gesamteinkommen von 450 £ bleibt. — (Der Vortrag nach sec 342 ist für den Gesamtverlust von 1.100 £ möglich, wenn X die vorhergehenden Möglichkeiten nicht wahrgenommen hat. Im Rahmen der vorzeitigen Verlustberücksichtigung könnte dann der Gesamtverlust A aus 1951/52 durch den Gewinn aus B ausgeglichen werden, von den —1.100 £ werden 200 £ durch den Gewinn A ausgeglichen. Das Einkommen beträgt dann 350 £).

1952—53: Wenn die vorzeitige Verlustberücksichtigung nicht beantragt wurde, ist die Verlustverrechnung gegen den Gewinn B oder der innerperiodische Ausgleich durch die Gesamteinkünfte möglich. Das Einkommen beträgt dann 150 £.

1953—54: Wenn X in 1952/53 keine Verlustberücksichtigung beantragt hat, kann der Verlust von 150 £ gegen den Gewinn A vorgetragen werden.

Der Wert der vorzeitigen Verlustberücksichtigung, des innerperiodischen Verlustausgleichs und der Verlustverrechnung wird in dem Maße beeinträchtigt, wie die verschiedenen Freibeträge nicht mehr voll wirksam werden. Im vorstehenden Beispiel hat X eine ganze Reihe unterschiedlicher Möglichkeiten, die Einkommenskurve zu glätten. Wir stellen vier Möglichkeiten nebeneinander:

a) X führt die Verlustberücksichtigung auf dem schnellsten Wege durch;

b) X beantragt für 1949/50 vorzeitige Verlustberücksichtigung und beschränkt sich im übrigen auf den Verlustvortrag;

c) X beantragt nur Verlustverrechnung gegen Gewinne des Betriebes B und macht im übrigen den Verlustvortrag geltend;

d) X beschränkt sich auf den Verlustvortrag.

Für die einzelnen Jahre ergibt sich dann folgendes Einkommen (vor Abzug der verschiedenen Freibeträge):

Veranlagungsjahr	a	b	c	d
1949—50	—	—	900	900
50—51	—	200	100	200
51—52	550	500	500	500
52—53	300	300	150	300
53—54	880	730	580	580
54—55	880	880	620	620
Versteuertes Einkommen	2.610	2.610	2.850	3.100
Verlustreste Vortragsfähige	—	—	240	490

In diesem Beispiel bleibt unberücksichtigt, ob die nichtgewerblichen Einkünfte earned oder unearned income sind, was wegen der unterschiedlichen Freibeträge von erheblicher Bedeutung ist.

Die Form b scheint eine schnelle Verlustberücksichtigung am besten mit einer möglichst weitgehenden Nivellierung der Einkommenskurve zu verbinden. Hierbei ist aber zu berücksichtigen, daß der Steuerpflichtige nicht die Möglichkeit hat, seine Entscheidungen nach einem rückschauenden Vergleich zu treffen. Er muß bei seiner Entscheidung die mutmaßliche Entwicklung seiner verschiedenen Einkommensteile und etwaige Änderungen der Steuersätze, die ja jedes Jahr neu festgesetzt werden, berücksichtigen. Dabei hat er dann zwischen dem Vorteil des Zinsgewinnes und der Liquiditätsverbesserung und dem Nachteil des partiellen oder gar totalen Verlustes der Freibeträge (bei schneller Durchführung der Verlustberücksichtigung) zu wählen. Seine Entscheidung wird in dem Maße erschwert, wie er die künftige Erfolgsentwicklung nicht übersehen kann. Weise[33] leitet aus dem Wahlrecht des Steuerpflichtigen und der damit verbundenen Möglichkeit, „in gesetzlich erlaubter Weise den Verlauf der Gewinnkurve über die verschiedenen Erfolgsperioden hin bis zu einem gewissen Grad [zu] glätten" eine „günstige psychologische Wirkung" auf den Steuerpflichtigen ab. Eine solche Wirkung wird nicht zu bestreiten sein. Die Möglichkeiten zur Nivellierung der Erfolgskurve und die reale Auswirkung der Verlustberücksichtigung auf die steuerliche Gesamtbelastung hängen aber sehr wesentlich von der Höhe und der Struktur des Gesamteinkommens ab. Mit Recht sagt Taylor „as a general proposition that full relief will not be obtained by an individual under the various loss claims, unless he has sufficient non-business income to cover his allowances"[34].

4. Die zeitliche Aufteilung des Verlustes

Die verschiedenen sehr weitgehenden Möglichkeiten der Verlustberücksichtigung werden durch die zeitliche Aufteilung des Verlustes ergänzt oder abgewandelt. Das sog. ‚splitting of loss' bedeutet in Abweichung von dem Grundsatz der Vergangenheitsbesteuerung für gewerbliche Einkünfte eine Aufspaltung der Ergebnisse abweichender Wirtschaftsjahre und ihre zeitanteilige Einbeziehung in die Veranlagungsjahre, über die sich das Wirtschaftsjahr erstreckt.

Die zeitliche Aufteilung des Verlustes wird in bestimmten Fällen von der Finanzverwaltung verlangt, in anderen ist sie in das Belieben des Steuerpflichtigen gestellt. Ein Zwang zum splitting besteht in den Fällen, wo ein Steuerpflichtiger für eines der ersten drei Jahre nach Beginn und für das letzte Jahr vor Beendigung einer gewerblichen Be-

[33] *Weise,* a. a. O. S. 33.
[34] *Taylor,* op. cit. p. 241.

tätigung[35] die vorzeitige Verlustberücksichtigung beantragt. Dies ist durch die allgemeinen zeitlichen Beziehungen des britischen Steuerrechts in den genannten Jahren bedingt[36]. In den übrigen Jahren der gewerblichen Tätigkeit kann der Steuerpflichtige die zeitliche Aufteilung beantragen, muß sie dann aber so lange vornehmen, bis der Verlust vollständig ausgeglichen ist. Das gilt — als eine ‚concession' der Finanzverwaltung — vor allem für den Verlustvortrag nach sec 342[37]. Die zeitliche Aufteilung des Verlustes gibt dem Steuerpflichtigen die Möglichkeit einer schnelleren Verlustberücksichtigung. Sie kann aber auch zur Folge haben, daß — wie Neumark[38] hervorhebt — die steuerliche Wirksamkeit der verschiedenen Freibeträge nicht oder nur in geringem Maße beeinträchtigt wird. Inwieweit das gelingt, hängt jedoch auch hier von der Höhe und Struktur des Gesamteinkommens ab.

Das Verfahren der zeitlichen Aufteilung des Verlustes und seine Wirkungsweise soll an dem folgenden Beispiel[39] dargestellt werden.

B hat einen Gewerbebetrieb, dessen Wirtschaftsjahr am 31. Juli endet. Er erzielt in den einzelnen Jahren folgende Ergebnisse:

Wirtschaftsjahr	Ergebnis (in £)
1949—50	1.200
50—51	1.500
51—52	—3.600
52—53	1.300
Summe	400

Sonstige Einkünfte bestehen nicht.

Bei *normaler Besteuerung nach der Vergangenheit* könnte B folgende Veranlagungen beantragen:

Veranlagungs-jahr			Veranlagtes Einkommen (vor Abzug der Freibeträge)
1951—52:	Jahresgewinn 49/50		1.200
1952—53:	Jahresgewinn 50/51	1.500	
	Vorzeitige Verlustberücksichtigung für Verlust 51/52	—1.500	—
	Vortragsfähig: 2.100		
1953—54:	Jahresverlust 51/52 daher Freiveranlagung		—
1954—55:	Jahresgewinn 52/53	1.300	
	Verlustvortrag	—1.300	—
	Vortragsfähig bleiben 800		1.200

35 Hierunter ist nicht Beginn und Ende gewerblicher Tätigkeit überhaupt, sondern die eines bestimmten gewerblichen Unternehmens zu verstehen.

36 Siehe *Taylor,* op. cit. p. 229 f.

37 Siehe *Taylor,* op. cit. p. 242.

38 *Neumark,* Steuerbelastungsvergleich, a. a. O. S. 90.

39 nach *Taylor,* op. cit. p. 243.

Bei *Anwendung des splitting* ergibt sich dagegen folgendes Bild. (Bruchteile von Monaten bleiben im Beispiel unberücksichtigt.)

Veranlagungsjahr				Veranlagtes Einkommen (vor Abzug der Freibeträge)
1951—52:	Jahresgewinn 49/50		1.200	
	Vorzeitige Berücksichtigung des ‚actual loss' für die Zeit 6. 4. 51—5. 4. 52 nach sec 341: $^4/_{12}$ vom Gewinn 50/51 (1.500) und $^8/_{12}$ vom Verlust 51/52 (—3.600) = —1.900		—1.200	—
	Vortragsfähig bleiben 700.			
1952—53:	Jahresgewinn 50/51		1.500	
	Verlustvortrag nach sec 342		—700	
			800	
	Vorzeitige Verlustberücksichtigung des ‚actual loss' für die Zeit 6. 4. 52—5. 4. 53: $^4/_{12}$ vom Verlust 51/52 (—3.600) und $^8/_{12}$ vom Gewinn 52/53 (1.300) = —333		—333	467
	(B kann aber auch auf die vorzeitige Verlustberücksichtigung verzichten, wenn ihm die Veranlagung nach einem Einkommen von 800 günstiger erscheint.)			
	Bisher berücksichtigte Verluste:			
	1951/52: nach sec 341	1.200		
	1952/53: nach sec 342	700		
	nach sec 341	333		
		2.233		
	Gesamtverlust	3.600		
	Vortragsfähig bleiben	1.367		
1953—54:	Jahresverlust 51/52 daher Freiveranlagung			—
1954—55:	Jahresgewinn 52/53		1.300	
	Verlustvortrag nach sec 342		—1.300	—
	Vortragsfähig sind noch 67			467

Ein Vergleich der beiden Verfahren zeigt eine wesentlich schnellere Verlustberücksichtigung durch das splitting, wobei aber auch hier wiederum die Frage offen bleibt, inwieweit dem Zins- und Liquiditätsgewinn u. U. eine Einbuße bei den Freibeträgen gegenübersteht.

III. Die Verlustberücksichtigung für Personen- und Kapitalgesellschaften

Nach der ausführlichen Darstellung der vielfältigen Formen und Kombinationsmöglichkeiten der Verlustberücksichtigung für den selbständigen Gewerbetreibenden bedarf es nur noch einiger abschließender Erläuterungen zur Verlustberücksichtigung bei der Besteuerung von Personen- und Kapitalgesellschaften.

1. Die Berücksichtigung von Verlusten aus Personengesellschaften

Es muß vorausgeschickt werden, daß die Gewinne der Personengesellschaften schon bei der Gesellschaft durch die Income Tax erfaßt werden, wobei die den einzelnen Gesellschaftern zustehenden Freibeträge bei der Veranlagung berücksichtigt werden. Die bei der Gesellschaft erhobene Steuer wird auf die Gesellschafter aufgeteilt und auf deren Veranlagung angerechnet.

Verluste einer Personengesellschaft müssen von den einzelnen Gesellschaftern anteilig unabhängig voneinander geltend gemacht werden, wobei ihnen alle Möglichkeiten der Verlustberücksichtigung offenstehen.

Zu einer komplizierten Auseinandersetzung kommt es dort, wo nach dem Gesellschaftsvertrag unabhängig von dem Jahresergebnis an einzelne Gesellschafter Gehalts- oder Kapitalzins-Zahlungen geleistet werden. Derartige Zahlungen verändern das steuerliche Ergebnis, d. h. die Höhe des vorher festgestellten berücksichtigungsfähigen Verlustes nicht. Soweit sie bei einem Gesellschafter seinen Verlustanteil ausgleichen oder gar in einen Gewinn verwandeln, kann von ihm eine Verlustberücksichtigung nicht geltend gemacht werden. Der auf die übrigen Gesellschafter entfallende und durch diese Zahlungen noch vergrößerte Verlustanteil ist bei diesen aber nur bis zur Höhe des Gesamtverlustes der Gesellschaft berücksichtigungsfähig. Das führt dazu, daß bei diesen Gesellschaftern die Verluste insoweit unberücksichtigt bleiben, als die Gehalt- und Zinszahlungen bei den Empfängern über die Tilgung des Verlustanteils hinausgehen und zu einem Gewinn führen. Dieser „Gewinn" ist seinerseits nicht steuerpflichtig, so daß sich an dem Gesamtergebnis der Gesellschaft gemessen keine Beschränkung der Verlustberücksichtigung, sondern nur eine Steuerverlagerung zwischen den Gesellschaftern ergibt[40].

Von den recht verwickelten Vorschriften für den Fall eines Gesellschafterwechsels sei erwähnt, daß ein abzugsfähiger Verlustanteil nicht auf den Nachfolger eines Gesellschafters oder die übrigen verbleibenden Gesellschafter übertragen werden darf. Der ausscheidende Gesellschafter kann ihn dagegen geltend machen, wobei sich ihm allerdings nur die Möglichkeiten der vorzeitigen und innerperiodischen Verlustberücksichtigung sowie des Rücktrages des ‚terminal loss' bieten, die sich alle auf den Verlust des letzten Jahres beziehen. Unausgenutzte Verlustvorträge gehen ihm verloren, da sie nur von Einkünften aus dem Verlustbetrieb abgesetzt werden können.

---

[40] Siehe im einzelnen *Taylor,* op. cit. p. 302 ff., der auch Beispiele hierzu anführt.

Die Rechte der übrigen Gesellschafter auf Berücksichtigung ihrer Verlustanteile werden durch den Gesellschafterwechsel nicht berührt[41]. Einen Verlustrücktrag nach sec 18 FA 1954 können sie allerdings aus dem Gesellschafterwechsel nicht herleiten.

2. Kein Untergang der Verlustberücksichtigung bei Formwechsel der Unternehmung

In wirtschaftlich sinnvoller Weise löst das britische Steuerrecht die Frage der Verlustberücksichtigung bei Formwechsel einer Unternehmung. Wandeln die Gesellschafter einer Personengesellschaft oder ein Einzelunternehmer ihre Unternehmung in eine Kapitalgesellschaft um, so bleibt die Berücksichtigungsfähigkeit von Verlusten aus der Zeit vor der Umwandlung unter gewissen Bedingungen erhalten[42]:

1. Der oder die bisherigen Unternehmer müssen auch Gesellschafter der Kapitalgesellschaft sein und die Anteile das ganze Veranlagungsjahr gehalten haben;
2. die neue Gesellschaft muß den Betrieb das ganze Steuerjahr fortgeführt haben.

Sind diese Bedingungen erfüllt, dann können die Steuerpflichtigen Verluste aus der Zeit vor der Umwandlung durch Einkünfte ausgleichen, die sie in Form von Gehältern, Zinsen, Dividenden o. ä. von der Gesellschaft erhalten. Eine Umwandlung der Unternehmung ist also bei Aufrechterhaltung der Eigentumsverhältnisse für die Verlustberücksichtigung nicht schädlich.

3. Verlustberücksichtigung bei der Profits Tax

Die Verlustberücksichtigung für Profits Tax-pflichtige Kapitalgesellschaften ist im Gegensatz zu den vielfältigen und zum Teil recht komplizierten Möglichkeiten unter der Income Tax denkbar einfach. Alle Verluste, die nach den gleichen Grundsätzen wie die Gewinne — also ohne Einengung des Verlustbegriffes — ermittelt werden, sind entsprechend dem Verlustvortrag bei der Income Tax zeitlich unbegrenzt vortragsfähig. Da die Profits Tax der Gegenwartsbesteuerung folgt, entfallen die Voraussetzungen für eine vorzeitige Verlustberücksichtigung. Auch die übrigen Formen der Verlustberücksichtigung kommen bei der Profits Tax mit ihrer einfachen Konstruktion ohne verschiedene Einkunftsarten nicht in Betracht. Lediglich der dreijährige Rücktrag für terminal losses ist neben dem unbegrenzten Verlustvortrag nach den gleichen Bedingungen wie bei der Income Tax möglich. Diese beiden Formen sichern jedoch eine nahezu unbegrenzte Verlustberücksichtigung, die nur dann

---

[41] sec 19 (3) FA 1953.
[42] sec 343 ITA 1952.

beschränkt ist, wenn bei der Liquidation einer Gesellschaft unausgenutzte Verlustreste aus dem vorletzten und den weiter zurückliegenden Jahren vorhanden sind.

4. Verlustausgleich bei Gesellschaftsverschachtelungen

Bei juristisch selbständigen Gesellschaften, die kapitalmäßig als Mutter- und Tochtergesellschaft verflochten sind, besteht auch im britischen Steuerrecht eine der deutschen Organschaft verwandte Möglichkeit zum innerperiodischen Gewinn- und Verlustausgleich[43]. Auf Antrag der Muttergesellschaft wird das Ergebnis beider Gesellschaften zusammengefaßt und die Veranlagung in der Weise durchgeführt, als ob nur eine Gesellschaft besteht. Hierdurch wird zwar in einzelnen Jahren ein innerperiodischer — das bedeutet zeitlich schnellerer — Verlustausgleich herbeigeführt. Da die Zusammenveranlagung aber nicht willkürlich wieder gelöst werden kann, bewirkt sie in einem Jahr, in dem beide Gesellschaften Gewinne erzielen, daß der Freibetrag für eine Gesellschaft und die Wirkung ermäßigter Steuersätze bei geringem Gewinn verlorengehen. Während diese Möglichkeit eines innerperiodischen Verlustausgleichs zwischen rechtlich selbständigen Gesellschaften ursprünglich auf die Profits Tax beschränkt war, ist auf Empfehlung des Tucker Committee[44] eine entsprechende Möglichkeit auch in die Income Tax[45] aufgenommen worden.

Zahlungen zwischen ‚associated companies', durch die der Verlust einer Gesellschaft durch eine andere Gesellschaft ausgeglichen wird, werden steuerlich als Betriebseinnahmen bzw. -ausgaben anerkannt. Als associated companies gelten alle Gesellschaften, die direkt oder über eine gemeinsame Muttergesellschaft zu mehr als 75 % kapitalmäßig verflochten sind. Die Zahlungen dürfen den steuerlichen Gewinn bzw. Verlust der beteiligten Gesellschaften nach Berücksichtigung der Abschreibungen nicht überschreiten.

D. Die steuerliche Behandlung gewerblicher Verluste in den Vereinigten Staaten von Amerika

I. Grundzüge der Erfolgsbesteuerung und Erfolgsermittlung

1. Formen der Erfolgsbesteuerung und Zusammensetzung des Einkommens

Die Besteuerung des gewerblichen Erfolges geschieht in den USA durch eine Income Tax, der natürliche Personen[1] unterliegen, und durch

---

[43] sec 22 FA 1937, sec 42 FA 1938 und sec 38 FA 1947. Siehe auch *Taylor*, op. cit. p. 493 ff.

[44] Tucker Report § 294.

[45] sec 20 FA 1953.

[1] Vermögens- und Treuhandmassen (Estates und Trusts) werden wie natürliche Personen behandelt (sec 641 IRC).

eine Corporation Tax, der juristische Personen unterliegen. Beide Steuern sind zusammen in dem Internal Revenue Code 1954 (IRC)[2] geregelt und stimmen in der Erfolgsermittlung und auch in der Verlustberücksichtigung weitgehend überein; auf eine getrennte Darstellung kann daher verzichtet werden.

Hinsichtlich der umfangreichen und teilweise äußerst komplizierten Vorschriften über die Zusammensetzung und Ermittlung des Einkommens müssen wir uns hier auf wenige Andeutungen beschränken[3].

Das amerikanische Steuergesetz unterscheidet keine verschiedenen Einkunftsarten. Das steuerpflichtige Einkommen (taxable income) wird nach der Systematik des Gesetzes vielmehr aus dem Roheinkommen (gross income) abgeleitet, von dem drei Gruppen von Abzügen vorgenommen werden[4], die man näherungsweise etwa als Betriebsausgaben und Werbungskosten, Sonderausgaben und persönliche Freibeträge bezeichnen könnte. In der Praxis werden aber eine ganze Reihe von Einkunftsarten unterschieden und auf Veranlagungsformularen gesondert ermittelt[5], zu denen auch die gewerblichen Einkünfte gehören, die als ‚gross income from business' in das Roheinkommen eingehen. Dabei ist nur ein Teil der Betriebsausgaben bereits bei der Ermittlung des gross income abzusetzen, während die übrigen, zu denen auch die Abschreibungen gehören können, gesondert abgezogen werden müssen, wenn man das Netto-Ergebnis der gewerblichen Tätigkeit ermitteln will[6].

Der Einkommensbegriff des amerikanischen Steuerrechts ist außerordentlich weit gefaßt und rechnet zum gross income sämtliche Vermögenszugänge ohne Rücksicht auf ihre Quelle — („gross income means all income from whatever source derived"[7]) — und nähert sich damit der Schanzschen Reinvermögenszugangstheorie[8]. Die vom Gesetz im einzelnen umschriebenen Ausnahmen[9] ziehen nicht etwa eine Grenzlinie gegenüber Vermögensmehrungen, die nicht aus der aktiven Teil-

---

2 Die wichtigsten Paragraphen des IRC sind in deutscher Übersetzung abgedruckt in: *Esser-Merten,* Steuern in den USA, Schr.R des Instituts „Finanzen und Steuern", H. 40, Bonn 1956.

3 Siehe im einzelnen die ausführliche Darstellung von *Bühler,* Ottmar, Die Besteuerung der gewerblichen Einkünfte in den Vereinigten Staaten von Amerika, in: Internationaler Steuerbelastungsvergleich, a. a. O. S. 17 ff.; sowie *Esser-Merten,* a. a. O. S. 14 ff.

4 Siehe US Master Tax Guide 1956, Chicago 1955, p. 54; im folgenden zitiert: Guide.

5 Siehe Guide, op. cit. p. 54; ferner *Neumark,* Theorie und Praxis, a. a. O. S. 342.

6 Siehe hierzu Federal Tax Handbook 1956, New York 1955 p. 183; im folgenden zitiert: Handbook.

7 sec 61 (a) IRC.

8 *Neumark,* a. a. O. S. 341.

9 Exclusions from gross income. sec 101 ff. IRC.

nahme an der Schaffung des Sozialprodukts entstanden sind, sondern bewirken die Steuerfreiheit bestimmter Vermögensmehrungen aus fiskalischen, verfassungsmäßigen und sozialen Gründen[10]. Die amerikanische Erfolgsbesteuerung erfaßt auch Gewinne und Verluste, die durch Wertänderungen am ruhenden Vermögen entstanden sind und mit der normalen Einkommenserzielung nicht in Zusammenhang stehen. Wir berühren hier die Besteuerung der Kapitalgewinne und -verluste (capital gains and losses). Diese Frage wird dadurch kompliziert, daß als Kapitalgewinne und -verluste Erfolgselemente zusammengefaßt sind, die teilweise der privaten und teilweise der gewerblich-beruflichen Sphäre der Steuerpflichtigen zuzuordnen sind.

2. Begriff und Wesen der ‚capital gains and losses'

Das amerikanische Steuerrecht unterscheidet nicht so sehr zwischen gewerblichen (beruflichen) und nicht-gewerblichen Veräußerungsgeschäften als vielmehr zwischen der Veräußerung von Waren und Dienstleistungen (stock in trade) und der Veräußerung sonstiger Vermögensgegenstände (capital assets)[11]. Der Begriff der capital assets ist im Gesetz[12] nur negativ umschrieben. Außer Vorratsgegenständen (stock in trade) sind die geschäftlich[13] genutzten abnutzbaren Wirtschaftsgüter, der geschäftlich genutzte Grund und Boden und einige andere Vermögensgegenstände, darunter bestimmte kurzfristige Schuldverschreibungen des Staates, ausdrücklich ausgenommen. Zu den capital assets gehören also grundsätzlich das Privatvermögen und diejenigen Vermögensgegenstände der beruflichen Sphäre, die nach ihrem wirtschaftlichen Zweck nicht zum Umsatz, zum Verkauf bestimmt sind. Das sind in erster Linie Wertpapiere, Hypotheken u. ä., aber auch Grund und Boden und andere Anlagegegenstände, die nicht betrieblich genutzt sind, sondern — vor allem bei Versicherungsgesellschaften usw. — der Kapitalanlage dienen. Unter bestimmten Voraussetzungen können die geschäftlich genutzten abnutzbaren Wirtschaftsgüter und der geschäftlich genutzte Grund und Boden aber auch als capital assets behandelt werden, wenn dies für den Steuerpflichtigen günstiger ist[14]. Die Zuordnung der Vermögensgegenstände in die eine oder andere Gruppe kann nur nach wirtschaftlichen Gesichtspunkten vorgenommen werden. Wertpapiere sind z. B. für Börsenmakler Vorratsgegenstände, stellen aber — unabhängig davon, ob sie den Charakter von Anlage- oder Um-

---

10 *Bühler,* a. a. O. S. 17 f.

11 *Bühler* a. a. O. S. 19.

12 sec 1221 IRC. Siehe hierzu auch Handbook, op. cit. p. 117 f.

13 „used in a trade or business" (sec 1221 —2— IRC) ist weiter als „gegewerblich" i. S. des deutschen Steuerrechts.

14 sec 1231 IRC. Siehe S. 101 f.

laufvermögen haben — für andere Gewerbetreibende oder Angehörige selbständiger Berufe sowie für Privatpersonen capital assets dar. Es sei hervorgehoben, daß die Unterscheidung von capital und non-capital assets nicht nur für natürliche Personen, sondern auch für Körperschaften gilt.

Kapitalgewinne und -verluste sind die Gewinne und Verluste aus der Veräußerung dieser capital assets[15]. Seltzer[16] charakterisiert die Kapitalgewinne und -verluste (ohne strenge Anlehnung an das Gesetz) als Ergebnisse von Wertänderungen auf dem gleichen Markt, da an den capital assets keine Bearbeitung oder Veränderung ihrer Marktgängigkeit (von eventueller Abnutzung abgesehen) vorgenommen wird. Demgegenüber sind business gains and losses das Ergebnis von Wertdifferenzen auf verschiedenen Märkten, hervorgerufen durch Be- oder Verarbeitung, Ortsveränderung oder Veränderung der Marktgängigkeit. Die Kapitalgewinne und -verluste werden in die Erfolgsbesteuerung einbezogen, sie erfahren aber eine Sonderbehandlung, die im Laufe der Zeit stark geschwankt hat und stets umstritten gewesen ist.

II. Die steuerliche Behandlung gewerblicher Verluste

1. Hauptmerkmale der Verlustberücksichtigung

Die Hauptmerkmale der Verlustberücksichtigung im amerikanischen Steuerrecht sind:

1. Ein sehr weitgehender innerperiodischer Verlustausgleich, in den auch Vermögensverluste, die mit der Einkommenserzielung nicht im Zusammenhang stehen, in großem Umfang, Kapitalverluste aber nur begrenzt einbezogen werden;
2. eine Kombination von mehrjährigem Verlustvortrag und -rücktrag, wobei jedoch ein Wahlrecht des Steuerpflichtigen zugunsten der einen oder anderen Form ausgeschlossen ist;
3. eine Einengung des Verlustbegriffes (‚redefinition of loss'[17]) im Rahmen der zwischenperiodischen Verlustberücksichtigung, durch die Teile des Verlustes durch steuerfreie Einkommensteile ohne steuerliche Wirkung ausgeglichen werden;
4. die Sonderbehandlung der capital losses.

---

[15] Auf die recht komplizierten Vorschriften über die Ermittlung des Veräußerungserfolges, insbesondere der Veräußerungsbasis kann hier nicht eingegangen werden. Wir verweisen auf *Bühler,* a. a. O. S. 35 ff.; Handbook, op. cit. p. 107 ff.

[16] *Seltzer,* Lawrence H., The Nature and Tax Treatment of Capital Gains and Losses, New York 1951, p. 3.

[17] *Beck,* Morris, Diss., op. cit. p. 205 ff.

2. Die verschiedenen Formen der Verlustberücksichtigung

a) Der innerperiodische Verlustausgleich bei der Einkommensteuer natürlicher Personen

Bei der eingangs angedeuteten Systematik des Einkommensbegriffes ergibt sich ein innerperiodischer Verlustausgleich automatisch, da Verluste ‚einzelner Einkunftsarten' — auch soweit sie wie das ‚income from business' gesondert festgestellt werden — im Gesamteinkommen aufgehen. Trotzdem werden die berücksichtigungsfähigen Verluste im einzelnen aufgezählt[18]. Bemerkenswert ist hierbei, daß außer den im Zusammenhang mit der Einkommenserzielung auftretenden Verlusten auch Verluste aus außerberuflichen, aber mit Gewinnabsicht unternommenen Geschäften berücksichtigungsfähig sind und schließlich sogar Verluste, die durch Feuer, Sturm, Schiffbruch oder andere Naturereignisse und auch durch Diebstahl an nicht dem Beruf dienenden Vermögensgegenständen hervorgerufen sind. Diese Verluste werden innerhalb des Gesamteinkommens ohne Einschränkung ausgeglichen. Lediglich für Kapitalverluste bestehen Einschränkungen, die einen innerperiodischen Ausgleich mit ‚non-capital' Einkünften bei natürlichen Personen nur bis zur Höhe von 1000 $ zulassen und bei juristischen Personen völlig ausschließen. Außerdem sind Wettverluste nur bis zur Höhe der Wettgewinne ausgleichsfähig[19].

Weitere Begrenzungen des innerperiodischen Verlustausgleichs, die sich gegen selbständige, sachlich bestimmbare Erfolgsarten richten, gibt es nicht. Die übrigen begrenzenden Vorschriften suchen eine steuerliche Auswirkung willkürlicher Verlustrealisationen bei bestimmten Arten einzelner Verkaufsgeschäfte zu verhindern. Hierzu gehören Verluste aus sog. ‚wash sales', das sind Verluste aus der Veräußerung von Wertpapieren, wenn innerhalb von 30 Tagen vor oder nach der Veräußerung die gleichen Wertpapiere erworben worden sind[20]. Ferner sind hier zu nennen[21] Verluste aus Veräußerungsgeschäften zwischen nahen Verwandten und zwischen einem Gesellschafter und seiner Gesellschaft, wenn diese von ihm kontrolliert wird, wofür eine direkte oder indirekte Beteiligung von 50 % als Kriterium gilt.

Diese Begrenzungen sind allerdings mehr den Vorschriften über die Erfolgsrealisation als denen zur Verlustberücksichtigung zuzuordnen.

---

18 sec 165 IRC.

19 sec 165 (d) IRC.

20 sec 1091 IRC.

21 sec 267 IRC.

Dies um so mehr, als die fraglichen Verluste nicht gänzlich unberücksichtigt bleiben, sondern nur als noch nicht realisiert angesehen werden. Sie gehen bei dem Erwerber der Vermögensgegenstände in die Veräußerungsbasis[22] ein und sind dann bei einer echten Realisation berücksichtigungsfähig.

b) Die zwischenperiodische Verlustberücksichtigung für natürliche und juristische Personen

α) Die Rechtsentwicklung von 1918—1954

Form und Umfang der zwischenperiodischen Verlustberücksichtigung haben sich in den USA wiederholt geändert. Bereits bei der ersten Einführung der Verlustberücksichtigung im Jahre 1918 wurde ein einjähriger Vortrag und ein einjähriger Rücktrag kombiniert. Während der Rücktrag aber schon Ende 1919 wieder aufgehoben wurde, hat der Vortrag mit einer zwischen ein und zwei Jahren wechselnden Länge in den nächsten Jahren fortbestanden, bis die zwischenperiodische Verlustberücksichtigung in der Wirtschaftskrise 1932 ganz beseitigt wurde. Ein im Jahre 1939 wieder eingeführter zweijähriger Verlustvortrag wurde 1942 durch einen zweijährigen Rücktrag ergänzt. Nach einer Verkürzung des Rücktrages auf ein Jahr unter gleichzeitiger Ausdehnung des Vortrages auf fünf Jahre im Jahre 1950 hat die zwischenperiodische Verlustberücksichtigung im Rahmen der großen Steuerreform von 1954 mit der Kombination von zweijährigem Rücktrag und fünfjährigem Vortrag ihre heutige Gestalt erhalten[23]. Bemerkenswert ist die zweimalige Einführung des Verlustrücktrages während eines Krieges mit der ausgesprochenen Zwecksetzung, die Verluste der auf den Krieg folgenden Umstellungsperiode mit den oft erhöhten Gewinnen der Kriegsjahre zu verrechnen, da sie wirtschaftlich noch der Kriegszeit zuzurechnen seien[24]. Außerdem sah man im Verlustrücktrag eine der Maßnahmen zur leichteren Überwindung einer befürchteten Nachkriegsinflation. Über die Umstellungsperiode hinweg hat sich der Rücktrag nur schwer behaupten können; seine Abschaffung mit dem Ende der Umstellungsperiode ist immer wieder empfohlen worden[25].

---

22 Veräußerungsbasis (adjusted basis) ist der Wert, der gewissermaßen als berichtigter Anschaffungswert eines Wirtschaftsgutes dem Erlös zur Ermittlung des Gewinnes oder Verlustes gegenübergestellt wird.

23 Die Entwicklung der Verlustberücksichtigung im amerikanischen Steuerrecht wird von *Beck* unter Wiedergabe von Auszügen aus den Protokollen des amerikanischen Kongresses und seiner Ausschüsse ausführlich dargestellt. (*Beck*, Diss., op. cit. pp. 40—146.)

24 *Beck*, Diss., op. cit. p. 53, p. 117.

25 Siehe dazu das umfangreiche Material bei *Beck*, Diss., op. cit. p. 126 ff.; ferner *Groves*, Harold M., Postwar Taxation op. cit. p. 145 f.

Neben den Änderungen in Form und zeitlichem Umfang der Verlustberücksichtigung haben sich im Laufe der Zeit noch andere nicht weniger wesentliche Änderungen hinsichtlich der Art der berücksichtigungsfähigen Verluste und verschiedener Einengungen der Verlustberücksichtigung ergeben, auf die hier aber nicht näher eingegangen werden kann.

β) Der Rechtsstand im Jahre 1956

Die Durchführung der zwischenperiodischen Verlustberücksichtigung — der net operating loss deduction[26] — ist ein recht kompliziertes Verfahren, zu dessen Verdeutlichung wieder einige Beispiele herangezogen werden müssen.

Für natürliche und juristische Personen bestehen keine wesentlichen Unterschiede, die Abweichungen sind durch Besonderheiten der Income bzw. Corporation Tax begründet; der Verlust von Personengesellschaften wird auf die Gesellschafter aufgeteilt und muß von jedem selbständig geltend gemacht werden. Bei dem Verfahren sind drei Stufen zu unterscheiden[27]:

1. Die Ermittlung des berücksichtigungsfähigen Verlustes im Entstehungsjahr;
2. die Aufteilung des berücksichtigungsfähigen Verlustes innerhalb des Ausgleichzeitraumes;
3. die Verrechnung des Verlustes gegen das Einkommen des Anrechnungsjahres.

aa) Die Ermittlung des berücksichtigungsfähigen Verlustes

Die zwischenperiodische Verlustberücksichtigung besitzt vorwiegend für gewerbliche Unternehmungen Bedeutung. Der berücksichtigungsfähige Verlust kann aber nicht als gewerblicher Verlust bezeichnet werden, denn er umfaßt auch nichtgewerbliche Erfolgselemente. Da der IRC keine selbständigen und scharf abgegrenzten Einkunftsarten kennt, wird der Verlust nicht als Ergebnis bestimmter begünstigter Einkunftsarten ermittelt.

Auch der zwischenperiodisch berücksichtigungsfähige Verlust wird von dem nach den allgemeinen Erfolgsermittlungsvorschriften abgeleiteten Überschuß der deductions über das Roheinkommen abgeleitet[28].

---

[26] sec 172 IRC. Dazu Regulations sec 1.172, (veröffentl. Federal Register Vol. 21 Nr. 142 vom 24. 7. 1956 p. 5525 ff.). Vgl. ferner Handbook, op. cit. p. 216 ff., 374 ff.; Guide, op. cit. p. 319 ff.

[27] Regulations sec 1172—1 b.

[28] sec 172 (c) IRC.

Dieser Überschuß, den man als steuerliches Minuseinkommen bezeichnen könnte, da er auch die verschiedenen persönlichen Freibeträge einschließt, unterliegt jedoch einer Reihe recht wesentlicher Modifikationen. Durch diese wird ein Vor- oder Rücktrag unausgenutzter Freibeträge verhindert und werden bestimmte in Gewinnjahren steuerfreie Einnahmen zur Verminderung des berücksichtigungsfähigen Verlustes herangezogen. Ferner bewirken sie eine Trennung in der Berücksichtigung von Kapitalverlusten und anderen Verlusten.

Den sachlichen Umfang der Verlustberücksichtigung bestimmen sie dadurch, daß ‚non-business deductions' nur bis zur Höhe von ‚non-business income' abgezogen werden dürfen, womit die Berücksichtigung aller Verluste, die nicht mit der Ausübung eines Berufes verbunden sind, ausgeschlossen wird[29]. Die einzige Ausnahme bilden Verluste aus Naturereignissen und Diebstahl, die auch dann voll abgezogen werden können, wenn die betroffenen Vermögensgegenstände nicht der Einkommenserzielung gedient haben[30].

Im einzelnen wird der Überschuß der deductions über das Roheinkommen wie folgt modifiziert[31]:

a) Natürliche Personen dürfen Kapitalverluste nur bis zur Höhe der Kapitalgewinne ansetzen. Übersteigen die Kapitalgewinne die Kapitalverluste, so werden sie voll — d. h. mit 100 % — in die Verlustberechnung einbezogen, während sonst für langfristige Kapitalgewinne ein Freibetrag von 50 % besteht (s. S. 100). Das bedeutet, daß die Steuerbegünstigung für langfristige Kapitalgewinne im Zusammenhang mit der Verlustberücksichtigung entfällt.

b) Die verschiedenen persönlichen Freibeträge — Freibeträge für den Steuerpflichtigen, Gatten-, Kinder- und Altersermäßigungen sowie ein Freibetrag für Blinde — sind nicht zugelassen, so daß ein Verlust nicht durch Momente, die in der privaten Sphäre des Steuerpflichtigen begründet sind, herbeigeführt oder vergrößert werden kann.

c) Nichtberufliche Abzüge dürfen nur bis zur Höhe nichtberuflicher Einnahmen abgesetzt werden. Verluste aus Naturereignissen und Diebstahl bleiben davon unberührt.

d) Bei Kapitalgesellschaften entfällt ein nach sec 242 IRC zugelassener Abzug bestimmter Zinsen aus Obligationen des Staates oder staat-

---

29 „The loss must be from the operation of a trade, business or profession" (Handbook, op. cit. p. 217). Der abgrenzende Begriff des „business" kann nicht mit „gewerblich", sondern muß zutreffender mit „beruflich" umschrieben werden. Die jüngste Rechtsprechung, die in den Regulations (sec 1.172—3 (a) 3) ihren Niederschlag gefunden hat, rechnet Lohn- und Gehaltseinkünfte bei der zwischenperiodischen Verlustberücksichtigung zum business income. Nach dem Handbook (op. cit. p. 218) gehören auch Miet- und Pachteinnahmen zum business income.

30 Regulations sec 1.172—3 (a) 3.

31 sec 172 (d) IRC.

licher Industrieunternehmungen. Dagegen bleibt die Steuerfreiheit von Dividenden[32], die aus Beteiligungen an anderen Kapitalgesellschaften bezogen werden, bestehen[33].

Diese Aussonderung der steuerfreien Dividendenteile bei der Ermittlung des berücksichtigungsfähigen Verlustes ist eine der Verbesserungen der Verlustberücksichtigung, die durch die Steuerreform des Jahres 1954 herbeigeführt wurden[34]. Eine weitere ist der Fortfall der Vorschrift, daß erhöhte Abschreibungen für Substanzabbau bei bestimmten Rohstoffvorkommen[35], die von fiktiven, über den Anschaffungskosten liegenden Werten vorgenommen werden können, den Verlust nicht beeinflussen durften.

Folgendes Beispiel[36] mag zur Erläuterung dienen (alles in $):

A hat ein Roheinkommen von 483.000; darin business capital gains von 50.000 und non-business income von 10.000. In den deductions von insgesamt 540.000 sind non-business deductions von 12.000 und ein persönlicher Freibetrag von 600 enthalten. A hat außerdem einen business capital loss von 60.000. Der berücksichtigungsfähige Verlust wird folgendermaßen ermittelt:

Deductions insgesamt		540.000
Kapitalverlust bis zur Höhe des Kapitalgewinnes		50.000
		590.000
Überschuß der non-business deductions über das non-business income	2.000	
Persönlicher Freibetrag	600	—2.600
Deductions berichtigt		587.400
Roheinkommen		483.000
Berücksichtigungsfähiger Verlust		104.400

bb) Die Aufteilung des berücksichtigungsfähigen Verlustes innerhalb des Ausgleichszeitraumes

Die zweite Stufe bei der Durchführung der zwischenperiodischen Verlustberücksichtigung ist die Aufteilung des berücksichtigungsfähigen Verlustes innerhalb des Ausgleichszeitraumes. Ein Recht, die Reihenfolge von Rücktrag und Vortrag frei zu bestimmen, besitzt der Steuer-

32 sec 243, 244, 245 IRC.

33 sec 172 (d) 6 IRC. Derartige Dividenden (Schachtelerträge) sind in Gewinnjahren zu 85 % steuerfrei, wurden aber vor der Einführung des IRC 1954 bei der Ermittlung eines berücksichtigungsfähigen Verlustes voll berücksichtigt und dadurch faktisch steuerpflichtig.

34 Siehe Erklärungen der Vorsitzenden der Kongreßausschüsse (House Ways and Means Committee and Senate Finance Committee) zur Vorlage der Gesetzentwürfe. IRC 1954, in: United States Code, St. Paul/Minnesota 1954, Appendix p. 16, p. 37.

35 sec 613 IRC.

36 Regulations sec 1.172—3 (f).

pflichtige dabei ebensowenig wie die Möglichkeit, den Verlust aufzuspalten und zum Zweck wirksamerer Progressionsabschwächung in beliebigen Teilbeträgen über den Ausgleichszeitraum zu verteilen. Als Reihenfolge ist der Rücktrag auf das vorletzte und sodann auf das vergangene Jahr mit anschließendem Vortrag auf die fünf Folgejahre vorgeschrieben[37]. Stets ist der Ausgleich durch das am weitesten zurückliegende Jahr des Ausgleichszeitraumes zu versuchen, verbleibende Verluste werden sodann auf die folgenden Jahre des Ausgleichszeitraumes übertragen.

Maßstab für die Höhe des Verlustteiles, der dem einzelnen Jahr zugerechnet und in ihm verrechnet wird, ist das Einkommen des betreffenden Jahres, das aber ebenfalls durch gewisse Modifikationen erweitert wird. Die hier vorzunehmenden „modifications“[38] sind ein Teil derjenigen, die bereits bei der Ermittlung des berücksichtigungsfähigen Verlustes anzuwenden waren.

Diese Modifikationen bewirken bei der Verlustaufteilung, daß der dem einzelnen Gewinnjahr zugerechnete Verlustteil größer ist als das in diesem Jahr dem Steuertarif unterworfene Einkommen. Während der Ausschluß der persönlichen Freibeträge auch hier der Aussonderung von Einflüssen der persönlichen Sphäre dient, stellen die übrigen Modifikationen eine echte Einengung der Verlustberücksichtigung dar, die zweifach — im Entstehungs- und Anrechnungsjahr — vorgenommen wird. Diese Einengung des Verlustes für Zwecke der Verlustberücksichtigung („redefinition of loss“), die seit langem besteht und bis zur Einführung des IRC 1954 wesentlich größer war, ist in der amerikanischen Literatur heftig kritisiert worden[39].

Auch hierzu mag ein Beispiel[40] angeführt werden:

Die Steuererklärung von A weist für 1954 nach Abzug eines Freibetrages für langfristige Kapitalgewinne von 300 und persönlicher Freibeträge von 1.800 ein steuerpflichtiges Einkommen von 8.000 aus.

Einkommen lt. Steuererklärung		8.000
Freibetrag für langfristige Kapitalgewinne[41]	300	
Persönliche Freibeträge	1.800	+2.100
Berichtigtes Einkommen 1954		10.000
Berücksichtigungsfähiger Verlust aus 1956 zurückgetragen		17.700
Berücksichtigungsfähiger Verlustrest, auf 1955 zu übertragen		7.600

37 sec 172 (b) IRC.

38 sec 172 (b) 2 IRC.

39 *Beck,* Diss., op.cit. p. 205 ff.

40 Handbook, op. cit. p. 219.

41 Siehe hierzu unten die Darstellung über die Besteuerung der Kapitalgewinne.

Von dem berücksichtigungsfähigen Verlust bleiben 2100 ohne steuerliche Wirkung, da von dem Einkommen des Jahres 1954 nur 8000 dem Tarif unterworfen worden waren und nur insoweit eine Steuererstattung möglich ist. Soweit diese Wirkung durch die persönlichen Freibeträge hervorgerufen wird, ist hierin keine echte Beeinträchtigung der Verlustberücksichtigung zu erblicken, da derartige Abzüge auch bei der Erstveranlagung nur von einem positiven Einkommen abgezogen werden, aber keinen Verlust herbeiführen können[42].

cc) Die Verrechnung des Verlustes im Anrechnungsjahr

Nach Feststellung des auf das einzelne Jahr entfallenden Verlustteiles wird der eigentliche Verlustabzug vorgenommen. Die Kombination von Rücktrag und Vortrag bringt es mit sich, daß Verluste mehrerer Jahre in *einem* Gewinnjahr verrechnet werden können und daß die Veranlagung dieses Jahres daher u. U. mehrfach durchgeführt werden muß. Während die Verluste, die aus zurückliegenden Jahren vorgetragen werden, bereits bei der Erstveranlagung eines Gewinnjahres berücksichtigt werden können, wird durch den Verlustrücktrag aus nachfolgenden Jahren u. U. eine zweimalige Neuveranlagung notwendig, sofern das Einkommen des fraglichen Jahres zum Ausgleich der Verluste zweier Folgejahre ausreicht und nicht schon durch den ersten Rücktrag „aufgezehrt" wird.

Der Verlustrücktrag gibt dem Steuerpflichtigen einen Anspruch auf Steuererstattung. Die Schnelligkeit dieser Erstattung hängt von den Abschlußarbeiten des Steuerpflichtigen, die vor dem Erstattungsantrag beendet sein müssen, und vor allem von dem Veranlagungsrhythmus der Finanzverwaltung ab. Um den Steuerpflichtigen möglichst schnell in den Genuß der Steuererstattung kommen zu lassen, ist ein beschleunigtes Erstattungsverfahren vorgesehen[43], das von der Verwaltung innerhalb von 90 Tagen und unter nur vorläufiger Prüfung der Steuererklärung und des Erstattungsantrages durchgeführt werden soll. Der zu erstattende Betrag kann gegen rückständige Steuern verrechnet oder bar ausgezahlt werden; er wird im normalen Veranlagungsverfahren nachgeprüft und gegebenenfalls berichtigt.

Kapitalgesellschaften können den liquiditätsmäßigen Vorteil des Verlustrücktrages noch schneller erhalten[44]. Wenn sie für ein Jahr einen Verlust erwarten, der zu einer Steuererstattung durch Verlustrücktrag führen würde, können sie sich bereits vor Ermittlung des genauen Ver-

[42] Es besteht praktisch die gleiche Rechtslage wie in Deutschland, wo die persönlichen Freibeträge vor Anwendung des Steuertarifes vom Einkommen abgezogen werden, während sie in den USA in die Einkommensermittlung einbezogen sind.

[43] sec 6411 IRC.

[44] sec 6164 IRC.

lustbetrages die Abschlußzahlungen für das vorhergehende (Gewinn-) Jahr bis zu dem Termin stunden lassen, an dem die Steuererklärung des voraussichtlichen Verlustjahres fällig ist.

III. Die steuerliche Behandlung von Kapitalverlusten

Die steuerliche Behandlung von Kapitalverlusten ist ohne Kenntnis der Besteuerung von Kapitalgewinnen nicht verständlich, die daher zunächst dargestellt werden muß.[45].

1. Die Besteuerung der Kapitalgewinne

Die hervorstechende Besonderheit bei der Besteuerung der Kapitalgewinne ist — wenn man deren grundsätzliche Steuerpflicht, die lange umstritten war, einmal anerkannt hat — ihre Begünstigung gegenüber dem übrigen Einkommen durch eine um mindestens 50 % niedrigere Belastung. Diese Steuerbegünstigung erstreckt sich aber nur auf langfristige Kapitalgewinne, während kurzfristige Gewinne der normalen Steuer unterliegen.

Langfristige Gewinne (Verluste) sind Gewinne (Verluste) aus der Veräußerung von capital assets, die mehr als sechs Monate im Besitz des Veräußerers gewesen sind. Kurzfristige Gewinne sind dementsprechend Gewinne aus einer Veräußerung nach einer Besitzdauer von nicht mehr als sechs Monaten. Diese Unterscheidung dient einer Trennung der rein spekulativen und deshalb höher besteuerten von den übrigen Kapitalgewinnen, wobei allerdings die Besitzdauer nur ein unvollkommenes Hilfsmittel ist, das keine eindeutige Trennung zwischen Spekulations- und anderen Veräußerungsgeschäften herbeiführen kann.

Die Steuerbegünstigung für langfristige Kapitalgewinne wird durch einen 50prozentigen Freibetrag für natürliche Personen[46] oder durch einen ermäßigten Steuersatz von 25 %[47] für natürliche und juristische Personen gewährt.

Zur Ermittlung der Steuerschuld ist bei natürlichen Personen eine zweifache Berechnung notwendig, bei der einmal der normale Steuertarif mit Abzug des Freibetrages von 50 % für langfristige Kapitalgewinne zugrundegelegt wird, während in der zweiten Berechnung zunächst nur das Gesamteinkommen ohne langfristige Kapitalgewinne dem normalen Steuertarif unterworfen und die Steuer auf den Kapital-

---

45 Eine ausführliche Darstellung der Entwicklung der steuerlichen Behandlung von Kapitalgewinnen und -verlusten gibt *Seltzer,* op. cit. p. 156 ff. Ferner kurzgefaßt: *Binder,* Rudolf, Die Steuern der Vereinigten Staaten von Amerika 1939—1952, Kiel 1952, S. 156 f. Hinsichtlich der oft äußerst komplizierten Ermittlung des Kapitalgewinnes bzw. -verlustes wird auf *Bühler,* a. a. O. S. 35 ff. verwiesen; ferner auf Handbook, op. cit. p. 107 ff., sowie *Esser-Merten,* a. a. O. S. 37 ff.

46 sec 1202 IRC.

47 sec 1201 IRC.

gewinn nach dem ermäßigten Satz von 25 % errechnet wird. Die niedrigere Gesamtsteuer wird sodann erhoben.

Hierzu ein Beispiel[48] (alles in $):

Ein unverheirateter Steuerpflichtiger hat folgende Einkünfte: Gehalt 60.000, steuerpflichtige Zinsen 6.000, langfristiger Kapitalgewinn 20.000. Als Freibetrag und sonstige Abzüge kann er 4.000 absetzen.

Normale Steuerberechnung:

Gehalt		60.000
Zinsen		6.000
Langfristiger Kapitalgewinn	20.000	
Freibetrag 50 %	—10.000	10.000
		76.000
Sonstige Freibeträge		—4.000
Steuerpflichtiges Einkommen		72.000
Steuer lt. Tabelle		43.740

Alternative Steuerberechnung:

Steuerpflichtiges Einkommen	72.000
darin enthaltener langfristiger Kapitalgewinn	—10.000
Steuerpflichtiges Einkommen ohne Kapitalgewinn	62.000
Steuer lt. Tabelle	35.880
Steuer auf den langfristigen Kapitalgewinn (25 % von 20.000)	5.000
Gesamtsteuer	40.880

Da die alternative Steuerberechnung zu einer niedrigeren Steuerschuld führt, ist diese der Veranlagung zugrundezulegen.

Die Höchstbelastung der langfristigen Kapitalgewinne beträgt bei natürlichen und juristischen Personen 25 %; die Steuerbelastung kann bei natürlichen Personen infolge des Freibetrages von 50 % niedriger sein, sofern die Belastung der obersten Einkommenstufen 50 % noch nicht erreicht hat. Bei einem unverheirateten Steuerpflichtigen liegt diese Schwelle bei einem Gesamteinkommen von 16 000—18 000 $. Ist das Gesamteinkommen niedriger, so beträgt die Belastung langfristiger Kapitalgewinne infolge des Freibetrages nur die Hälfte der normalen Steuerlast in den einzelnen Einkommensstufen, um bei höherem Gesamteinkommen noch weiter hinter der Normalbelastung zurückzubleiben.

Eine besondere Begünstigung erhalten vor allem Gewerbetreibende dadurch, daß Gewinne aus der Veräußerung geschäftlich genutzter abnutzbarer Wirtschaftsgüter und geschäftlich genutzten Grund und Bodens — Vermögensgegenstände, die nach dem Gesetz an sich nicht als capital assets gelten — als Kapitalgewinne behandelt werden

48 Handbook, op. cit. p. 127.

können[49] und infolgedessen nur der ermäßigten Steuer unterliegen. Voraussetzung ist, daß die Wirtschaftsgüter mindestens sechs Monate im Besitz des Steuerpflichtigen waren. Für die Zwecke dieser Begünstigung werden sämtliche Gewinne und Verluste aus der Veräußerung der bereits genannten Wirtschaftsgüter sowie alle zwangsweise realisierten[50] Gewinne und Verluste zusammengefaßt. Ergibt sich aus der Summe dieser Veräußerungsgeschäfte und Zwangsrealisationen ein Gewinn, so wird er als langfristiger Kapitalgewinn behandelt. Ist das Gesamtergebnis aber negativ, so gilt es als normaler Verlust und unterliegt infolgedessen nicht den Einschränkungen bei der Berücksichtigung von Kapitalverlusten, — eine Begünstigung, die vor allem die zwangsweise realisierten Kapitalverluste betrifft.

2. Die steuerliche Behandlung der Kapitalverluste

Der Steuerbegünstigung von Kapitalgewinnen steht eine nur begrenzte Berücksichtigung von Kapitalverlusten gegenüber. Treten in einem Jahre Kapitalverluste auf, so sind sie gegen die Kapitalgewinne zu verrechnen, wobei zunächst kurzfristige und langfristige Gewinne und Verluste getrennt gegenübergestellt werden. Ergibt sich bei den kurzfristigen Veräußerungsgeschäften ein Nettoverlust, so wird auch er von einem langfristigen Kapitalgewinn abgezogen, was deshalb für den Steuerpflichtigen ein Nachteil ist, weil dadurch die Steuerbegünstigung des langfristigen Kapitalgewinnes verloren geht.

Hierzu ein Beispiel:

a)	Langfristiger Kapitalgewinn	5.000
	Freibetrag (50 %)	—2.500
	Steuerpflichtiger Kapitalgewinn	2.500
b)	Langfristiger Kapitalgewinn	5.000
	Kurzfristiger Kapitalverlust	—3.000
	Langfristiger Netto-Kapitalgewinn	2.000
	Freibetrag (50 %)	—1.000
	Steuerpflichtiger Kapitalgewinn	1.000

Der kurzfristige Kapitalverlust von 3000 ist zwar formal voll berücksichtigt, der steuerpflichtige Kapitalgewinn hat sich aber nur um 1500 vermindert.

---

49 sec 1231 IRC. Dazu Regulations 1.1231 (Entwurf veröffentlicht in Federal Register Vol. 21 Nr. 138 vom 18. 7. 1956, S. 5368 ff). Siehe hierzu auch Guide, op. cit. p. 269, ferner *Bühler*, a. a. O. S. 43.

50 Als zwangsweise Realisierung gelten behördliche Beschlagnahme, Zerstörung oder Diebstahl. Dabei ist es unerheblich, ob die betroffenen Vermögensgegenstände geschäftlich genutzt oder capital assets waren; sie müssen nur mehr als sechs Monate im Besitz des Steuerpflichtigen gewesen sein.

Verbleibt nach der Verlustverrechnung innerhalb der Veräußerungsergebnisse ein Nettoverlust, dann kann dieser vorgetragen und von den Kapitalgewinnen der folgenden fünf Jahre abgezogen werden. Dieser Vortrag ist für natürliche und juristische Personen möglich[51]. Natürliche Personen — nicht dagegen Kapitalgesellschaften — können außerdem einen Teil des Kapitalverlustes, höchstens 1000 $, mit dem übrigen („non-capital"-)Einkommen verrechnen. Dieser Verlustausgleich zwischen Kapitalverlusten und dem übrigen Einkommen beschränkt sich nicht auf das Verlustjahr, sondern ist bis zur Höhe von 1000 $ auch in den folgenden fünf Jahren möglich, wobei die Verrechnung mit Kapitalgewinnen allerdings einem Ausgleich durch das übrige Einkommen vorangeht.

Beispiel:

Jahr 1		
Kurzfristiger Kapitalverlust	8.000	
Langfristiger Kapitalgewinn	3.000	
Kapitalverlust netto	—5.000	
Anderes Einkommen		10.000
Innerperiodischer Verlustausgleich	1.000	—1.000
Steuerpflichtiges Einkommen		9.000
Vortragsfähiger Kapitalverlust	—4.000	
Jahr 2		
Langfristiger Kapitalgewinn	2.000	
Verlustvortrag aus Jahr 1	—4.000	
	—2.000	
Anderes Einkommen		10.000
Verlustausgleich	1.000	—1.000
Steuerpflichtiges Einkommen		9.000
Weiter vortragsfähiger Verlustrest	—1.000	

Der Abzug von dem normalen — non-capital — Einkommen muß vor Berücksichtigung der persönlichen Freibeträge vorgenommen werden, so daß diese bei einem niedrigen Einkommen u. U. nicht mehr angesetzt werden können und der Verlustausgleich auch hier praktisch nicht mehr wirksam wird.

Die Begrenzung der Berücksichtigung von Kapitalverlusten durch das übrige Einkommen auf 1000 $ jährlich, die ohnehin nur für natürliche Personen zugelassen ist, hat den Zweck, Einflüsse willkürlicher Verlustrealisationen auf die Besteuerung des übrigen Einkommens zu verhindern. Die mit 1000 $ relativ niedrige Ausgleichsgrenze muß aber vor allem Steuerpflichtige mit geringem Kapitalvermögen, die bei dessen Anlage keine großen Streuungen vornehmen und infolgedessen nur eine

[51] sec 1212 IRC.

geringe Risikoverteilung erreichen können, stark benachteiligen. Die Begrenzung ist daher stets umstritten gewesen und einer der Hauptansatzpunkte der Kritik an der steuerlichen Behandlung von Kapitalgewinnen und -verlusten. Die Wirkung dieser Begrenzung wird in gewisser Weise dadurch gemildert, daß zwangsweise realisierte Kapitalverluste wie normale Verluste behandelt werden (s. oben).

IV. Inner- und zwischenperiodische Verlustberücksichtigung zwischen juristisch selbständigen Kapitalgesellschaften

Grundsätzlich besteht auch im amerikanischen Steuerrecht eine Bindung der Verlustberücksichtigung an die Rechtsperson dessen, der den Verlust erlitten hat. Trotzdem gibt es bei der Corporation Tax eine Reihe gesetzlicher Möglichkeiten sowohl inner- als auch zwischenperiodischer Verlustberücksichtigung zwischen verschiedenen juristisch selbständigen Gesellschaften, durch die besonderen wirtschaftlichen Verhältnissen und Rechtskonstruktionen Rechnung getragen wird[52].

1. Verlustausgleich innerhalb von Konzernbilanzen

Eine innerperiodische Verlustberücksichtigung zwischen juristisch selbständigen Gesellschaften kann durch Zusammenveranlagung nach einer steuerlich anerkannten Konzernbilanz (consolidated return) erreicht werden[53]. Derartige Zusammenveranlagungen sind für Gesellschaften möglich, die direkt oder indirekt mindestens zu 80 % kapitalmäßig verflochten sind. Die Konzernbilanz wird aber nur dann anerkannt, wenn in ihr alle Konzerngesellschaften ohne Ausnahme zusammengefaßt werden. Dem Vorteil des sofortigen innerperiodischen Verlustausgleichs steht als Nachteil eine um 2 % erhöhte Surtax auf das konsolidierte Einkommen gegenüber[54]. Auch kann nicht willkürlich von einer Zusammen- wieder auf eine Einzelveranlagung der Konzerngesellschaften übergegangen werden. Voraussetzung ist hierzu eine Änderung in der Zusammensetzung des Konzerns, eine Änderung der Steuergesetze zuungunsten konsolidierter Gesellschaften oder eine Zustimmung der Finanzverwaltung[55].

2. Übertragung berücksichtigungsfähiger Verluste in bestimmten Fällen gesellschaftsrechtlicher Neuordnung

Eine weitere Lockerung der im Prinzip strengen Bindung der Verlustberücksichtigung an den Steuerpflichtigen, der den Verlust erlitten

[52] Die im folgenden dargestellten Möglichkeiten inner- und zwischenperiodischer Verlustberücksichtigung beziehen sich auch auf Kapitalverluste.
[53] sec 1501—1504 IRC.
[54] sec 1503 IRC.
[55] Regulations 1.1502—11, nach Handbook, op. cit. p. 104.

hat, ist durch die Steuerreform von 1954 bewirkt worden. Das Gesetz[56] läßt nunmehr die Übertragung eines berücksichtigungsfähigen Verlustes von einer Gesellschaft auf eine Nachfolgegesellschaft in bestimmten Fällen gesellschaftsrechtlicher Neuordnung zu, nachdem vorher einander widersprechende Gerichtsentscheidungen ergangen waren[57]. Das frühere Recht hatte derartige gesellschaftsrechtlichen Neuordnungen bereits als „steuerfrei" behandelt, d. h. es war keine Gewinn- (und auch Verlust-)realisierung angenommen worden. Der IRC 1954 sichert nun darüber hinaus, daß die Abzugsfähigkeit von Verlustresten durch die oft aus wirtschaftlichen Gründen gebotenen Reorganisationen nicht verlorengeht, und befreit damit die Entscheidung über die Durchführung von Reorganisationen weitgehend von negativen steuerlichen Einflüssen.

Eine Muttergesellschaft kann den Verlust einer Tochtergesellschaft weiter vortragen, wenn sie das Vermögen der Tochtergesellschaft im Rahmen einer steuerfreien vollständigen Liquidation übernimmt und die Wertansätze der Tochtergesellschaft fortführt. Voraussetzung ist, daß ihre Beteiligung mindestens 80 % betragen hat und mehr als zwei Jahre vor der Liquidation erworben ist.

Ferner ist die Fortführung eines Verlustvortrages durch die Nachfolgegesellschaft bei Fusionen, beim Erwerb des Vermögens oder der kapitalmäßigen Kontrolle einer Gesellschaft durch Hergabe eigener Kapitalanteile und auch beim bloßen Wechsel der Rechtsform oder Organisationsform möglich. In allen Fällen müssen äußerst komplizierte Bedingungen erfüllt sein, die für eine steuerfreie Reorganisation oder Liquidation vom Gesetz gefordert werden[58]. Die Nachfolgegesellschaft kann stets nur den Verlustvortrag vornehmen, ein Rücktrag des Verlustes auf ein vor der Übernahme liegendes Jahr ist ausgeschlossen.

Eine Begrenzung erfährt die Höhe des berücksichtigungsfähigen Verlustes, wenn die Gesellschafter der übernommenen Gesellschaft nach der Reorganisation mit weniger als 20 % am Kapital der übernehmenden Gesellschaft beteiligt sind[59]. Der bei der übernehmenden Gesellschaft berücksichtigungsfähige Verlust ermäßigt sich in diesem Falle in dem gleichen Verhältnis, in dem die Mindestbeteiligungsgrenze durch die Gesellschafter der Verlustunternehmung nicht erreicht wird.

---

[56] sec 381 IRC.

[57] *Shaw*, T. T., The Effects of Corporate Distributions and Adjustments, in: The Journal of Accountancy, Vol. 98 (1954), p. 334.

[58] Zu ihnen gehört die Fortführung der bisherigen Wertansätze und Bewertungsmethoden und die Durchführung der Reorganisation nach einem vorher festgelegten schriftlichen Plan. Auf Einzelheiten der genau fixierten umfangreichen Bestimmungen kann hier jedoch nicht eingegangen werden. Siehe Handbook, op. cit. p. 391, p. 379 ff.; Guide, op. cit. p. 256 f.

[59] sec 381 (b) IRC.

Beispiel[60]:

Die Gesellschaft Y, die einen berücksichtigungsfähigen Verlust von 100.000 $ hat, verschmilzt am 1. 1. 1955 mit der Gesellschaft X. Die früheren Gesellschafter von Y sind nach der Fusion an X mit 5 % beteiligt. Der berücksichtigungsfähige Verlust vermindert sich in diesem Falle auf 25 % = 25.000 $, da die früheren Gesellschafter von Y nur 1/4 der Mindestbeteiligung von 20 % erreichen.

Diese Begrenzung gehört zu den Vorschriften der ebenfalls neuen sec 382 IRC, durch die Mißbräuche oder eine wirtschaftlich unberechtigte Ausnutzung der Verlustberücksichtigung verhindert werden sollen.

V. Mißbräuche der Verlustberücksichtigung und Versuche zu ihrer Verhinderung

Die im Gesetz eingeräumten Möglichkeiten der Verlustberücksichtigung haben zu zahlreichen Mißbräuchen geführt, die vom Gesetzgeber nicht beabsichtigt waren. Am hervorstechendsten ist der Kauf von Gesellschaften — oft nur Gesellschaftsmänteln — mit berücksichtigungsfähigen Verlusten, die diesen Gesellschaften in einer Zeit hoher Steuerbelastung einen besonderen Verkehrswert verleihen. Böttcher[61] berichtet, daß in der amerikanischen Presse häufig Inserate mit Verkaufsangeboten und Kaufgesuchen über derartige Gesellschaften erscheinen. Der Gesellschaftsmantel wird von dem Erwerber dann mit neuem wirtschaftlichen Inhalt ausgefüllt, und die ersten Gewinne bleiben infolge des Verlustvortrages steuerfrei.

Die amerikanische Gesetzgebung war in den vergangenen Jahren stark auf die Beseitigung dieser und ähnlicher Mißbräuche gerichtet, während sie gleichzeitig die allgemeinen Möglichkeiten der Verlustberücksichtigung verbesserte. Als eine der wichtigsten „loophole closing provision" ist die sec 382 IRC zu nennen, die besonders gegen den Handel mit berücksichtigungsfähigen Verlusten gerichtet ist[62]. Hiernach geht ein weiterer Abzug an sich berücksichtigungsfähiger Verluste verloren, wenn innerhalb von zwei Jahren wesentliche Veränderungen in den Eigentumsverhältnissen einer Gesellschaft eintreten und die Gesellschaft den Gegenstand ihrer Geschäftstätigkeit ändert. Die Feststellung, ob eine wesentliche Änderung der Eigentumsverhältnisse eingetreten ist, erfordert recht komplizierte Berechnungen[63]; ganz allgemein läßt sich sagen, daß ein Eigentumswechsel von mehr als 50 % des stimmberechtigten Kapitals einer Gesellschaft die Verlustberücksichtigung

---

60 *Shaw,* op. cit. p. 347.

61 *Böttcher,* Conrad, Einzelfragen aus dem Konzernsteuerrecht, RWP-Blattei Forkel Verlag Stuttgart, 14 Steuer-R D Konzerne II 1, Blatt 56.

62 *Reed,* Daniel A., (Vorsitzender des Finanzausschusses des Repräsentantenhauses) sprach bei Vorlage des Gesetzentwurfes zum IRC 1954, von „trafficking-in-loss corporations". Internal Revenue Code 1954, op. cit., Appendix p. 6 f.

63 Siehe Handbook, op. cit. p. 377.

aufhebt. Wird die Gesellschaft aber ohne Änderung ihres Geschäftszweckes fortgeführt, so wird keine Absicht zu einer mißbräuchlichen Ausnutzung der Verlustberücksichtigung angenommen und der Verlust bleibt trotz wesentlicher Änderung der Eigentumsverhältnisse berücksichtigungsfähig.

Abschließend sei noch auf die verschiedenen Vorschriften zur Verhinderung einer willkürlichen steuerlichen Verlustrealisation durch Veräußerungsgeschäfte zwischen nahen Verwandten, Gesellschaftern und ihrer Gesellschaft und durch „wash sales' hingewiesen, die bereits oben erwähnt wurden.

E. Hauptmerkmale der steuerlichen Berücksichtigung gewerblicher Verluste in Deutschland, Großbritannien und den USA und ihr Vergleich

Der Überblick über das geltende Recht in Deutschland, Großbritannien und den Vereinigten Staaten hat neben vielfacher Übereinstimmung auch bemerkenswerte Unterschiede in der Gestaltung der Verlustberücksichtigung gezeigt. Die Ursachen hierfür sind mannigfaltig: Fiskalische und administrative Gründe haben die Einführung und später die Ausweitung der Verlustberücksichtigung gehemmt, wirtschaftspolitische Aspekte haben in unterschiedlichem Ausmaß auf die positive Gestaltung der Verlustberücksichtigung eingewirkt, und nicht zuletzt zeigt bereits die Grundkonzeption der Erfolgsteuern in den einzelnen Ländern erhebliche Unterschiede, die sich auch in der Verlustberücksichtigung auswirken.

Einige Hauptmerkmale der Verlustberücksichtigung sollen im folgenden hervorgehoben und in ihrer Ausgestaltung in den untersuchten Ländern verglichen werden. Die Probleme der Verlustberücksichtigung, die sich in dieser unterschiedlichen Ausgestaltung teilweise offenbaren, werden sodann in dem anschließenden Hauptabschnitt 3 untersucht werden.

1. Die Ausprägung des allgemeinen Charakters der Erfolgsbesteuerung in der Verlustberücksichtigung

In bemerkenswerter Weise prägt sich der allgemeine Charakter der Erfolgsbesteuerung eines Landes auch in der Form der Verlustberücksichtigung aus. In der deutschen Form der Verlustberücksichtigung äußert sich der personalsteuerliche Charakter der Erfolgsbesteuerung am stärksten. Das Recht der Verlustberücksichtigung ist, von wenigen Ausnahmen abgesehen, von der Verbindung mit der Verlustunternehmung, der Quelle des Erfolges, losgelöst und nur an die Rechtsperson des Steuerpflichtigen gebunden, der den Verlust erlitten hat. Zum Ausgleich dieses Verlustes kann bei der Einkommensteuer das Gesamteinkommen des Steuerpflichtigen herangezogen werden, auch wenn die Verlustunternehmung nicht mehr fortgeführt wird. Die personalsteuerliche Ausprägung der Verlustberücksichtigung hat sich ferner nicht nur bei der Körperschaftsteuer — der Gesamtertragsteuer juristischer Personen — durchgesetzt, sondern hat auch bei der Gewerbesteuer Eingang gefunden, einer Steuer, die in ihrer Konzeption eine Ertragsteuer ist.

Während in der amerikanischen Verlustberücksichtigung das Personalprinzip einen ähnlichen Niederschlag wie in Deutschland gefunden hat, spricht aus der britischen Form der Verlustberücksichtigung ganz deutlich die ertragsteuerliche Vergangenheit der Income Tax. Der Ausgleich von Verlusten ist im Normalfalle und zeitlich unbegrenzt nur durch Gewinne der gleichen Unternehmung möglich. Bereits der Ausgleich durch Gewinne anderer gewerblicher Unternehmungen des Steuerpflichtigen, also aus einer artgleichen ökonomischen Quelle, ist zeitlich begrenzt und setzt das Fortbestehen der Verlustunternehmung voraus. Der Ausgleich durch nichtgewerbliche Einkünfte stellt demgegenüber systematisch nur eine Ausnahme dar.

In ähnlicher Weise äußert sich auch in der Verlustberücksichtigung im Steuerrecht Frankreichs die ertragsteuerliche Vergangenheit der bisherigen Erfolgsbesteuerung[64].

2. Die Länge des Ausgleichszeitraumes

Der Ausgleichszeitraum für berücksichtigungsfähige Verluste „laufender" Unternehmungen wurde nach dem zweiten Weltkrieg erheblich ausgedehnt. Er beträgt in Deutschland nunmehr fünf, in den USA sieben Jahre und ist in Großbritannien zeitlich unbegrenzt. Auch in einer Reihe anderer Länder, die hier nicht näher behandelt werden, beträgt er fünf Jahre (Frankreich[65]) oder mehr (Canada, sechs Jahre[66], Australien sieben Jahre[67]). Damit dürfte die Verlustberücksichtigung für die Mehrzahl der gewerblichen Unternehmungen in zeitlicher Beziehung praktisch unbegrenzt sein. Dennoch wirft die zeitliche Begrenzung des Ausgleichszeitraumes einige Fragen auf, denen im folgenden Abschnitt nachgegangen werden soll: Ist eine zeitliche Begrenzung

---

64 So ist in der französischen Einkommensteuer eine inner- und zwischenperiodische Berücksichtigung gewerblicher Verluste nur durch gewerbliche Gewinne möglich, ohne daß sie allerdings an das Weiterbestehen der Verlustunternehmung gebunden ist. Siehe *Barthel,* Wolfgang, Die gewerbliche Gewinnermittlung in der französischen Einkommen- und Körperschaftsteuer, Diss. Frankfurt am Main 1955, S. 375 f. — *Aufermann,* Der Aufbau der neuen französischen Einkommensteuer, in: StW 1950, Sp. 49. — *Dornemann,* Richard, Die Besteuerung der gewerblichen Einkünfte in Frankreich, in: Internationaler Steuerbelastungsvergleich, Schr.R d. DEA, H. 16, Frankfurt 1954, S. 78 und 93.

65 *Barthel,* a. a. O. S. 372 (Rechtsstand 1952).

66 *Pfeiffer,* J., Canada, Internationale Steuern, H. 3, Berlin 1956, S. 34.

67 *Beck,* op. cit. p. 30 ff. (Rechtsstand 1950/51).

berechtigt, wird sie bei der derzeitigen Länge der Ausgleichsperiode wirtschaftlich wirksam, und welche Kriterien sind für eine Bestimmung des Ausgleichszeitraumes geeignet?

3. Einengung des Erfolgsbegriffes für Zwecke der Verlustberücksichtigung

Neben der Länge des Ausgleichszeitraumes hängt der Umfang der Verlustberücksichtigung wesentlich von der Übereinstimmung zwischen steuerlichem Gewinn- und Verlustbegriff ab; ihre Bedeutung für die Reichweite der Verlustberücksichtigung ist mit der starken Ausdehnung des Ausgleichszeitraumes gewachsen, da diese Entwicklung eine Einengung des Verlustbegriffes als begrenzendes Element bei der Verlustberücksichtigung in den Vordergrund rückt.

Hier ist gerade in den Vereinigten Staaten eine Einengung des Verlustbegriffes festzustellen, die zwar in den vergangenen Jahren stark abgeschwächt ist, aber dennoch Teile des Verlustes unberücksichtigt läßt und in einem bemerkenswerten Gegensatz zu der im übrigen positiven und weitgehenden Gestaltung der Verlustberücksichtigung steht.

Auch in Deutschland wird der Umfang der Verlustberücksichtigung dadurch eingeengt, daß bestimmte steuerfreie Erfolgselemente mit den berücksichtigungsfähigen Verlusten verrechnet werden und diese damit verringern — eine Einengung, die dem britischen Steuerrecht fremd ist.

4. Die Richtung des zwischenperiodischen Verlustübertrages

Während in Deutschland (ähnlich wie auch in Frankreich) neben dem innerperiodischen Verlustausgleich nur ein Verlustvortrag auf nachfolgende Jahre möglich ist, bestehen in Großbritannien und den USA bei der Richtung des zwischenperiodischen Verlustübertrages Mischsysteme.

In Großbritannien ist der Verlustrücktrag in erster Linie auf Liquidations- und Veräußerungsverluste beschränkt, die bei der ertragsteuerlichen Bindung der Verlustberücksichtigung an den Fortbestand der Verlustunternehmung nur durch einen Rücktrag berücksichtigt werden können. Der begrenzte Rücktrag für Verluste weiterbestehender Unternehmungen entspringt einer Mischung von Vergangenheits- und Gegenwartsbesteuerung und bedeutet wirtschaftlich teilweise nur einen innerperiodischen Ausgleich.

In den USA besteht dagegen eine Rücktragsmöglichkeit auch für Verluste „laufender" Unternehmungen. Der Verlustrücktrag ist zweimal am Ende eines Krieges als steuerliche Erleichterung für die Umstellungsperiode eingeführt worden; er ist nach dem zweiten Weltkrieg trotz mancherlei Widerstände auch über die Umstellungsperiode hinaus beibehalten worden, wobei wirtschaftspolitische Erwägungen eine wesentliche Rolle gespielt haben.

Die Frage nach der Richtung des zwischenperiodischen Verlustübertrages, die sich für Deutschland heute nicht so sehr als eine Alternative zwischen Vor- und Rücktrag sondern wie in den USA als Ergänzung des Verlustvortrages durch den Rücktrag erhebt, wirft die interessantesten und vielseitigsten Probleme auf, deren Untersuchung der erste Teil des folgenden Hauptabschnittes gewidmet sein wird.

5. Die Entscheidungsfreiheit des Steuerpflichtigen zwischen verschiedenen Formen der Verlustberücksichtigung

Eine Besonderheit des britischen Steuerrechts, zu der es im amerikanischen und deutschen Steuerrecht keine Parallele gibt, ist die dem Pflichtigen gewährte Entscheidungsfreiheit zwischen den verschiedenen Formen der Verlustberücksichtigung, durch die er die materielle Wirkung der Verlustberücksichtigung u. U. wesentlich beeinflussen kann.

Ein gleiches Wahlrecht ist von einigen Autoren auch in Deutschland befürwortet worden, ohne daß die Gesetzgebung dem bisher entsprochen hätte. Dieses Bestreben, dem Steuerpflichtigen die Möglichkeit zu geben, den Verlauf seiner Erfolgskurve über mehrere Jahre im Interesse der Progressionsabschwächung zu beeinflussen, geht aber — wie bei der Untersuchung der Berechtigung der Verlustberücksichtigung bereits festgestellt wurde — über das eigentliche Ziel der Verlustberücksichtigung hinaus. Auf die hiermit verbundenen Probleme wird jedoch bei der Untersuchung der Form der Verlustberücksichtigung erneut einzugehen sein.

6. Verlustberücksichtigung bei wirtschaftlicher Verflechtung von Kapitalgesellschaften und bei gesellschaftsrechtlichen Änderungen

Auch das Problem der Verlustberücksichtigung bei wirtschaftlicher Verflechtung rechtlich selbständiger Kapitalgesellschaften und bei gesellschaftsrechtlichen Veränderungen hat in den drei untersuchten Ländern Beachtung gefunden, wobei die Lösungsversuche bemerkenswerte Unterschiede aufweisen. Der Gesetzgeber sieht sich hier der Notwendigkeit gegenüber, der zunehmenden wirtschaftlichen Verflechtung, die sich in teilweise recht komplizierten Rechtsformen vollzieht, Rechnung zu tragen. Die Lösung der dabei anstehenden Probleme erfordert eine wirtschaftliche Betrachtungsweise, die formal von den allgemeinen Grundprinzipien der Verlustberücksichtigung abweicht.

Die amerikanische Form der Verlustberücksichtigung trägt dieser Forderung am weitestgehenden Rechnung. Die Anerkennung von Konzernsteuerbilanzen gibt die Möglichkeit einer interkorporativen Verlustberücksichtigung bei Aufrechterhaltung der juristischen Selbständigkeit der einzelnen Gesellschaften. Aber auch bei gesellschaftsrechtlichen Veränderungen bleibt das Recht auf Verlustberücksichtigung erhalten, wenn die wirtschaftliche Motivierung derartiger Veränderungen erwiesen zu sein scheint und in den Eigentumsverhältnissen an den betroffenen Unternehmungen keine wesentlichen Veränderungen eintreten.

Andererseits sucht das amerikanische Steuerrecht die Möglichkeit mißbräuchlicher Verlustberücksichtigung — vor allem im „Handel" mit berücksichtigungsfähigen Verlusten — zu unterbinden, wozu eine Vielzahl äußerst komplizierter und spezieller Vorschriften in das Gesetz eingebaut wurde. In ihnen offenbart sich in besonders hervorstechender Weise das allgemein zu beobachtende Bestreben des amerikanischen Gesetzgebers, allen möglichen Fällen durch gesetzliche Normen zu entsprechen oder zu begegnen — ein Bestreben, das zu einem riesigen und zudem recht unsystematischen Gesetzeswerk geführt hat, im Vergleich zu dem sich die deutsche Erfolgsteuergesetzgebung — und im besonderen auch die Form der Verlustberücksichtigung — durch Klarheit und Übersichtlichkeit auszeichnet.

Auch das britische Steuerrecht gestattet einen Verlustausgleich zwischen juristisch selbständigen, aber wirtschaftlich verflochtenen Kapitalgesellschaften und enthält — in ähnlicher Weise wie das amerikanische — das Recht auf Verlustberücksichtigung bei gesellschaftsrechtlichen Änderungen, die die Eigentumsverhältnisse der betroffenen Unternehmungen insgesamt unverändert lassen.

Im deutschen Recht, in dem die Lösung dieser Probleme fast ausschließlich auf dem Wege der Rechtsprechung versucht wird, bestehen gewisse Widersprüche zwischen der im Grundsatz wirtschaftlich sinnvollen Anerkennung interkorporativer Verlustberücksichtigung bei Organverhältnissen einerseits und der formalen Beurteilung gesellschaftsrechtlicher Veränderungen wie formwechselnder Umwandlung von Kapitalgesellschaften andererseits.

Der Mißbrauch der Verlustberücksichtigung durch den „Handel" mit „Gesellschaftsmänteln mit steuerlich anerkanntem Verlustvortrag" dagegen ist erst in jüngster Zeit aktuell geworden, und seine Behandlung ist eines der Probleme, das sich noch im Stadium der Klärung befindet und auf das ebenfalls noch einzugehen sein wird.

Dritter Hauptabschnitt

Probleme der Verlustberücksichtigung

Der Überblick über das geltende Recht in Deutschland und einigen anderen Ländern hat teilweise erhebliche Unterschiede in der Gestaltung der Verlustberücksichtigung und damit gleichzeitig die Ansatzpunkte für die weitere Untersuchung gezeigt. Die wichtigsten Fragen, die im folgenden Teil der vorliegenden Arbeit untersucht werden sollen, lassen sich zwei Problemkreisen zuordnen:

a) Die Form der Verlustberücksichtigung;

b) der Umfang der Verlustberücksichtigung.

Die interessantesten und steuerpolitisch bedeutsamsten Fragen werden durch die Form der Verlustberücksichtigung aufgeworfen, bei der es in erster Linie um die Richtung des zwischenperiodischen Verlustübertrages geht. Die Entscheidung über die Anerkennung oder Ablehnung des Rücktrages — ein Problem, das nicht auf das deutsche Steuerrecht beschränkt ist und hier in seiner allgemeinen Bedeutung untersucht werden soll — wird neben finanztheoretischer und administrativer Beurteilung vor allem durch die wirtschaftspolitische — insbesondere konjunkturpolitische — Beurteilung bestimmt sein.

Im Anschluß an die Untersuchung dieser „Formprobleme" ist der Umfang der Verlustberücksichtigung zu bestimmen. In dem einleitenden Abschnitt hatten sich der Gedanke der zeitlichen und sachlichen Einheit des Erfolges und das Prinzip der Kapitalerhaltung als wesentliche Argumente für die Berechtigung und Notwendigkeit der Verlustberücksichtigung herausgestellt. Folgt man ihnen, so kann es grundsätzlich keine Begrenzungen der Verlustberücksichtigung geben. Die derzeitige Rechtssituation zeigt aber — nicht nur in Deutschland — zahlreiche Begrenzungen der Verlustberücksichtigung, deren Begründung und Berechtigung hier geprüft werden soll.

Während im ersten Teil dieses Hauptabschnittes somit allgemeine und grundsätzliche Probleme der Verlustberücksichtigung im Vordergrund stehen, nähert sich die Untersuchung im zweiten Teil zunehmend steuerlichen Einzelfragen und spezieller Problematik des deutschen Steuerrechts.

A. Die Form der Verlustberücksichtigung

I. Problemstellung

Die Form der Verlustberücksichtigung umfaßt die zeitlichen und sachlichen Beziehungen zwischen berücksichtigungsfähigem Verlust und ausgleichendem Gewinn. Die Gestaltung der Form der Verlustberücksichtigung zerfällt somit in zwei Teilprobleme: einerseits die Bestimmung der Richtung eines zwischenperiodischen Verlustabzuges und andererseits die Entscheidung darüber, ob Verluste steuerlich nur mit Erträgen aus der gleichen ökonomischen Quelle — gewerbliche Verluste z. B. nur mit gewerblichen Gewinnen oder gar nur mit gewerblichen Gewinnen des gleichen (Verlust-)Unternehmens — oder aber auch mit positiven Ergebnissen anderer Ertragsquellen verrechnet werden sollen.

Im Vordergrund steht die Richtung des zwischenperiodischen Verlustübertrages, die für alle Erfolgsteuern von Bedeutung ist: Soll die Verlustberücksichtigung durch einen Verlustvortrag, ein Verlustrücktrag oder eine Kombination beider Formen vorgenommen werden? Diese Frage ist seit der Einführung des Verlustrücktrages im amerikanischen Steuerrecht auch für Deutschland aktuell geworden, wo bisher nur der Verlustvortrag besteht und eine Alternative oder Ergänzung bis vor kurzem nicht erwogen worden ist. Theoretisch stellt der Rücktrag zwar eine echte Alternative zum Verlustvortrag dar; praktisch besteht die steuerpolitische Fragestellung für Deutschland aber darin, ob das bisherige System der Verlustberücksichtigung durch den Rücktrag erweitert oder ergänzt werden soll oder ob dieser abzulehnen ist.

Zum Verlustrücktrag ist in Deutschland bisher nur vereinzelt im Rahmen der Diskussion um die „Organische Steuerreform“ der vergangenen Jahre Stellung genommen worden, ohne daß das Problem bisher umfassend untersucht worden wäre. Das „Institut Finanzen und Steuern“, die Spitzenverbände der Wirtschaft und Voss[1] stützten sich bei ihrer Befürwortung des Verlustrücktrages fast ausschließlich auf einzelwirtschaftliche Argumente, während der wissenschaftliche Beirat des Bundesfinanzministeriums Bedenken „nicht nur wegen der fiskalischen, finanzausgleichspolitischen und technischen Schwierigkeiten, sondern auch im Hinblick auf die noch ungeklärte wirtschaftspolitische Problematik (Stützung unwirtschaftlicher Unternehmungen, Ausschaltung der Selektionswirkung einer Krise u. a. m.)“[2] äußerte.

---

[1] Institut Finanzen und Steuern, Grundlagen und Möglichkeiten einer organischen Finanz- und Steuerreform, Schr.R. d. Instituts, H. 30, Bonn o. J., S. 92. — Deutscher Industrie- und Handelstag (sowie weitere Spitzenverbände der Wirtschaft), Schreiben an den Herrn Bundesminister der Finanzen vom 6. 9. 1954, S. 5. — *Voss*, Harald, Warum nicht „carry-back“? in: Der Volkswirt, 8. Jg. (1954), Nr. 27, S. 13.

[2] Organische Steuerreform, a. a. O. S. 32 f.

In dem folgenden Abschnitt über die Richtung des zwischenperiodischen Verlustübertrages soll die Problematik des Verlustrücktrages neben dem Vortrag unter den verschiedenen Aspekten untersucht werden.

Das zweite Teilproblem bei der Form der Verlustberücksichtigung — die Frage, ob Verluste nur durch positive Ergebnisse der gleichen oder auch anderer Ertragsquellen ausgeglichen werden sollen — betrifft nur die Einkommensteuer natürlicher Personen, bei der verschiedenartige Einkünfte in der Hand eines Steuerpflichtigen zusammenfließen. Das hiermit berührte Problem ist die Entscheidung über eine einkommensteuerliche oder eine ertragsteuerliche Gestaltung der Verlustberücksichtigung, die — wie das Beispiel Großbritanniens gezeigt hat — nicht nur von theoretischem Interesse ist, sondern ganz reale Bedeutung für die Auswirkung der Verlustberücksichtigung auf die Höhe der Gesamtsteuerlast besitzt. Zur Entscheidung über die Richtung des Verlustübertrages besteht insoweit eine Verbindung, als bei einer ertragsteuerlichen Gestaltung der Verlustberücksichtigung Liquidationsverluste nur durch einen Rücktrag berücksichtigt werden können, während ihre Berücksichtigung bei einer einkommensteuerlichen Gestaltung teilweise auch auf dem Wege des Verlustvortrages möglich ist.

II. Die Richtung des Verlustübertrages bei der zwischenperiodischen Verlustberücksichtigung

1. Grundformen zwischenperiodischer Verlustberücksichtigung

a) Der Verlustvortrag

Verlustvortrag ist die Übertragung eines berücksichtigungsfähigen Verlustes auf das bzw. die Folgejahre und sein Abzug von den Gewinnen dieser Jahre. Er bewirkt, daß in den auf das Verlustjahr folgenden Gewinnjahren so lange keine Steuern zu zahlen sind, bis der Verlust ausgeglichen ist, d. h. bis sich für den Gesamtzeitraum seit Beginn des Verlustjahres ein Nettogewinn ergibt[3]. Der Verlustvortrag gibt dem Steuerpflichtigen die Aussicht auf eine Steuerermäßigung in den Folgejahren; im Verlustjahr selbst tritt eine steuerliche Wirkung nicht ein.

Wird der Verlustvortrag ohne zeitliche Begrenzung zugelassen, so können aus einem Zusammentreffen von Verlusten in mehreren aufeinander folgenden Jahren keine Schwierigkeiten entstehen. Besteht dagegen eine Zeitbegrenzung, so hängt die Reichweite der Verlustberück-

[3] Bei einer ertragsteuerlichen Gestaltung der Verlustberücksichtigung sowie bei einem Recht des Steuerpflichtigen, den Verlust aufzuspalten und in Teilbeträgen über den Ausgleichszeitraum zu verteilen, würde sich bereits vor vollständiger Verlustberücksichtigung eine Steuerverpflichtung ergeben.

sichtigung davon ab, in welcher Reihenfolge die Verluste abgezogen werden. Der Abzug der Verluste nach dem Alter hat sich in diesen Fällen allgemein durchgesetzt.

b) Der Verlustrücktrag

Beim Verlustrücktrag wird der Verlust eines Jahres auf die zurückliegenden Jahre übertragen und von früheren Gewinnen abgezogen. Dies macht eine Neuveranlagung eines oder mehrerer Vorjahre erforderlich und führt zu einer Steuererstattung. Die steuerliche Wirkung der Verlustberücksichtigung wird gegenüber dem Verlustvortrag von dem späteren Gewinnjahr auf das Verlustjahr vorverlegt. Verlustentstehung und -berücksichtigung fallen theoretisch-systematisch zusammen, praktisch erfolgt eine gewisse zeitliche Verschiebung, die durch die zur Erfolgsermittlung, Veranlagung und Erstattung benötigte Zeit bedingt ist.

Die Reihenfolge, in der ein Verlust auf die einzelnen Jahre des Ausgleichszeitraumes zurückgetragen wird, hängt davon ab, ob der Rücktrag unbegrenzt oder zeitlich begrenzt ist. Bei unbegrenztem Rücktrag wäre die Reihenfolge vom jüngstvergangenen zu den immer weiter zurückliegenden Jahren das Gegebene, um einen zeitlichen Zusammenhang zwischen dem Verlustjahr und den ausgleichenden Gewinnjahren aufrechtzuerhalten. Ein zeitlich begrenzter Rücktrag muß dagegen bei dem am weitesten zurückliegenden Jahr des Ausgleichszeitraumes beginnen, da andernfalls bei einem Zusammentreffen mehrerer Verlustjahre die Ausgleichsperiode für die späteren Verluste faktisch verkürzt würde. Die Zahl der für einen Verlustabzug zur Verfügung stehenden Gewinnjahre, auf die noch keine Verluste anderer Jahre übertragen sind, würde sich bei einem Rücktrag beginnend beim jüngstvergangenen Jahr vermindern, was dazu führen könnte, daß spätere Verluste nicht oder nur teilweise ausgeglichen werden.

Hierzu ein Beispiel:

Jahr	1	2	3	4	5	6	7	8
Ergebnis	10	15	10	10	5	—15	—20	—15

Der Ausgleichszeitraum umfaßt bei einem fünfjährigen Rücktrag für die einzelnen Verlustjahre folgende Gewinnjahre:

Verlustjahr 6:	—15	Gewinnjahre 1—5:	+50
7:	—20	2—5:	+40
8:	—15	3—5:	+25

Ein Rücktrag, der bei dem am weitesten zurückliegenden Jahr des Ausgleichszeitraumes (1) beginnt, führt zu einer Berücksichtigung sämtlicher Verluste. Beginnt der Rücktrag aber beim jüngstvergangenen Jahr (5), so bleiben die Verluste des Jahres 8 unberücksichtigt, da die Gewinne der Jahre 3—5 bereits durch den Rücktrag der Verluste aus den Jahren 6 und 7 aufgezehrt sind.

Die sachliche Reichweite eines begrenzten Rücktrages hängt ebenso wie die des begrenzten Vortrages von der Höhe und zeitlichen Verteilung von Gewinnen und Verlusten ab. Beim Rücktrag tritt aber noch die Reihenfolge des Verlustübertrages auf die einzelnen Gewinnjahre hinzu, für die es beim Vortrag keine Entsprechung gibt.

2. Untersuchung des Problems unter Annahme isolierter Unternehmungsbesteuerung — ertragsteuerliche Form der Verlustberücksichtigung

Die Untersuchung von Verlustvortrag und -rücktrag geht, um die Einflüsse besonderer Gestaltungsmöglichkeiten der Verlustberücksichtigung bei der Einkommensteuer auszuschalten, zunächst von der Annahme isolierter Unternehmungsbesteuerung aus, bei der zum Ausgleich gewerblicher Verluste nur gewerbliche Gewinne zur Verfügung stehen. Diese Annahme deckt sich in der Praxis der deutschen Erfolgsbesteuerung nur mit der Besteuerung gewerblicher Unternehmungen durch die Körperschaft- und Gewerbeertragsteuer und entspricht der Einkommensbesteuerung nur, sofern der Steuerpflichtige lediglich gewerbliche Einkünfte bezieht.

Die Folgerungen in diesem Abschnitt gelten daher nicht unmittelbar auch für die Berücksichtigung gewerblicher Verluste bei der Einkommensteuer und können dort Abwandlungen erfahren, wie in dem anschließenden Abschnitt über die sachlichen Beziehungen zwischen Verlust und ausgleichendem Gewinn dargelegt wird.

a) Finanztheoretische Beurteilung

In der finanztheoretischen Betrachtung wird zunächst die Eignung von Verlustvortrag und -rücktrag untersucht, eine vollständige Verlustberücksichtigung herbeizuführen. Dabei geht es lediglich um die verlustausgleichende Wirkung der beiden Formen, um ihren Einfluß auf die steuerliche Gesamtbelastung des gewerblichen Erfolges, nicht jedoch um ihre wirtschaftlichen Wirkungen. Außerdem müssen wir uns mit einem Versuch auseinandersetzen, die Ablehnung des Verlustrücktrages und eine Beschränkung auf den Vortrag einkommenstheoretisch zu begründen.

α) Die Eignung von Verlustvortrag und -rücktrag zur Verlustberücksichtigung

aa) Keine Unterschiede bei der Berücksichtigung von Verlusten laufender Unternehmungen

Der Umfang der Verlustberücksichtigung wird — von sachlichen Begrenzungen abgesehen — durch die Höhe und die zeitliche Verteilung von Gewinnen und Verlusten und durch die Länge des Ausgleichszeitraumes bestimmt. Bei zeitlich unbegrenzter Verlustberücksichtigung kann kein Unterschied in der verlustausgleichenden Wirkung von Vortrag und Rücktrag bestehen; beide sind grundsätzlich in gleichem Maße geeignet, eine volle Verlustberücksichtigung herbeizuführen und damit die steuerliche Mehrbelastung von Verlustunternehmungen zu beseitigen. Diese Feststellung gilt allerdings nur für die Berücksichtigung von Verlusten „laufender" Unternehmungen, d. h. von Unternehmungen, die sich nicht mehr im Anlaufstadium befinden und auch nicht vor der Liquidation stehen. Von Anlaufverlusten und Liquidations- und Veräußerungsverlusten, die bestimmte Formen der Verlustberücksichtigung erfordern, wird hier zunächst abgesehen.

Die Wirkung der einen oder anderen Form der Verlustberücksichtigung kann nur an der Höhe des Gesamterfolges gemessen werden, der in einer längeren Zeitspanne — genau der Totalperiode — der Besteuerung unterworfen wird. Die reale Auswirkung der Verlustberücksichtigung auf die Höhe der Gesamtsteuerlast wird zwar auch durch die Steuerprogression und durch Steuertarifänderungen beeinflußt; derartige Einflüsse müssen aber neutralisiert werden, da sie nicht vorherbestimmbar sind und bei beiden Formen der Verlustberücksichtigung zugunsten oder zuungunsten der Steuerpflichtigen wirken können.

Bei zeitlich unbegrenzter Verlustberücksichtigung können keine Unterschiede in der verlustausgleichenden Wirkung bestehen, sofern genügend Gewinne vor oder nach dem Verlustjahr für einen Ausgleich zur Verfügung stehen[4].

Bei einer zeitlichen Begrenzung des Ausgleichszeitraumes gilt im Prinzip das gleiche. Auch hier bestehen keine Unterschiede in der verlustausgleichenden Wirkung von Vortrag und Rücktrag, wenn der Ausgleichszeitraum in beiden Richtungen gleich lang ist. Die entscheidende Voraussetzung hierfür ist allerdings eine gleichartige zeitliche Gewinnverteilung vor und nach dem oder den Verlustjahren. Diese Voraussetzung scheint durch die Erfolgsentwicklung im Laufe des Konjunkturzyklus in Frage gestellt zu sein. Empirische Untersuchungen[5] zeigen für die Wirtschaftskrise der zwanziger und dreißiger Jahre nach einer Zeit hoher Gewinne einen starken und plötzlichen Verlusteinbruch, auf den eine langsame Erholung mit anfangs nur geringen Gewinnen folgt.

Beck[6] gelangt bei einem Vergleich der Ausgleichswirkung von Vortrag und Rücktrag zu dem Ergebnis, daß der Rücktrag in den Jahren 1923—1939 wirkungsvoller gewesen wäre als der Vortrag. Eine allge-

---

[4] Dies ist mit der vorläufigen Aussonderung von Anfangs- und Endverlusten bereits angenommen worden.

[5] Siehe die im Anhang genannten Untersuchungen.

[6] *Beck,* op. cit. p. 188 ff. (p. 78).

meine Folgerung ließe sich hieraus aber nur dann ziehen, wenn die Erfolgsentwicklung der untersuchten Zeitspanne repräsentativ auch für zukünftige konjunkturbedingte Erfolgsschwankungen wäre. Die Konjunkturtheorie gibt hierauf keine schlüssige Antwort. Beck[7] schränkt die Aussagefähigkeit seiner Untersuchung selbst dadurch ein, daß er sie als für andere Perioden nicht zwingend bezeichnet.

Die potentiellen Unterschiede in der Ausgleichswirkung eines begrenzten Vortrages oder Rücktrages nehmen zudem mit der Länge des Ausgleichszeitraumes ab, so daß es unmöglich erscheint, aus der verlustausgleichenden Wirkung eine unterschiedliche finanztheoretische Beurteilung beider Formen abzuleiten.

bb) Die Notwendigkeit eines Mischsystems zur Berücksichtigung von Anlauf- und Liquidationsverlusten

Verluste, die am Anfang und Ende der wirtschaftlichen Gesamtlebensdauer einer Unternehmung entstehen, erfordern eine bestimmte Form der Verlustberücksichtigung: Anlaufverluste[8] können nur durch den Verlustvortrag, Liquidationsverluste[8] nur durch den Verlustrücktrag berücksichtigt werden.

Die grundsätzliche Anerkennung der Verlustberücksichtigung wegen der zeitlichen Einheit des Erfolges erfordert auch die Berücksichtigung von Anlauf-[9] und Liquidationsverlusten. Das amerikanische Treasury Department[10], das den Verlustrücktrag im übrigen u. a. mit finanztheoretischen Argumenten entschieden ablehnt, hält es für einen großen Mangel des Verlustvortrages („its major weakness"), daß er für eine Berücksichtigung von Liquidationsverlusten ungeeignet ist. Die Einführung eines — allerdings auf echte Liquidationsverluste beschränkten — Verlustrücktrages in Großbritannien hat hierin ihren Ursprung.

Die Berücksichtigung von Anlauf- und Endverlusten erfordert somit ein Mischsystem, eine steuersystematische Kombination von Verlustvortrag und -rücktrag, bei der der Verlustrücktrag — neben einem Vortrag für die Verluste „laufender" Unternehmungen — auf Liqui-

---

[7] *Beck*, op. cit. p. 193 (p. 78).

[8] Der Begriff des Anlauf- bzw. Liquidationsverlustes wird hier nicht in dem eigentlichen betriebswirtschaftlichen Sinne gebraucht, sondern umfaßt alle Verluste in den ersten und letzten Wirtschaftsjahren einer Unternehmung, die nicht durch einen Rücktrag bzw. einen Vortrag berücksichtigt werden können, da vorher oder hinterher keine ausreichenden Gewinne erzielt wurden. So gehören zu den Liquidationsverlusten in dem hier gebrauchten Sinne auch steuerlich unberücksichtigte Verlustreste aus den Jahren vor der eigentlichen Liquidation.

[9] Die Forderung von *Hog* nach Aussonderung der Anlaufverluste, die damit begründet wird, daß sonst „alle möglichen Kosten der Geschäftsgründung geltend gemacht werden könnten, geht am Wesen des steuerlichen Erfolgsbegriffes vorbei, der überperiodisch keine Aussonderung einzelner betriebsbedingter Aufwandselemente kennt. Denkschrift, a. a. O., S. 77.

[10] Treasury Department, op. cit. p. 5.

dationsverluste beschränkt sein könnte. Nur theoretisch ist auch eine Kombination von allgemeinem Rücktrag und einem auf Anlaufverluste beschränkten Vortrag vorstellbar — eine Lösung, die aus praktischen Erwägungen ausscheiden muß. Offen bleibt zunächst, ob andere — z. B. wirtschaftliche oder administrative — Gründe gegen eine Berücksichtigung von Liquidationsverlusten sprechen.

β) Versuche finanztheoretischer Begründung eines einseitigen Verlustvortrages

Finanztheoretische Argumente für oder gegen die eine oder andere Form der Verlustberücksichtigung sind in der Literatur kaum zu finden. Solange der Verlustvortrag die einzige Form zwischenperiodischer Verlustberücksichtigung war, gab es keine besonderen finanztheoretischen Argumente für den Vortrag, die mehr sagten als die allgemeine Begründung der Verlustberücksichtigung. Erst seit der Einführung des Verlustrücktrages als einer Ergänzung des Vortrages wird vereinzelt versucht, den einseitigen Verlustübertrag auch finanztheoretisch zu begründen.

Das Tucker Committee stützte seine Ablehnung eines allgemeinen Verlustrücktrages neben vorwiegend praktischen auch auf die folgende grundsätzliche Erwägung: „It would introduce a novel proposition into the Income Tax if tax admittedly due for a particular year and *correctly representing the taxpayer's capacity to pay* for that year could be reclaimed by reference to circumstances arising in a later year[11]." Diese Begründung spricht aber ebenso gegen den Verlustvortrag und müßte — wollte man sie anerkennen — die zwischenperiodische Verlustberücksichtigung überhaupt in Frage stellen. Sie ist mit der Anerkennung der Verlustberücksichtigung wegen der zeitlichen Einheit des Erfolges bereits widerlegt.

Das US Treasury Department[12] versucht auf andere Weise, eine Ablehnung des Verlustrücktrages und eine alleinige Anerkennung des Verlustvortrages einkommenstheoretisch zu begründen. Die meisten Ausgaben einer Unternehmung hätten den Zweck, in der Zukunft und nicht in der Vergangenheit Gewinn zu bringen; Verluste, als Ausgabenüberschüsse, seien daher in die Zukunft gerichtet („forward looking") und nur gegen zukünftige Gewinne zu verrechnen. Hiervon gäbe es nach dem gültigen Erfolgsbegriff nur drei wesentliche Ausnahmen: Ungedeckte Restwerte von Anlagegegenständen infolge Verkürzung der ursprünglich angenommenen Lebensdauer, Verluste an Vorratsbestän-

---

11 Tucker Report § 80 — Hervorhebung vom Verfasser.

12 Treasury Department, op. cit. p. 4 f.

den infolge von Preisschwankungen und Forderungsausfälle. Soweit Periodenverluste auf diesen Erfolgselementen beruhen, sind sie auch nach Ansicht des Treasury Department vergangenen Perioden zuzuordnen, ohne daß dies jedoch zu einer Begründung des Verlustrücktrages ausreiche. Der Kern dieser Argumentation liegt in einer ursächlichen Verknüpfung der Erfolgselemente mit bestimmten Zeitabschnitten, die aber dem Erfolgsbegriff der modernen Einkommenstheorie fremd ist. Die zeitlich-ursächlichen Beziehungen der Erfolgselemente können zwar in bestimmten Situationen — etwa bei der Umstellung der Kriegs- auf Friedenswirtschaft — Hinweise für die Steuerpolitik geben, die in den USA zweimal die Einführung des Verlustrücktrages veranlaßten. Eine eindeutige einseitige Richtung des Verlustübertrages läßt sich aus ihnen jedoch nicht ableiten, zumal diese Beziehungen komplizierter sind als das Treasury Department in seiner vereinfachenden Betrachtung annimmt. So übersieht es, daß mit einer unternehmerischen Grundentscheidung bestimmte Aufwandselemente der weiteren Beeinflußbarkeit durch den Unternehmer weitgehend entzogen sind. Wenn die bei der Entscheidung erwarteten positiven Ergebnisse, die oft von der allgemeinen, durch die einzelne Unternehmung unbeeinflußbaren Konjunkturentwicklung abhängen, nicht eintreten, müßte der entstehende Verlust ursächlich der Periode zugerechnet werden, in der die (Fehl-)Entscheidung getroffen wurde.

Die *finanztheoretische Untersuchung* gelangt somit zu dem *Ergebnis,* daß Verlustvortrag und -rücktrag in gleicher Weise geeignet sind, eine begrenzte oder unbegrenzte zwischenperiodische Berücksichtigung von Verlusten laufender Unternehmungen herbeizuführen. Die Berücksichtigung von Anlauf- und Liquidationsverlusten erfordert ein Mischsystem beider Formen, in dem der Rücktrag aber auf Liquidationsverluste beschränkt sein kann. Im übrigen lassen sich aus der finanztheoretischen Betrachtung keine Anhaltspunkte für die Anerkennung oder Ablehnung eines allgemeinen Verlustrücktrages gewinnen.

b) Fiskalische Beurteilung

α) Kein Unterschied im Einfluß auf die überperiodische Höhe des Steueraufkommens

Die Verlustberücksichtigung führt zu einer Verminderung des Steueraufkommens, da die Verlustunternehmungen entweder in den Verlustjahren Erstattungen erhalten (Verlustrücktrag) oder in den Folgejahren keine oder nur verminderte Steuern zahlen (Verlustvortrag). Sekundärwirkungen der Verlustberücksichtigung — wie eine durch sie bewirkte Steigerung der wirtschaftichen Aktivität, die positiv auf das

Steueraufkommen zurückwirkt — müssen hier außer acht gelassen werden.

Die Höhe des Steuerausfalles hängt in überperiodischer Betrachtung von der Höhe der Verluste, dem zeitlichen und sachlichen Umfang der Verlustberücksichtigung (d. h. der Existenz zeitlicher und sachlicher Begrenzungen) und von dem Steuertarif ab. Die Richtung des zwischenperiodischen Verlustübertrages ist auf die Höhe des Steuerausfalles ohne Einfluß — diese Feststellung gilt bei unbegrenzter Verlustberücksichtigung und bei proportionalem unveränderlichem Steuersatz ohne Einschränkung; bei Tarifveränderungen, progressivem Steuertarif oder zeitlicher Begrenzung des Ausgleichszeitraumes kann der Steuerausfall im Falle unterschiedlicher Erfolgsverteilung vor und nach den Verlustjahren differieren. Derartige Einflüsse müssen aber auch hier ausgeschaltet werden, da sie nicht generell und im voraus bestimmbar sind und nicht an eine bestimmte Form der Verlustberücksichtigung gebunden sind.

Der fiskalisch bedeutsame Unterschied in der Wirkung von Verlustvortrag und -rücktrag besteht in ihrem Einfluß auf die zeitliche Verteilung des Steueraufkommens. Man könnte die Zeitdifferenz zwischen dem Eintritt der steuerlichen Wirkung von Verlustvortrag und -rücktrag allerdings mit Hilfe eines Zinsfaktors quantifizieren und würde dabei zu dem Ergebnis gelangen, daß der Verlustrücktrag wegen des Zinsverlustes für den Fiskus cet. par. stets ungünstiger ist.

β) Der Einfluß auf die zeitliche Verteilung des Steueraufkommens

Der Verlust*vortrag* verlagert die Verlustberücksichtigung von dem Verlustjahr auf die folgenden Gewinnjahre und bewirkt dann eine Reduktion des „an sich" — bei periodenbegrenzter Besteuerung — zu erwartenden Steueraufkommens. Da der Umfang der Verlustberücksichtigung in dem einzelnen Gewinnjahr von der Höhe der einzelwirtschaftlichen Gewinne der Verlustunternehmungen abhängt, erstreckt sich diese u. U. über mehrere Jahre und kann daher das Steueraufkommen über einen längeren Zeitraum beeinflussen.

Der Verlust*rücktrag* führt demgegenüber bereits im Verlustjahre zu Steuererstattungen, die das Steueraufkommen des Verlustjahres reduzieren, und läßt das Aufkommen der späteren Gewinnjahre unberührt. Der Einfluß auf das Steueraufkommen beschränkt sich — ausreichende Gewinne in den Vorjahren vorausgesetzt[13] — auf ein Jahr, in dem er dann in verstärktem Umfang wirksam wird.

---

[13] Bei einer Kombination von Vortrag und Rücktrag beeinflußt die Verlustberücksichtigung auch das Aufkommen der Folgejahre; dieser Einfluß sinkt aber mit der Länge des Rücktragszeitraumes.

Doch nicht die Intensität der steuerlichen Auswirkung in dem einzelnen Anrechnungsjahr ist der bemerkenswerte Unterschied in der fiskalischen Auswirkung von Verlustvortrag und -rücktrag, sondern die Abschwächung oder Verstärkung der Konjunkturempfindlichkeit des Aufkommens aus den Erfolgsteuern.

Es gilt seit längerer Zeit als gesicherte finanzwissenschaftliche Erkenntnis[14], daß die Erfolgsteuern — vor allem die Steuern auf den gewerblichen Erfolg — in hohem Maße konjunkturempfindlich sind, wobei die Konjunkturempfindlichkeit durch entsprechende Gestaltung der Steuer gesteigert oder abgeschwächt werden kann. Die Beziehungen zwischen Konjunktur und Besteuerung, die Neumark in der genannten Arbeit erstmalig einer systematischen Untersuchung unterzogen hat, sind doppelseitig[15]: einerseits wird das Steueraufkommen durch die Konjunkturschwankungen beeinflußt, andererseits hat die konjunkturbedingte Flexibilität des Steueraufkommens Rückwirkungen auf den Konjunkturverlauf.

Unter fiskalischem Aspekt interessiert der Einfluß des Konjunkturverlaufs auf das Steueraufkommen. Im Rahmen der vorliegenden Arbeit geht es um die spezielle Frage, welchen Einfluß die Form der Verlustberücksichtigung auf die zeitliche Entwicklung des Steueraufkommens ausübt, das bereits infolge der konjunkturellen Erfolgsschwankungen in der Wirtschaft Schwankungen unterliegt. Um den Einfluß der Form der Verlustberücksichtigung isolieren zu können, wird von einer 50prozentigen proportionalen Erfolgsteuer ohne Freibeträge und andere steuerliche Abzugsposten ausgegangen; ebenso wird ein „lag" zwischen Erfolgsentstehung und Steuererhebung bzw. -erstattung zunächst ausgeschlossen. Die Erfolgsentwicklung der gewerblichen Unternehmungen wird in makroökonomischen Globalziffern ausgedrückt, die sich aus den positiven und negativen mikroökonomischen Ergebnissen der Gewinn- und Verlustunternehmungen zusammensetzen und an denen sich auch die Aufkommensschätzungen der Finanzverwaltung orientieren.

Der steuerliche Gesamterfolg der gewerblichen Unternehmungen soll in einem Zeitraum von zwölf Jahren die aus der folgenden Aufstellung ersichtliche Zusammensetzung und Entwicklung zeigen. Aus der gleichen Tabelle geht die Höhe des Steueraufkommens bei einem Fehlen der Verlustberücksichtigung, bei zeitlich unbegrenztem Verlustvortrag und bei zeitlich unbegrenztem Verlustrücktrag hervor.

---

14 Siehe *Neumark,* Fritz, Konjunktur und Steuern, Bonn 1930, S. 41 ff.; ferner *Neumark,* Theorie und Praxis, a. a. O. S. 117 ff., sowie die dort angegebene Literatur.

15 *Neumark,* Konjunktur und Steuern, a. a. O. S. 13.

Entwicklung des Steueraufkommens in Abhängigkeit vom Erfolg der Unternehmungen bei einer Erfolgsbesteuerung ohne Verlustberücksichtigung, bei Verlustvortrag und bei Verlustrücktrag

Jahr	Erfolg der		Gesamterfolg	Steueraufkommen		
	Verlust-unter-nehmungen	Gewinn-unter-nehmungen		ohne Verlustberück-sichtigung	bei Verlust-Vortrag	bei Verlust-Rücktrag
1	20	90	110	55	55	55
2	18	60	78	39	39	39
3	16	30	46	23	23	23
4	14	0	14	7	7	7
5	12	— 30	— 18	6	6	— 9
6	10	— 60	— 50	5	5	— 25
7	12	— 50	— 38	6	6	— 19
8	14	— 20	— 6	7	7	— 3
9	16	10	26	13	8	13
10	18	40	58	29	9	29
11	20	70	90	45	10	45
12	22	100	122	61	41	61

(graphische Darstellung s. S. 124)

Bei einer *Erfolgsbesteuerung ohne Verlustberücksichtigung* folgt das Steueraufkommen der Erfolgsentwicklung im positiven Erfolgsbereich. Sobald in einzelnen Unternehmungen Verluste auftreten, bleibt der Aufkommensrückgang hinter dem Erfolgsrückgang zurück; da aber einige Unternehmungen stets Gewinne erzielen werden, ist das Steueraufkommen in diesem Falle auch bei einem gesamtwirtschaftlichen Verlust positiv.

Diese weitgehende Proportionalität zwischen Erfolgs- und Aufkommensentwicklung im positiven Erfolgsbereich wird durch den *Verlustvortrag* beeinträchtigt. Für die ersten Gewinnjahre und auch für die Verlustjahre selbst ergibt sich kein Unterschied gegenüber der Aufkommensentwicklung bei einer Besteuerung ohne Verlustberücksichtigung. Das Steueraufkommen kann auch beim Verlustvortrag nur dann auf Null absinken, wenn keine Unternehmung mehr Gewinne erzielt — ein Fall, der praktisch kaum zu erwarten ist. In den folgenden Gewinnjahren werden die Verluste steuerlich wirksam und reduzieren den der Steuerbemessung zugrundeliegenden Erfolg, so daß die Entwicklung des Steueraufkommens hinter der Erfolgssteigerung zurückbleibt und diese erst wieder nach vollständiger Verlustberücksichtigung — bei zeitlicher Begrenzung nach dem Ende des Ausgleichszeitraumes — erreicht.

Im Gegensatz zum Verlustvortrag unterliegt das Steueraufkommen beim *Verlustrücktrag* cet. par. den gleichen Schwankungen wie die Entwicklung des makroökonomischen Erfolges. Im Unterschied zu einer Besteuerung ohne Verlustberücksichtigung folgt das Aufkommen der Erfolgsentwicklung hier aber nicht nur im positiven, sondern auch im

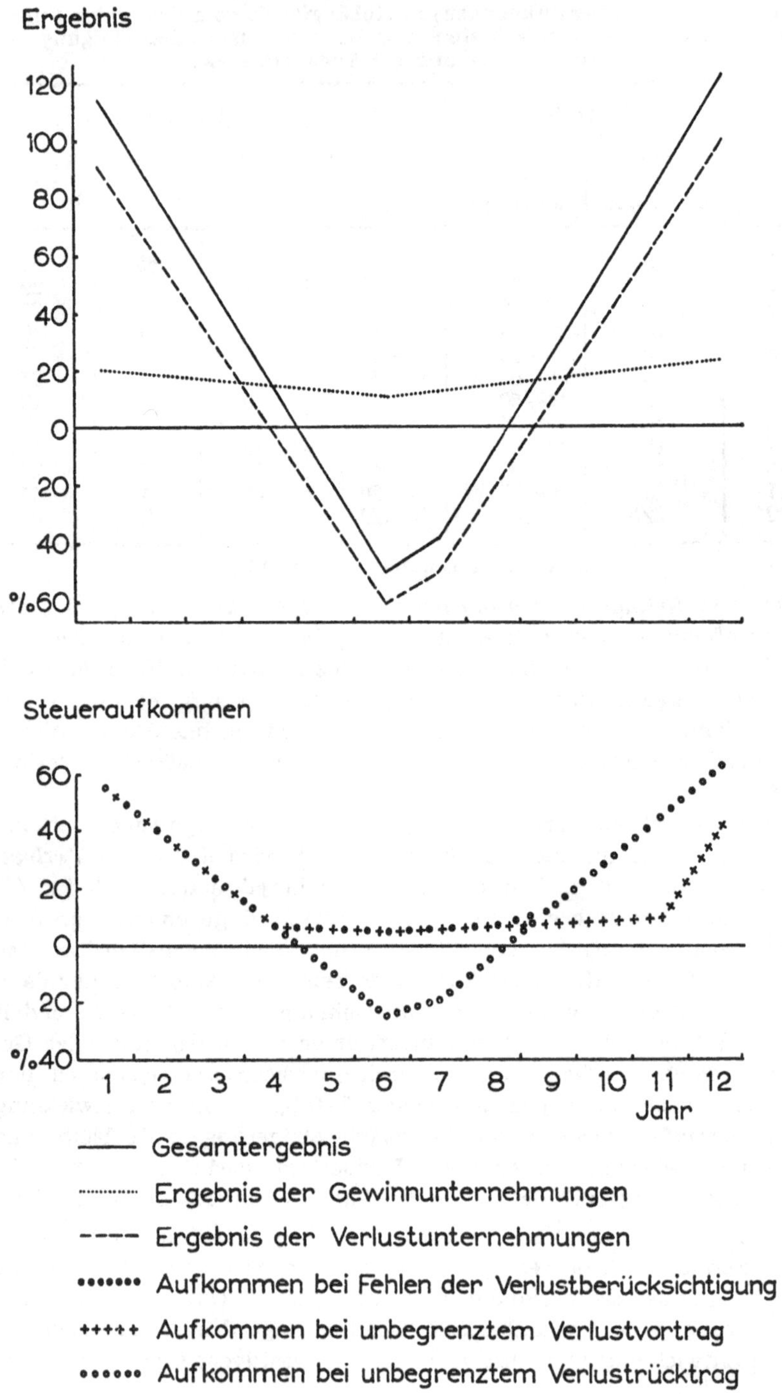
Ergebnis
120
100
80
60
40
20
0
20
40
%.60
Steueraufkommen
60
40
20
0
20
%.40
1 2 3 4 5 6 7 8 9 10 11 12
Jahr
Gesamtergebnis
Ergebnis der Gewinnunternehmungen
Ergebnis der Verlustunternehmungen
Aufkommen bei Fehlen der Verlustberücksichtigung
Aufkommen bei unbegrenztem Verlustvortrag
Aufkommen bei unbegrenztem Verlustrücktrag

negativen Erfolgsbereich. Infolge der Steuererstattungen im Verlustjahr kann das Aufkommen im Extremfalle — bei gesamtwirtschaftlichem Verlust und ausreichenden einzelwirtschaftlichen Gewinnen der Verlustunternehmungen innerhalb des Ausgleichszeitraumes — sogar negativ werden. In den Folgejahren wirken sich die Verluste steuerlich nicht mehr aus, so daß das Aufkommen auch im Aufschwung der Erfolgsentwicklung folgt und schneller als beim Verlustvortrag steigt.

Die theoretische Proportionalität von Erfolgs- und Aufkommensentwicklung im positiven und negativen Erfolgsbereich unterliegt nun allerdings in praxi gewissen Einschränkungen. Diese sind teilweise in der makroökonomischen Betrachtung begründet: Zahlreiche Verlustunternehmungen werden mangels ausreichender Gewinne innerhalb des — notwendig zeitlich begrenzten — Ausgleichszeitraumes keinen oder nur einen partiellen Verlustrücktrag vornehmen können und müssen im Falle einer Kombination beider Formen auf den Verlustvortrag warten. Außerdem wirken in der Praxis — und damit müssen einige der oben genannten Ausnahmen fallen gelassen werden — auch spezielle Gestaltungsformen der Erfolgsteuern wie Freibeträge und Tarifprogression sowie der durch die Erfolgsermittlung, Veranlagung und Steuererhebung bzw. -erstattung bedingte time-lag deformierend. Im Prinzip aber ändern diese Einschränkungen nichts an den Beziehungen zwischen Erfolgs- und Aufkommensentwicklung.

Der Verlustvortrag wirkt tendenziell stabilisierend auf das Steueraufkommen, er glättet in gewissem Grade die Aufkommenskurve und schwächt die Auswirkungen von Erfolgsschwankungen auf das Steueraufkommen ab — allerdings weit weniger als etwa die Durchschnittsbesteuerung. Die stabilisierende Wirkung tritt besonders in der Depression und in den ersten Phasen des Aufschwungs hervor, in denen sie das Aufkommen vor einem völligen Abgleiten oder auch einem schnellen Wiederanstieg bewahrt. Mit fortschreitendem Aufschwung dürfte der Einfluß des Verlustvortrages dann abnehmen und in der Hochkonjunktur zu keiner nennenswerten Minderung des Steueraufkommens mehr führen.

Dagegen paßt der Verlustrücktrag das Steueraufkommen in höchstem Maße der Erfolgsentwicklung an und macht es durch die Möglichkeit einer im Extremfalle negativen Steuer cet. par. voll flexibel. Die Wirksamkeit des hohen Grades an Konjunkturempfindlichkeit, der hierdurch erreicht wird, hängt wesentlich von der Schnelligkeit der Steuererstattungen ab und kann — wie Shoup[16] hervorhebt — mit deren Beschleunigung gesteigert werden.

Die Untersuchung auf dem speziellen Gebiet der Verlustberücksichtigung bestätigt damit die allgemeine Feststellung Neumarks, daß eine

[16] *Shoup*, Carl S., Taxation and Fiscal Policy, op. cit. p. 278, 284 f.

Steuer um so konjunkturempfindlicher ist, „je exakter ihre Bemessungsgrundlage den ‚wirklichen' Werten entspricht"[17]. Der Verlustrücktrag nähert den steuerlichen Erfolg dem „wirklichen" Erfolg an, während beim Verlustvortrag beide in den Verlust- und Anrechnungsjahren auseinanderfallen.

Es ist einleuchtend, daß Verfechter des jährlichen Budgetausgleichs, der in Deutschland verfassungsmäßig verankert ist[18], den Verlustrücktrag negativ beurteilen und ihn mit dem Argument haushaltspolitischer Schwierigkeiten ablehnen. Jede Steigerung der Konjunkturempfindlichkeit des Steueraufkommens erschwert den Budgetausgleich in der Depression.

Der fiskalischen Beurteilung kann hier aber nur ein geringes Gewicht beigemessen werden. In den Beziehungen zwischen Steueraufkommen und Konjunktur gewinnen die konjunkturellen Rückwirkungen von Aufkommensschwankungen an Bedeutung, die nach der Weltwirtschaftskrise und vor allem nach dem zweiten Weltkrieg eine zunehmende Beachtung erfahren haben. In ihrer Untersuchung verbindet sich finanztheoretische und wirtschaftstheoretische und -politische Betrachtung, zwischen denen immer schwerer zu unterscheiden ist.

Wir untersuchen die konjunkturellen Rückwirkungen der Verlustberücksichtigung in der wirtschaftstheoretischen Betrachtung und gehen dabei auch auf die Beziehungen zwischen der Form der Verlustberücksichtigung und den budgetpolitischen Deckungsgrundsätzen ein.

c) Wirtschaftstheoretische und -politische Beurteilung der Richtung zwischenperiodischen Verlustübertrages

α) Einzelwirtschaftliche Wirkungen von Verlustvortrag und -rücktrag

aa) Unterschiede im Einfluß von Verlustvortrag und -rücktrag auf die Kapitalerhaltung und die Liquidität der Unternehmungen

Die wichtigste einzelwirtschaftliche Wirkung und zugleich die Grundlage der gesamtwirtschaftlichen Wirkungen von Verlustvortrag und -rücktrag ist ihr Einfluß auf die Kapitalerhaltung und Liquidität der Unternehmungen.

Die Untersuchung der Notwendigkeit und Berechtigung der Verlustberücksichtigung hatte bereits gezeigt, daß die Verlustberücksichtigung zur Kapitalerhaltung beiträgt. Dies geschieht in der Weise, daß Periodengewinne steuerfrei bleiben, soweit ihnen Periodenverluste gegenüberstehen, und daß die dadurch bewirkte Steuerersparnis sich in Eigenkapital umsetzt, sofern sie nicht als Gewinn ausgeschüttet wird. Die Verlustberücksichtigung stärkt daher die Eigenkapitalbasis der Unternehmung und hemmt eine Kapitalauszehrung, die zu einer Überschuldung und damit zu einer Liquidation der Unternehmung führen kann.

---

17 *Neumark,* a. a. O. S. 73.

18 Art. 110 Abs. 2 Grundgesetz für die Bundesrepublik Deutschland.

Die Verlustberücksichtigung beeinflußt aber nicht nur die Kapitalstruktur, sondern auch die Liquidität der Unternehmung. Jede Steuerzahlung bedeutet einen Liquiditätsentzug, durch den die Unternehmung vor allem dann in Schwierigkeiten geraten kann, wenn der Gewinn noch nicht in flüssigen Mitteln realisiert oder bereits wieder illiquide angelegt ist. Die Verlustberücksichtigung hemmt den Liquiditätsentzug, indem sie die Steuerschuld vermindert.

Man wird die liquiditätsschonende Wirkung der Verlustberücksichtigung ähnlich hoch einzuschätzen haben, wie die Stärkung der Eigenkapitalbasis. In jüngster Zeit ist in zunehmendem Maße die Bedeutung der Liquidität für die unternehmerischen Entscheidungen und für die Lebensfähigkeit der Unternehmungen hervorgehoben worden. Hax weist darauf hin, daß die Liquidität kurzfristig viel entscheidender als die Rentabilität sein kann. „So wird eine Unternehmung trotz ständiger Verluste noch jahrelang bestehen bleiben, sofern es ihre finanzielle Situation zuläßt. Auf der anderen Seite muß ein sonst gesunder Betrieb zugrunde gehen, wenn er infolge Liquiditätsstörungen die Zahlungen einzustellen gezwungen ist[19]."

In einer langfristigen Betrachtung, die sich nur an der steuerlichen Gesamtbelastung eines größeren Zeitraumes orientieren kann, lassen sich keine Unterschiede in der Wirkung von Verlustvortrag oder -rücktrag feststellen. Kurzfristig aber ergeben sich sehr wesentliche Unterschiede, da die Bedeutung der Verlustberücksichtigung mit ihrem Einfluß auf Kapitalbasis und Liquidität für die Unternehmung weitgehend von der wirtschaftlichen Situation abhängt, in der sie wirksam wird.

Der Verlust*vortrag* bewirkt die Steuerermäßigung zu einer Zeit, in der die Unternehmung die Existenzkrise, die ein Verlust für sie bedeutet, bereits überwunden hat und wieder Gewinne erzielt. Auf die Überwindung dieser Krise ist der Verlustvortrag ohne Einfluß; er setzt im Gegenteil ihre Überwindung durch die Unternehmung voraus. Ob dies gelingt, hängt u. a. von den Ursachen und dem Umfang des Verlustes ab. Wenn dieser die Folge von betrieblicher Unwirtschaftlichkeit oder von Strukturänderungen auf dem Markt gewesen ist, wird die Unternehmung zu Rationalisierungsmaßnahmen oder zur Umstellung gezwungen, die einen erheblichen Finanzbedarf auslösen. Der Verlustvortrag leistet der Unternehmung bei der Deckung dieses Bedarfs und damit bei der Erhaltung der Lebensfähigkeit keine Hilfe. Er trägt lediglich nach Wiederherstellung der Rentabilität zur Ergänzung des Eigenkapitals oder zu einer beschleunigten Schuldentilgung bei.

Demgegenüber wird die Verlustberücksichtigung bei einem Verlust*rücktrag* gerade in dem Zeitraum wirksam, in dem die Unternehmung

19 *Hax,* K., Die Stellung des Finanzplans im Rahmen des betrieblichen Rechnungswesens, Diskussionsbeitrag auf einer Tagung der Schmalenbach-Gesellschaft. ZfhF N. F., 7. Jg. (1955), S.296 f.

den Verlust erlitten hat und infolgedessen um die Wiederherstellung der Rentabilität oder gar die Erhaltung der Lebensfähigkeit ringen muß[20]. Die Steuererstattung, die durch den Verlustrücktrag herbeigeführt wird, ist betriebswirtschaftlich einer Kapitaleinlage vergleichbar, die die durch den Verlust bewirkte Schmälerung der Eigenkapitalbasis hemmt. Sie ist in liquider Form eine Finanzierungshife zur Umstellung und Reorganisation der Unternehmung.

Häufig wird der Verlustrücktrag allerdings zunächst dazu führen, daß bestehende Steuerverpflichtungen des letzten Gewinnjahres, für die im Verlustjahr noch Abschlußzahlungen zu leisten sind, aufgehoben werden. Wenn in einem solchen Falle auch keine frei disponierbare Finanzierungshilfe geleistet wird, so wendet der Verlustrücktrag doch fällige Verbindlichkeiten ab, die von der Unternehmung gerade in Verlustjahren nur schwer zu tilgen sind. Er wirkt einer Verschuldung der Unternehmung entgegen, die angesichts der derzeitigen schwachen Eigenkapitalbasis vieler Unternehmungen in Deutschland auch gesamtwirtschaftlich unerwünscht ist. Mit dem Hinweis auf diese Abschlußzahlungen für das letzte Gewinnjahr begründen die Spitzenverbände der deutschen Wirtschaft[21] die Notwendigkeit eines Verlustrücktrages, der seine Funktion bereits bei einer zeitlichen Begrenzung auf ein Jahr erfüllen könne. Eine derartige Wirkung hängt aber — wie die positiven Wirkungen des Verlustrücktrages überhaupt — von der Schnelligkeit seiner Durchführung ab. Die Bedingungen und Möglichkeiten eines beschleunigten Verlustrücktrages werden in der administrativen Betrachtung untersucht.

Die Wirkung des Verlustrücktrages ist um so größer, je länger der Rücktragszeitraum ist. Das ist nicht nur bei einem Aufeinanderfolgen mehrerer Verlustjahre der Fall, bei dem die späteren Verluste nur durch einen mehrjährigen Rücktrag bereits im Verlustjahr berücksichtigt werden können (und nicht erst — bei einer Kombination von Vor- und Rücktrag — in den Folgejahren), sondern auch bei einzelnen Verlustjahren. Die Wahrscheinlichkeit einer sofortigen vollen Berücksichtigung steigt mit der Länge des Rücktragszeitraumes, da dem Verlustjahr dann u. U. mehrere Gewinnjahre gegenüberstehen, während bei einem einjährigen Rücktrag die Höhe des sofort berücksichtigungsfähigen Verlustes durch den Gewinn eines Jahres begrenzt wird.

Bevor nun die gesamtwirtschaftlichen Wirkungen von Verlustvortrag und -rücktrag untersucht werden (die auf den vorstehend entwickelten einzelwirtschaftlichen Wirkungen beruhen), soll noch auf einige andere einzelwirtschaftliche Aspekte der Form der Verlustberücksichtigung eingegangen werden, die jedoch nur untergeordnete Bedeutung besitzen.

---

20 *Beck,* op. cit. p. 236 (p. 83). — *Kimmel,* Lewis H., Taxes and economic incentives, Washington 1950, p 116.

21 Deutscher Industrie- und Handelstag, a. a. O. S. 5.

bb) Andere einzelwirtschaftliche Wirkungen von Verlustvortrag und -rücktrag

a1) *Der Rücktrag als Erziehungsmittel zu betrieblicher Sparsamkeit.* Shoup[22] sieht in dem Verlustrücktrag einen „powerful check“ gegen Tendenzen von Sorglosigkeit in der Aufwandgebarung, da die Unternehmung damit rechnen muß, daß ihre marginale Steuerrate in Gewinnjahren durch den Rücktrag späterer Verluste gesenkt werden kann. Diese Wirkung kann allerdings — wie auch Shoup ausführt — nur bei einer progressiven Erfolgsteuer eintreten (und auch dort nur, soweit der Plafond noch nicht erreicht ist), während bei einer proportionalen Erfolgsteuer die marginale Steuerrate unveränderlich ist.

a2) *Der Einfluß der Form der Verlustberücksichtigung auf die Preispolitik der Unternehmungen.* Shoup untersucht ferner den Einfluß von Verlustvortrag und -rücktrag auf die Preispolitik der Unternehmungen, wobei er von dem Versuch ausgeht, die Erfolgsteuer zu überwälzen[23]. In seiner nur kurzen Betrachtung — die er selbst als „only first-approximation armchair speculation“ bezeichnet — kommt Shoup zu dem Ergebnis, daß der Verlustvortrag Unsicherheiten in die Preispolitik von Verlustjahren, der Verlustrücktrag dagegen in die Preispolitik von Gewinnjahren hineintragen könnte. Bei dem Vortrag ist die endgültige Steuerbelastung der Gewinnjahre bekannt, dagegen ist in den Verlustjahren die spätere Berücksichtigungsfähigkeit der Verluste zu beachten. Bei dem Verlustrücktrag ist die endgültige Steuerbelastung des Gewinnjahres nicht genau abzuschätzen, da eine Veränderung durch spätere Verluste möglich ist; nur in Verlustjahren kann hier die effektive Wirkung der Verlustberücksichtigung ermittelt und in die Preisentscheidungen einbezogen werden.

Diese Betrachtungen gehen von der Annahme einer Überwälzbarkeit der Erfolgsteuern aus, die in der Literatur umstritten ist. Sie setzt voraus, daß die Unternehmung vor der Besteuerung einer unter dem Gewinnmaximum liegenden Preisfestsetzung gefolgt ist, die cet. par. noch eine Erhöhung des Bruttogewinns vor Abzug der Steuer durch Preiserhöhung zuläßt. Hierin ist aber keine echte Steuerüberwälzung, sondern nur eine durch die Besteuerung veranlaßte Verhaltensänderung der Unternehmung zu erblicken.

Auf die Problematik der Steuerüberwälzungstheorie kann in diesem Zusammenhang nicht näher eingegangen werden. Unabhängig von der Beurteilung der Überwälzbarkeit der Erfolgsteuern und ohne die Gedanken Shoups im einzelnen kritisch zu untersuchen, läßt sich sagen,

---

22 *Shoup,* Carl S., Some Considerations on the Incidence of the Corporate Income Tax, in: The Journal of Finance, Vol. 6 (1951), p. 196.

23 *Shoup,* op. cit. p. 195 f.

daß die Form der Verlustberücksichtigung keine so wesentlichen Einflüsse ausübt, daß diese für die Anerkennung oder Ablehnung des Verlustrücktrages von Bedeutung wären.

β) Gesamtwirtschaftliche Wirkungen von Verlustvortrag und -rücktrag

aa) Der Einfluß auf die Wettbewerbssituation der Unternehmungen

Der Einfluß von Verlustvortrag und -rücktrag auf die Wettbewerbssituation von alten und neugegründeten Unternehmungen mag am Anfang der gesamtwirtschaftlichen Betrachtung stehen, obwohl es sich hierbei um ein Problem handelt, das nicht gerade in einer Depression aufgeworfen werden wird, in der die Zahl von Neugründungen nur gering sein wird. Seine gesamtwirtschaftliche Bedeutung beruht nicht auf der Höhe der insgesamt in der Wirtschaft auftretenden Verluste, sondern ist in dem Einfluß auf die Wettbewerbsordnung begründet.

Die finanztheoretische Untersuchung hatte gezeigt, daß eine Berücksichtigung von Anlaufverlusten neugegründeter Unternehmungen nur durch den Verlustvortrag möglich ist. Wenn die bereits bestehenden Unternehmungen ebenfalls nur einen Verlustvortrag vornehmen können, wird die Wettbewerbssituation nicht beeinträchtigt. Welche Auswirkungen ergeben sich aber für die Wettbewerbssituation neugegründeter Unternehmungen, wenn die alten Unternehmungen neben dem Verlustvortrag auch einen Rücktrag vornehmen können?

Es soll angenommen werden, daß zwischen den alten und neuen Unternehmungen keine Unterschiede in der Wirtschaftlichkeit und Kapitalausstattung bestehen und daß die Absatzelastizität in dem betreffenden Wirtschaftszweig 1 ist, d. h. daß der Gesamtumsatz der konkurrierenden Unternehmungen durch Preissenkungen nicht gehoben werden kann. Ein Preiskampf, der durch die Entstehung neuer Unternehmungen ausgelöst wird, führt für sämtliche Unternehmungen zu Verlusten, die — unter der Annahme gleicher Kosten- und Kapitalstruktur — bei allen Konkurrenten in gleichem Maße die Kapitalbasis angreifen.

Die Wettbewerbssituation wird durch einen Verlustvortrag, der alten und neuen Unternehmungen in gleicher Weise zugänglich ist, nicht berührt. Dagegen verschiebt der Verlustrücktrag die Wettbewerbslage zugunsten der alten Unternehmungen, da bei ihnen die Auszehrung des Eigenkapitals gehemmt wird und auch die Liquidität infolge der Steuererstattungen weniger angespannt ist. Im Ergebnis müßte dies unter den genannten Voraussetzungen dazu führen, daß die neugegründeten Unternehmen den Konkurrenzkampf aufgeben und sich umstellen oder liquidieren müssen.

Die Behinderung von Neugründungen, die der Verlustrücktrag damit bewirkt — sie ist einer der wesentlichsten wirtschaftlichen Argumente gegen den Verlustrücktrag[24] —, kann durch bessere Kapitalstruktur oder höhere Wirtschaftlichkeit überwunden werden.

Theoretisch — unter der Annahme völliger Transparenz der Marktsituation und der Kosten- und Kapitalstruktur der bereits bestehenden Unternehmungen — müßte der Verlustrücktrag dahin wirken, daß nicht schon geringe Leistungsunterschiede zur Entstehung neuer Unternehmungen und zu den damit verbundenen Preiskämpfen und Marktbeunruhigungen führen. Darin könnte gesamtwirtschaftlich kein Nachteil erblickt werden. Bei wesentlichen Leistungsunterschieden steht aber auch der Verlustrücktrag einer Entstehung neuer Unternehmungen nicht entgegen.

In der Praxis wird die Bedeutung des Verlustrücktrages im Konkurrenzkampf hinter der der Kapitalausstattung zurücktreten und keine entscheidende Rolle spielen. Trotzdem läßt sich als tendenzielle Wirkung feststellen, daß ein Rücktrag für Verluste bereits bestehender Unternehmungen die Entstehung neuer Unternehmungen hemmt, wobei diese hemmende Wirkung durch eine zeitliche Begrenzung des Rücktrages vermindert werden kann. Völlig beseitigt wird sie, wenn der Verlustrücktrag auf Liquidationsverluste beschränkt wird, da er hier das Ausscheiden der Verlustunternehmung aus dem Wettbewerb voraussetzt.

bb) Der Einfluß auf die ökonomische Funktion des Verlustes

War der Blick in der vorhergehenden Betrachtung allein auf die Entstehung neuer Unternehmungen gerichtet, so soll im folgenden geprüft werden ob Verlustvortrag oder -rücktrag die Liquidation nicht mehr leistungsfähiger Unternehmungen beeinflussen; insbesondere wird zu prüfen sein, ob die eine oder andere Form der Verlustberücksichtigung die selektive Wirkung einer Krise beeinträchtigt[25].

Bei dem Verlust*vortrag* tritt die steuerliche Wirkung erst dann ein, wenn die Unternehmung die Krise bereits überwunden und mit der Wiederherstellung ihrer Rentabilität ihre wirtschaftliche Lebensfähigkeit und Existenzberechtigung bewiesen hat. Der Verlustvortrag trägt zur Behauptung der Unternehmung in der Krise nicht bei, so daß die selektive Wirkung hier nicht beeinträchtigt werden kann.

Die durch den Verlust*rücktrag* bewirkte Steuererstattung stärkt dagegen die Kapitalbasis und Liquidität der Verlustunternehmung gerade in der Krise und schwächt damit die Wirkung des Verlustes ab, so daß die Unternehmung ihre Lebensdauer verlängern kann. Hierin muß aber noch nicht unmittelbar eine Beeinträchtigung der Selektionsfunktion

---

24 Siehe *Beck,* op. cit. p. 242 (p. 84). — *Kimmel,* op. cit. p. 59 f. — Treasury Department, op. cit. p. 6.

25 Der wissenschaftliche Beirat des BFM hatte seine Bedenken gegen den Verlustrücktrag u. a. auf eine mögliche Ausschaltung der Selektionswirkung einer Krise gestützt. Siehe Zitat S. 113.

des Verlustes erblickt werden, vielmehr sind drei Möglichkeiten zu unterscheiden:

a) Die Verlustunternehmung würde die Krise auch ohne Verlustrücktrag überstehen; der Verlustrücktrag erleichtert lediglich die Wiederherstellung der Rentabilität und wirkt einer Verschuldung der Unternehmung entgegen.

b) Die Verlustunternehmung kann die Krise auch mit Hilfe des Verlustrücktrages nicht überwinden; dieser verlängert aber ihre Lebensfähigkeit und zögert die Liquidation hinaus.

c) Die Verlustunternehmung übersteht die Krise nur mit Hilfe des Verlustrücktrages und wäre beim Fehlen des Verlustrücktrages oder einer Verlustberücksichtigung auf dem Wege des Verlustvortrages zur Liquidation gezwungen.

In den ersten beiden Fällen bleibt die ökonomische Funktion des Verlustes, wirtschaftlich nicht genügend leistungsfähige Unternehmungen auszuschalten, voll wirksam; in der Hinauszögerung der wirtschaftlich gebotenen Liquidation im zweiten Falle kann allenfalls eine gewisse Beeinträchtigung erblickt werden. Entscheidend für die Beurteilung des Verlustrücktrages in seinem Einfluß auf die ökonomische Funktion des Verlustes ist aber der dritte Fall, daß nämlich die Unternehmung die Krise nur dank dem Verlustrücktrag übersteht. Ist ein solcher Fall praktisch überhaupt möglich?

Um diese Frage beantworten zu können, muß zwischen strukturellen Krisen, die nur einzelne Wirtschaftszweige treffen, und konjunkturellen Krisen, die die Gesamtwirtschaft erfassen, unterschieden werden.

Die *strukturelle Krise* eines Wirtschaftszweiges ist das Ergebnis von Veränderungen der Nachfragestruktur. Sie äußert sich in einer Stagnation oder gar einem stetigen nicht nur kurzfristigen Rückgang der Nachfrage nach den Erzeugnissen des betroffenen Wirtschaftszweiges, so daß ihr nur in begrenztem Umfang durch Rationalisierungsmaßnahmen begegnet werden kann. Langfristig zwingt die strukturelle Krise zu einer Umstellung oder Auflösung eines Teiles der Unternehmungen, da nur eine Verminderung der Gesamtkapazität des Wirtschaftszweiges die Lebensfähigkeit der leistungsfähigen Unternehmungen ermöglicht.

In dieser Situation ist es nicht vorstellbar, daß eine Unternehmung die Krise mit Hilfe des Verlustrücktrages überwinden kann. Da der Rücktrag allen Unternehmungen des Wirtschaftszweiges zugänglich ist, sofern sie innerhalb des Ausgleichszeitraumes ausreichende Gewinne erzielt haben, berührt er die Wettbewerbssituation nicht[26]; die Leistungsunterschiede zwischen den konkurrierenden Unternehmungen

---

26 Ein Entstehen neuer Unternehmungen, die durch den Verlustrücktrag benachteiligt sein würden, ist während einer strukturellen Krise kaum anzunehmen; sie wäre auch gesamtwirtschaftlich unerwünscht.

werden durch den Verlustrücktrag nicht verfälscht. Auch hier werden zwar nicht allein die Leistungsunterschiede, sondern auch die Kapitalstärke darüber entscheiden, welche Unternehmungen zur Umstellung oder Liquidation gezwungen sind. Die Form der Verlustberücksichtigung bleibt hierauf aber ohne Einfluß. Trotzdem ist sie nicht ohne Bedeutung für die Dauer der Krise, wobei sich zwei entgegengesetzt wirkende Tendenzen feststellen lassen. Da der Verlustrücktrag die Lebensfähigkeit der Unternehmung verlängert, birgt er die Gefahr der Verlängerung der Krise in sich. Dieser Gefahr steht aber eine andere, und zwar positive wirtschaftliche Wirkung gegenüber: Indem der Rücktrag eine Steuererstattung herbeiführt und der Verlust damit trotz einer Auflösung der Unternehmung steuerlich wirksam wird, erleichtert er eine Entscheidung zur Aufgabe unwirtschaftlicher Unternehmungen, deren Weiterführung u. a. auch durch die Hoffnung auf eine spätere Steuerermäßigung motiviert sein könnte. Allerdings wird man diese Wirkung, die durch eine Beschränkung des Verlustrücktrages auf Liquidationsverluste noch verstärkt werden könnte, nicht überschätzen dürfen, da derartige Entscheidungen — vor allem in kleineren Unternehmungen — in starkem Umfang von außerwirtschaftlichen Erwägungen bestimmt sind.

Anders als bei der strukturellen Krise kann der Verlustrücktrag in einer *konjunkturellen Krise* zur Abwendung der Liquidation beitragen. Die konjunkturelle Krise ist durch einen allgemeinen, nicht auf einzelne Wirtschaftszweige beschränkten Rückgang der Nachfrage gekennzeichnet; im Gegensatz zur Strukturkrise steigt die Nachfrage aber nach mehr oder weniger langer Zeit wieder an. Infolge des Nachfragerückganges treten in den am wenigsten wirtschaftlich arbeitenden Unternehmungen Verluste auf und mit dem fortschreitenden Nachfragerückgang geraten immer mehr Unternehmungen in die Verlustzone.

Auch in der konjunkturellen Krise bleibt der Verlustrücktrag — abgesehen wieder von neugegründeten Unternehmungen — ohne Einfluß auf die Wettbewerbssituation. Da er allen Verlustunternehmungen zugänglich ist, kann eine Unternehmung cet. par. niemals infolge des Verlustrücktrages die Krise auf Kosten einer anderen Unternehmung überstehen. Der Rücktrag verlängert die Lebensfähigkeit von Verlustunternehmungen und kann dadurch bewirken, daß eine Reihe von ihnen sich so lange behauptet, bis sie infolge ansteigender Nachfrage wieder in die Gewinnzone geraten. Die Wiederherstellung der Rentabilität geht in diesem Falle allein auf die erhöhte Kapazitätsausnutzung zurück, die durch außerbetriebliche Faktoren bewirkt wird. Sie kann durch innerbetriebliche Rationalisierungsmaßnahmen — z. T. finanziert durch die Steuererstattung des Verlustrücktrages — unterstützt werden. Diese Möglichkeit steht aber allen Verlustunternehmungen gleichmäßig offen, die auch durch den Rücktrag nicht den Gewinnunternehmungen gleichgestellt werden.

Ein Verlustrücktrag wird somit im Falle einer konjunkturellen Krise zwar dazu führen, daß einzelne Unternehmungen, die beim bloßen Verlustvortrag zur Liquidation gezwungen wären, die Krise überstehen, aber dies geschieht nicht auf Kosten der *Existenz* anderer Unternehmungen. Die Gesamtkapazität des Wirtschaftszweiges ist nach Überwindung der Depression allerdings größer als beim Fehlen des Verlustrücktrages, so daß diejenigen Unternehmungen, die die Krise auch ohne Verlustrücktrag überwunden hätten, zwangsläufig gewisse Absatzeinbußen erleiden. Muß man hierin aber eine Beeinträchtigung der selektiven Wirkung der Krise erblicken?

Tendenziell bewirkt der Verlustrücktrag zweifellos eine Abschwächung der Selektionsfunktion. Beck drückt das etwas anders aus, wenn er aus dem Verlustrücktrag eine Fehlleitung von Produktionsfaktoren („misallocation of resources") zu unwirtschaftlichen Unternehmungen ableitet[27]. Die steuerpolitische Beurteilung des Verlustrücktrages wird durch diese Erkenntnis negativ beeinflußt; sie verliert jedoch durch anderweitige Beeinträchtigungen der verkehrswirtschaftlichen Gesetzmäßigkeiten an Gewicht.

Zunächst ist zu berücksichtigen, daß der Verlustrücktrag — vor allem ein zeitlich begrenzter Rücktrag — immer nur eine begrenzte Verlustperiode zu überbrücken vermag, in der es sich erweisen muß, ob die Unternehmung ihre Rentabilität wiedergewinnen kann und auf die Dauer lebensfähig ist. Wesentlicher aber ist die Tatsache — und das bleibt in der isolierten Untersuchung bei Beck unberücksichtigt —, daß auch die Streuung des Produktionsprogrammes in Großunternehmungen Unwirtschaftlichkeiten innerhalb einzelner Produktionsgebiete — d. h. aber volkswirtschaftliche Kapitalfehlleitung — verdeckt und der Einwirkung verkehrswirtschaftlicher Gesetzmäßigkeiten entzieht.

Verluste einzelner Produktionszweige werden in Großunternehmungen und steuerlich anerkannten Unternehmungszusammenschlüssen durch Gewinne anderer Produktionszweige ausgeglichen und damit steuerlich bereits in der Periode der Verlustentstehung berücksichtigt. Kleinere und mittlere Unternehmungen können eine ähnliche innerperiodische Verlustabsicherung zumeist nicht vornehmen. Der Verlustrücktrag würde die Verlustberücksichtigung aber auch bei ihnen in die Periode der Verlustentstehung verlegen und damit einer strukturell bedingten Schlechterstellung der Klein- und Mittelunternehmungen entgegenwirken.

Hiermit kann die tendenzielle Beeinträchtigung der ökonomischen Funktion des Verlustes durch den Verlustrücktrag, die durch eine Be-

---

27 *Beck,* op. cit. p. 241 f. (p. 84).

schränkung des Rücktrages auf Liquidationsverluste im übrigen aufgehoben wird, zwar nicht widerlegt werden. Eine steuerpolitische Entscheidung, die sich bei der Beurteilung bestimmter Gestaltungsformen an den Auswirkungen auf verkehrswirtschaftliche Lenkungsfunktionen orientiert, darf aber derartige — außerhalb der Besteuerung begründete — Beeinträchtigungen dieser Lenkungsfunktionen nicht außer acht lassen.

cc) Der Einfluß auf den Konjunkturverlauf

Die Verlustberücksichtigung sichert — unabhängig von ihrer Form — die steuerliche Wirksamkeit sämtlicher Aufwandselemente und befreit die Unternehmer dadurch von der Notwendigkeit, bei der zeitlichen Verteilung der Ausgaben auch die Sicherung ihrer steuerlichen Wirksamkeit zu beachten[28]. Dadurch übt die Verlustberücksichtigung bereits einen gewissen stabilisierenden Einfluß auf die betriebliche Ausgabenpolitik aus, die für die Verstärkung oder Abschwächung konjunktureller Schwankungen von erheblicher Bedeutung sein kann. Obgleich zu berücksichtigen ist, daß die Ausgabenentscheidungen primär nicht von steuerlichen Erwägungen, sondern von den allgemeinen Erfolgserwartungen abhängen und der Zeitpunkt der Ausgabe nicht mit der Aufwandsrealisation zusammenfällt — gerade bei Anlageinvestitionen weichen der konjunkturell wichtige Auftrags- oder Ausgabezeitpunkt und die Aufwandszeiträume erheblich voneinander ab[29] —, müßte ein Fehlen der Verlustberücksichtigung tendenziell dahin wirken, in Verlustjahren die Ausgaben bereits aus steuerlichen Erwägungen zu drosseln, eine Tendenz, die cet. par. einen wirtschaftlichen Kontraktionsprozeß verstärken würde.

In dieser allgemeinen Wirkung unterscheiden sich Verlustvortrag und -rücktrag nicht. „Either a carry-back or a carry-forward tends to stabilize business expenditures insofar as instability stems from fear that deductions will be wasted[30].“ Ein gewisser Unterschied mag aber darin zu erblicken sein, daß der Rücktrag die größere Sicherheit einer tatsächlichen Verlustberücksichtigung bietet, während der Vortrag die Gefahr zukünftiger Steuerrechtsänderungen in sich birgt. Neben diesem — vorwiegend psychologischen — Moment ergibt sich der wesentlichere Unterschied in der Wirkung von Verlustvortrag und -rücktrag daraus,

---

28 Siehe hierzu und im folgenden *Beck,* op. cit. p. 235 (p. 82 f.).

29 Diese Tatsache hat *Beck* (op. cit.), der den Einfluß der Verlustberücksichtigung auf die zeitliche Ausgabenverteilung besonders für abnutzbare Anlagegegenstände hervorhebt, nicht genügend beachtet. Da sich die Ausgaben für Anlagegegenstände als Aufwand über mehrere Perioden verteilen, ist die Möglichkeit eines steuerlich begründeten „timing“ nur gering, so daß sich die Ausgabenentscheidungen stärker an den allgemeinen wirtschaftlichen Erwartungen orientieren.

30 *Beck,* op. cit. p. 235 (p. 83).

daß die Verlustberücksichtigung in verschiedenartigen konjunkturellen Situationen wirksam wird.

Der Verlust*vortrag* führt zu einer Steuerermäßigung, wenn die Unternehmung wieder Gewinne erzielt, was bei einer allgemeinen Wirtschaftskrise Ausdruck dafür ist, daß der Tiefpunkt überwunden ist und die Wirtschaft sich im Aufschwung befindet. Diese Situation ist im allgemeinen durch positive Erfolgserwartungen und eine steigende Investitionsbereitschaft der Unternehmungen bestimmt. Die durch den Verlustvortrag bewirkte Steuerermäßigung stärkt die Kapitalbasis und Liquidität der Unternehmung und trägt zu einer beschleunigten wirtschaftlichen Expansion bei. Beck sieht hierin eine konjunkturelle Gefahr, wenn der Aufschwung sehr schnell vor sich geht, und die Steuerermäßigungen sich in den ersten Aufschwungsjahren konzentrieren. „The extra cash in the hands of businessmen constitutes an inflationary threat since it may be spent before goods and services are available to satisfy demand[31]."

Der Verlust*rücktrag* wird dagegen noch während der Depression wirksam[32]. Die durch den Rücktrag bewirkte Steuererstattung stärkt die Kapitalbasis und Liquidität der Unternehmung gerade in einer Situation niedriger oder noch rückläufiger wirtschaftlicher Aktivität. Sie kann dazu beitragen, daß die Verlustunternehmungen keine weitere Einschränkung ihrer Geschäftstätigkeit mit den damit verbundenen kontraktiven Wirkungen[33] vorzunehmen brauchen, wozu sie sonst aus Kapitalmangel und Liquiditätsschwierigkeiten gezwungen sein könnten. Beck glaubt auch, daß der Anspruch auf eine Steuererstattung die Kreditwürdigkeit der Unternehmung heben könnte[34], womit ebenfalls einer weiteren Einschränkung der Geschäftstätigkeit entgegengewirkt würde. Voraussetzung hierfür ist allerdings, daß die von den Verlusten betroffenen Unternehmungen lediglich aus Kapital- und Liquiditätserwägungen zu Einschränkungen gezwungen sind, während die zukünftigen Erfolgserwartungen die Aufrechterhaltung oder gar Ausweitung der Geschäftstätigkeit rechtfertigen würden. Eine solche Annahme wird nur bedingt der Wirklichkeit entsprechen. Die Verluste sind bei einer allgemeinen Krise vorwiegend in Preisfall und Absatzschwierigkeiten begründet, die auch ohne Kapitalmangel und Liquiditätsschwierigkeiten eine Produktionseinschränkung gebieten.

---

31 *Beck,* op. cit. p. 237 (p. 83).

32 Voraussetzung ist eine beschleunigte Durchführung des Rücktrages, deren Bedingungen und Möglichkeiten unter dem administrativen Aspekt untersucht werden.

33 Hierzu gehören auch die Sekundärwirkungen auf die Gesamtnachfrage in der Volkswirtschaft, die durch den Beschäftigungsrückgang hervorgerufen werden.

34 *Beck,* op. cit. p. 236 (p. 83).

Das US-Treasury Department weist zutreffend darauf hin, daß ein Rückgang der Investitionstätigkeit in einer Depression nicht so sehr auf einen Mangel an verfügbaren Mitteln als vielmehr auf geringe Erfolgserwartungen zurückzuführen sei[35]. Man wird dem Verlustrücktrag aber kaum einen positiven Einfluß auf die Erfolgserwartungen der Wirtschaftssubjekte beimessen können.

Nach einer Untersuchung von Lutz[36] sind — wie das Treasury Department weiter ausführt — Perioden mit niedriger wirtschaftlicher Aktivität eher durch übermäßige als durch unzureichende betriebliche Liquidität gekennzeichnet; eine Feststellung, welche auch durch die Konjunkturtheorie gestützt wird, die vor allem für die ersten Phasen eines Kontraktionsprozesses eine Zunahme der Liquiditätsneigung annimmt[37]. Sie läßt sich aber nicht generell auf sämtliche Unternehmungen — vor allem nicht auf jede Verlustunternehmung — anwenden. Sofern ein Verlust weitgehend durch Forderungsausfälle hervorgerufen ist, wird sich die Unternehmung in außerordentlichen Liquiditätsschwierigkeiten befinden, die durch den Verlustrücktrag herabgemindert werden.

Ein positiver Anstoß zur *Steigerung* der wirtschaftlichen Aktivität ist damit allerdings nicht verbunden; die konjunkturpolitische Wirkung des Verlustrücktrages beschränkt sich zunächst auf eine tendenzielle Hemmung des Kontraktionsprozesses. In diesem Sinne ist es zu werten, wenn der Verlustrücktrag der Zahlungseinstellung von Unternehmungen entgegenwirkt, durch die Liquiditätsschwierigkeiten auf andere Unternehmungen hinübergreifen und auch bei diesen Einschränkungen erzwingen. Die Steuererstattung, die durch den Verlustrücktrag herbeigeführt wird, ist für die Unternehmungen zusätzliche Kaufkraft, potentielle Nachfrage, die nicht wie beim Verlustvortrag erst im Aufschwung, sondern bereits in der Depression geschaffen wird. Ob sie sogleich realisiert und in wirksame Nachfrage umgesetzt wird, hängt von den Erfolgserwartungen der Unternehmungen ab. Aber selbst wenn sie zunächst in erhöhter Liquidität als Kaufkraft neutralisiert wird, trägt der Verlustrücktrag dazu bei, die — finanziellen — Voraussetzungen für eine Steigerung der wirtschaftlichen Aktivität zu schaffen, wenn eine Belebung der Erfolgserwartungen eintritt.

Wenn die Steuererstattung hier zunächst bewußt als zusätzliche Kaufkraft nur der Verlust-Unternehmungen und nicht der Gesamtwirtschaft bezeichnet wurde, so deutet das bereits darauf hin, daß die positiven konjunkturellen Wirkungen des Verlustrücktrages wesentlich

---

[35] Treasury Department, op. cit. p. 7.

[36] *Lutz,* F. A., Corporate Cash Balances 1914—43, zit. bei Treasury Department, op. cit. p. 7.

[37] *Haberler,* Gottfried, Prosperität und Depression, 2. Aufl. Tübingen 1955, S. 317 ff.

davon abhängigen, daß durch ihn nicht lediglich eine Umverteilung der Kaufkraft herbeigeführt wird.

Das aber wird entscheidend durch die budgetpolitische Grundkonzeption gegenüber Konjunkturschwankungen bestimmt. Die Untersuchung des Einflusses der Verlustberücksichtigung auf die Konjunkturempfindlichkeit des Steueraufkommens, an die wir hier wieder anknüpfen[38], hatte zu dem Ergebnis geführt, daß der Verlustvortrag einen stabilisierenden Einfluß ausübt, während der Verlustrücktrag das Steueraufkommen der Erfolgsentwicklung der Unternehmungen anpaßt und es — soweit es sich um die Erfolgsteuern handelt — cet. par. voll flexibel macht. Welche Konsequenzen ergeben sich hieraus für eine konjunkturpolitisch orientierte Finanzpolitik?

dd) Überperiodische Budgetpolitik als Bedingung konjunktureller Wirksamkeit des Verlustrücktrages

Geht man von dem Prinzip des jährlichen Budgetausgleichs aus und nimmt man die Herstellung des Budgetausgleichs durch Anpassung der Ausgaben an die Einnahmen vor, so führen die beiden Formen der Verlustberücksichtigung cet. par. nur eine Verschiebung in der zeitlichen Aufteilung einer gegebenen Kaufkraftgröße zwischen den Unternehmungen und dem Staat herbei, ohne die Gesamtkaufkraft einer Periode zu verändern.

Konjunkturelle Wirkungen kann die Kaufkraftverlagerung zwischen Staat und Wirtschaft nur dann hervorrufen, wenn der Wirkungsgrad staatlicher oder privatwirtschaftlicher Ausgaben unterschiedlich groß ist. Eine generelle Aussage darüber läßt sich nicht treffen, da der Wirkungsgrad aktiver Nachfrage u. a. davon abhängt, auf welcher volkswirtschaftlichen Stufe (Konsumnähe oder -ferne) sie auftritt. Gegen die Annahme eines höheren Wirkungsgrades der Kaufkraft in den Händen privater Wirtschaftssubjekte während einer Depression und damit gegen eine positive konjunkturelle Wirkung des Verlustrücktrages spricht — unter den gesetzten Praemissen — die Tatsache, daß die Kaufkraft der Unternehmungen bei niedrigen Gewinnerwartungen nur latente Nachfrage darstellt, während die Ausgabetätigkeit des Staates keinen einzelwirtschaftlichen Rentabilitätsüberlegungen unterliegt.

Der bisherigen Darstellung lag die Annahme eines ganz bestimmten budgetpolitischen Verhaltens des Staates zugrunde, nämlich des jährlichen Budgetausgleichs, der auch bei konjunkturell bedingten Aufkommensschwankungen durch Anpassung der Staatsausgaben herbeigeführt wird. Da die Staatsausgaben eine gewisse Starrheit besitzen, die wiederum eine weitgehende Steueraufkommensstabilität wünschens-

[38] Siehe S. 121 ff.

wert macht, muß der Verlustrücktrag Verfechtern des jährlichen Haushaltsgleichgewichtes als unzweckmäßig und schädlich erscheinen.

In der Tat setzt der tendenziell antizyklische Einfluß des Verlustrückträges auf den Konjunkturverlauf, der oben beschrieben wurde und der das stärksten Argument für eine Empfehlung des Verlustrücktrages darstellt, ein Abgehen von dem traditionalen Prinzip des jährlichen Budgetausgleiches voraus. Eine konjunkturpolitisch motivierte Einführung des Verlustrücktrages ist nur im Rahmen einer allgemeinen antizyklischen Finanzpolitik sinnvoll, zu der auch die überperiodische Budgetpolitik gehört.

In den Jahrzehnten seit der Weltwirtschaftskrise ist die Erkenntnis gewachsen[39], daß eine starre Finanzpolitik, die an einem jährlichen Haushaltsausgleich festhält, die konjunkturellen Schwankungen verschärft, während ein überperiodischer Budgetausgleich der staatlichen Wirtschaftspolitik den Spielraum gewährt, dessen sie zur Erfüllung ihrer konjunkturpolitischen Aufgaben bedarf. Vertreter der überperiodischen Budgetpolitik sehen in den deckungspolitischen Maßnahmen wesentliche Instrumente aktiver Konjunkturbeeinflussung[40]. Die Nützlichkeit des Haushaltsgleichgewichtes wird auch von ihnen mit wenigen Ausnahmen anerkannt, um eine Maßlosigkeit staatlicher Ausgabengebarung zu verhindern; der Budgetausgleich wird aber entsprechend den Erfordernissen der konjunkturellen Situation kurzfristig zugunsten von Haushaltsdefiziten oder -überschüssen aufgegeben.

Die Methoden überperiodischer Budgetpolitik sind vielfältig und in ihrem Umfang bei den verschiedenen Auffassungen nuanciert[41]. Im Vordergrund steht die flexible Gestaltung der Besteuerung, d. h. der Staatseinnahmen, da die Ausgaben wegen ihrer sachlichen Notwendigkeit einer konjunkturbedingten Anpassung oft nur schwer zugänglich sind.

Die Einführung des Verlustrücktrages würde die „built-in flexibility" der Erfolgsteuern erheblich verstärken. Im Unterschied zu anderen Gestaltungsmitteln system-immanenter Flexibilität, die sich in der Depression in einer einzelwirtschaftlichen Steuerbelastungsminderung und einer gesamtwirtschaftlichen Steuerertragsminderung erschöpfen, bewirkt der Verlustrücktrag neben der gesamtwirtschaftlichen Reduktion des Steueraufkommens eine echte Kaufkraftverstärkung für die betroffenen Unternehmungen.

Der Vorteil der built-in flexibility liegt in ihrer automatischen Wirksamkeit, die durch keine verfahrensmäßigen Probleme parlamentarischer

---

39 *Zweifel,* Fridolin, Förderung und Lenkung industrieller Produktion, a. a. O. S. 302 ff., sowie die dort angegebene Literatur.

40 *Neumark,* Fritz, Grundsätze und Arten der Haushaltsführung und Finanzbedarfsdeckung, a. a. O. S. 635.

41 Siehe hierzu *Neumark,* a. a. O. S. 634 ff.

Gesetzgebung verzögert wird[42]. Dennoch sehen Vertreter überperiodischer Budgetpolitik in ihr nur einen ersten Schritt, gewissermaßen das Minimum stabilisierender Haushaltspolitik, die aber nur eine begrenzte Wirkung zu erzielen imstande ist „und daher durch eine (nicht-automatische) Beweglichkeit der Steuerpolitik ergänzt werden muß“[43]. Es bleibt daher zu prüfen, ob die positiven konjunkturellen Wirkungen des Verlustrücktrages durch eine nur befristete Zulassung in bestimmten konjunkturellen Situationen gesteigert werden kann, wobei wir es dahingestellt sein lassen, ob die Suspendierung und Wiedereinführung des Verlustrücktrages in das Ermessen der Exekutive gestellt oder an bestimmte Indices gebunden und damit in gewisser Weise „automatisiert“ werden soll[44].

Es muß aber vorausgeschickt werden, daß eine derartige zeitliche Variation in der Form der Verlustberücksichtigung ausschließlich konjunkturpolitische Zwecke verfolgt und nicht darauf gerichtet ist, den — in dem folgenden Abschnitt zu behandelnden — administrativen Schwierigkeiten und Bedenken gegen den Verlustrücktrag zu begegnen. Administrativ dürfte eine nur auf die Depressionsphase befristete Zulassung des Verlustrücktrages kaum interessant sein, da im Aufschwung und in der Hochkonjunktur die Zahl der Verlustfälle gering ist und Neuveranlagungen auf Grund des Verlustrücktrages nur sehr selten vorzunehmen sein werden. Die nur geringe Arbeitsersparnis bei einer temporären Suspendierung des Rücktrages würde aber mehr als aufgewogen durch die administrativen Nachteile, die mit einem mehrfachen Wechsel im System der Verlustberücksichtigung hervorgerufen werden. Der entscheidende Gesichtspunkt für die Beurteilung einer zeitlichen Variation in der Form der Verlustberücksichtigung ist daher ihr Einfluß auf den Konjunkturverlauf.

Die zeitliche Variation in der Form der Verlustberücksichtigung muß, wenn sie eine gesteigerte Flexibilität des Steueraufkommens über die durch permanente Geltung des Rücktrages bewirkte built-in flexibility hinaus herbeiführen soll, die Verlustberücksichtigung in der Phase des Konjunkturrückganges konzentrieren. Ist das aber durch eine temporäre Suspendierung des Verlustrücktrages zu erreichen? Diese Frage muß verneint werden.

Der Verlustrücktrag setzt die Existenz von Gewinnen in den dem Verlustjahr vorangehenden Jahren voraus. Das bedeutet aber, daß Unternehmungen, die auch nach der allgemeinen Depression noch im Aufschwung Verluste erleiden, einen Verlustrücktrag — vor allem bei der zeitlichen Begrenzung des Rücktragszeitraumes, wie sie aus admi-

42 Siehe hierzu *Neumark*, a. a. O. S. 630, 645 f.

43 *Neumark*, a. a. O. S. 647.

44 Zu den verschiedenen Formen „nicht-automatischer Beweglichkeit“ siehe *Neumark*, a. a. O. S. 630.

nistrativen Gründen erforderlich ist — ohnehin nicht vornehmen können. Erzielen die Unternehmungen aber Gewinne, so steht ihnen für die noch nicht berücksichtigten Verluste der Depression nur der Verlustvortrag offen. Ein Auftreten von Verlusten in der Phase des konjunkturell gefährlichen Hochschwungs, die durch einen Rücktrag gegen vorangegangene Gewinne ausgeglichen werden könnten und deren Einfrieren bis zum konjunkturellen Rückgang durch eine temporäre Suspendierung des Verlustrücktrages erreicht werden könnte, ist aber in gesamtwirtschaftlich relevantem Umfang kaum vorstellbar.

Die temporäre Suspendierung des Verlustrücktrages ist daher kein geeignetes Mittel, die Flexibilität der Erfolgsteuern zu verstärken. Die konjunkturpolitisch wünschenswerte Konzentration der Verlustberücksichtigung des ganzen Konjunkturzyklus in der Depression könnte im Gegenteil nur durch eine temporäre Suspendierung des Verlust*vor*trages in den letzten Phasen des Aufschwungs erreicht werden. Soweit Verluste wegen der zeitlichen Begrenzung des Rücktrages in der Depression nicht vollständig ausgeglichen werden konnten, tritt für sie im Aufschwung der Verlustvortrag ein. Dieser könnte nun bei fortschreitendem Aufschwung suspendiert werden — was praktisch einer Suspendierung der Verlustberücksichtigung überhaupt gleichkäme, da ein Rücktrag mangels früherer Gewinne innerhalb des Ausgleichszeitraumes auch nicht möglich ist — und würde erst mit dem Beginn des Konjunkturrückganges wieder zugelassen. Der Ablauf der Ausgleichsfrist müßte bei einer derartigen Gestaltung der Verlustberücksichtigung selbstverständlich gehemmt werden. Die nachträgliche Durchführung des Verlustvortrages würde in zunehmendem Maße mit dem Rücktrag der in der Krise neu auftretenden Verluste zusammenfallen und würde die Wirkung der Verlustberücksichtigung zweifellos verstärken. Es liegt aber auf der Hand, daß die Rechtssicherheit durch eine derartige Handhabung stark beeinträchtigt wird, wodurch ungünstige psychologische Wirkungen hervorgerufen werden.

Die *wirtschaftstheoretische und -politische Betrachtung* führt damit zu dem *Ergebnis,* daß Verlustvortrag und -rücktrag unterschiedliche Wirkungen hervorrufen, die dadurch bedingt sind, daß die steuerliche Verlustberücksichtigung in verschiedenartigen konjunkturellen Situationen wirksam wird. Grundlage ist die Stärkung der betrieblichen Kapitalbasis und Liquidität, die durch Vor- und Rücktrag herbeigeführt wird. Der Rücktrag übt positive konjunkturelle Wirkungen aus, indem die Steuererstattung in der Depression zur Hemmung des Kontraktionsprozesses beiträgt, ohne jedoch einen Anstoß zur Überwindung der Depression geben zu können. Dem steht die tendenzielle Gefahr einer Kapitalfehlleitung zu unwirtschaftlichen Unternehmungen, d. h. einer Beeinträchtigung der selektiven Wirkung einer Krise und der wettbewerbspolitischen Benachteiligung neugegründeter Unternehmungen gegenüber. Diese Gefahr kann nur durch eine Begrenzung des Verlustrücktrages auf Liquidationsverluste völlig gebannt werden. Eine staatliche Finanz- und Steuerpolitik, die eine Stabilisierung der Konjunkturentwicklung anstrebt, gerät hier in einen gewissen Konflikt mit einer Politik, die auf eine uneingeschränkte Verwirklichung verkehrswirtschaftlicher Gesetzmäßigkeiten gerichtet ist. Die positiven konjunkturellen Wirkungen des Verlustrücktrages setzen ein Abgehen von dem traditionalen Prinzip des jährlichen Budgetausgleichs voraus und erfordern eine überperiodische Budgetpolitik. Eine temporäre Suspendierung des Verlustrücktrages in einzelnen Phasen des Konjunkturzyklus ist jedoch nicht geeignet, die Flexibilität des Steueraufkommens zu steigern.

d) Administrative Beurteilung

Die verwaltungstechnische Beurteilung hat in der bisherigen Diskussion über die Form der Verlustberücksichtigung eine beachtliche Rolle gespielt — mit Recht, da die Wirkung einer steuerpolitischen Maßnahme weitgehend von ihrer verwaltungstechnischen Durchführung abhängt. Der administrative Aspekt spricht dabei eindeutig zugunsten des Verlustvortrages, und der Verlustrücktrag wird häufig schon wegen der mit ihm verbundenen verwaltungsmäßigen Schwierigkeiten und Mehrarbeit abgelehnt. Die administrativ fundierte Kritik des Verlustrücktrages beschränkt sich aber in ihrer Begründung mit wenigen Ausnahmen[45] auf kurze Andeutungen, ohne die verwaltungsmäßigen Bedingungen für die Form der Verlustberücksichtigung näher zu untersuchen.

α) Die verwaltungstechnischen Erfordernisse des Verlustvortrages und -rücktrages

Beim Verlust*vortrag* kann die Verlustberücksichtigung in die aufeinander folgenden Veranlagungen eingebaut werden, ohne daß ein besonderer Verwaltungsakt oder nennenswerte verwaltungsmäßige Mehrarbeit erforderlich sind. Der berücksichtigungsfähige Verlust eines Jahres ist bei der Veranlagung des oder der Folgejahre einer von verschiedenen Abzugsposten zur Ermittlung des steuerpflichtigen Einkommens, die in der Steuererklärung erscheinen. Im Gegensatz zu einer Erfolgsbesteuerung ohne Verlustberücksichtigung kann die Finanzverwaltung Jahre mit negativem Ergebnis allerdings nicht völlig ignorieren. Wenn man aber bedenkt, daß ein positives Periodenergebnis in jedem Falle einen Verwaltungsakt auslöst, kann keine Rede davon sein, daß die Verlustberücksichtigung an sich schon eine administrative Mehrarbeit bedingt. Ob die Höhe des berücksichtigungsfähigen Ver-

---

[45] Treasury Department, op. cit. pp. 3 f., 7 f.

lustes beim Verlustvortrag bereits im Verlustjahr amtlich festgestellt wird oder formal nur eine Freiveranlagung erfolgt, während die Ermittlung des berücksichtigungsfähigen Verlustes Teil der Besteuerungsgrundlagen im Anrechnungsjahr ist, bleibt für den Umfang der erforderlichen Verwaltungsarbeit unerheblich und ist nur für das Rechtsmittelverfahren bedeutsam[46].

Bei dem Verlust*rücktrag* muß der berücksichtigungsfähige Verlust stets bereits im Veranlagungsverfahren für das Verlustjahr festgestellt und — was entscheidend ist — die Veranlagung eines oder mehrerer Vorjahre aufgerollt und neu durchgeführt werden. Diese Wiederaufnahme bereits abgeschlossener Veranlagungen bedingt naturgemäß administrative Mehrarbeit, die mit der Länge des Rücktragszeitraumes wächst. Wenn der Rücktrag in der Form durchgeführt werden könnte, daß der berücksichtigungsfähige Verlust einfach vom steuerpflichtigen Einkommen der Vorjahre abgezogen und die Steuer für den berichtigten Erfolg neu berechnet wird, wäre die verwaltungsmäßige Mehrarbeit nicht allzu hoch einzuschätzen. Da aber — vor allem bei der Einkommensteuer — verschiedene Abzugsposten erst nach der Verlustberücksichtigung abgezogen werden können[47], sind weitergehende Berechnungen notwendig, die noch kompliziert werden, wenn bestimmte Abzugsposten in ihrer Höhe am steuerbaren Erfolg gemessen werden[48].

Diese verwaltungsmäßige Mehrbelastung zwingt zu einer zeitlichen Begrenzung des Rücktragszeitraumes, die auch dadurch gestützt wird, daß ein Verlustrücktrag auf weit zurückliegende Jahre eine wiederholte Einarbeitung in inzwischen überholte steuerrechtliche Normen und Tatbestände erfordert. Ihr ist jedoch keine so große Bedeutung beizumessen, daß sie eine völlige Ablehnung des Rücktrages begründen könnte. Vielmehr muß berücksichtigt werden, daß die Finanzverwaltung durch den Verlustrücktrag von anderen Anforderungen entlastet wird. So weisen die Spitzenverbände der Wirtschaft zutreffend darauf hin, daß die Verwaltung bei einem Fehlen der Verlustberücksichtigung ohnehin „durch Bearbeitung von Stundungs- und Erlaßanträgen [für Abschlußzahlungen des letzten Gewinnjahres] stark in Anspruch genommen wird"[49].

---

[46] Nach dem deutschen Verfahrensrecht kann ein Steuerbescheid nur deswegen angefochten werden, weil sich der Steuerpflichtige durch die Höhe der festgesetzten Steuer oder die Bejahung der Steuerpflicht beschwert fühlt (§ 232 Abs. 1 AO). Das bedeutet, daß der berücksichtigungsfähige Verlust — außer bei Personengesellschaften — im Verlustjahr nicht amtlich festgestellt werden kann. Siehe hierzu *Vangerow,* StW 1954, Sp. 611—13, sowie *Blümich-Falk,* Einkommensteuergesetz 7. Aufl., S. 627.

[47] Siehe S. 62 ff. u. S. 154 ff.

[48] Hierzu gehören vor allem die nach § 10 b EStG bzw. § 11 Ziff. 5 KStG abzugsfähigen Ausgaben für bestimmte steuerbegünstigte Zwecke.

[49] Deutscher Industrie- und Handelstag, a. a. O. S. 5.

β) Möglichkeiten eines beschleunigten Verlustrücktrages

Die positiven Wirkungen des Verlustrücktrages hängen entscheidend von der Schnelligkeit seiner Durchführung ab. Zutreffend bemerkt Kimmel, daß der Verlustrücktrag „loses its significance if refunds are not paid promptly“[50].

Das normale Veranlagungsverfahren hinkt erheblich hinter der Erfolgsentwicklung her, und es bedarf eines nicht immer einfachen Systems von Vorauszahlungen, um die Steuerzahlung einigermaßen der Gewinnentwicklung anzupassen. Die Verlustberücksichtigung und vor allem der Verlustrücktrag schaffen hier besondere Probleme. Die Unternehmungen haben während eines Verlustjahres zumeist noch Abschlußzahlungen für das vergangene (Gewinn-)Jahr — und häufig außerdem Vorauszahlungen, die nach dem Ergebnis der Vorjahre festgesetzt sind — zu leisten. Eine Steuer*erstattung* auf Grund des Verlustrücktrages kann naturgemäß erst nach der Feststellung des genauen Jahresergebnisses vorgenommen werden. Die Unternehmungen besitzen nur eine sehr begrenzte Einflußmöglichkeit auf die Schnelligkeit der Erstattung, indem sie die Abschlußarbeiten beschleunigen und die Steuererklärungen vorzeitig einreichen. Da die Erfolgsermittlung und das anschließende Veranlagungs- und Erstattungsverfahren aber eine gewisse Zeit beanspruchen, kann innerhalb des normalen Veranlagungsverfahrens mit einer Steuererstattung frühestens 6—12 Monate nach dem Ende des Verlustjahres gerechnet werden.

Eine gewisse Beschleunigung der Erstattung ist durch eine Verpflichtung der Finanzverwaltung möglich, Steuererklärungen mit einem Antrag auf Verlustrücktrag innerhalb einer kurz zu bemessenden Frist[51] und vorrangig vor den übrigen Veranlagungen[52] zu bearbeiten. Eine entscheidende Zeitverkürzung wird aber auch dadurch nicht zu gewinnen sein, die Verlustberücksichtigung würde dem Verlustjahr immer noch um sechs Monate und mehr nachhinken.

Eine vorläufige Erstattung bereits im Verlustjahr, die sich auf einen Antrag von Unternehmungen, die einen Verlust *erwarten,* stützen könnte, erscheint nicht akzeptabel, da sie in größerem Umfang die Gefahr unkontrollierbarer und mißbräuchlicher Kreditgewährungen durch den Fiskus in sich birgt. Eine Steuererstattung sollte stets nur auf den endgültigen Abschlußunterlagen beruhen.

Weitere Versuche, den Verlustrücktrag zu beschleunigen, müssen daher an die Abschlußzahlungen anknüpfen, die noch während des Ver-

---

50 *Kimmel,* Lewis H., Taxes and Economic Incentives, Washington 1950, p. 117.

51 In den USA beträgt die entsprechende Frist 90 Tage.

52 Der Aufschub der Gewinnveranlagungen und der mit ihnen verbundenen Abschlußzahlungen verstärkt die Flexibilität des Steueraufkommens.

lustjahres zu leisten sind. Hier sollte dem amerikanischen Beispiel[53] gefolgt werden, demzufolge einer Unternehmung, die einen Verlust erwartet, auf Antrag die Abschlußzahlung für das Vorjahr bis zu dem Termin der Steuererklärung für das — voraussichtliche — Verlustjahr gestundet werden kann[54]. Die Wirkung des Verlustrücktrages tritt in diesem Falle — je nach der Höhe der Abschlußzahlung ganz oder teilweise — bereits während des Verlustjahres ein. Die Gefahr von Mißbräuchen — Stundungsanträge, ohne daß ernstlich mit einem Verlust gerechnet wird — muß im Interesse der konjunkturpolitischen Zielsetzung in Kauf genommen werden, da ihr kaum wirksam begegnet werden kann. Die Einführung eines Zinses auf einen mißbräuchlich erlangten Steuerkredit verbietet sich, da die Grenze zwischen berechtigter und mißbräuchlicher Steuerstundung nur schwer zu ziehen ist und die Finanzverwaltung auch sonst in freiem Ermessen Stundungen ohne Zinsberechnung gewährt.

γ) Keine Komplizierung des Finanzausgleichs durch den Verlustrücktrag

Der wissenschaftliche Beirat des Bundesfinanzministeriums[55] hatte gegen den Verlustrücktrag auch finanzausgleichspolitische Bedenken geäußert. Es bleibt jedoch unklar, worin derartige Schwierigkeiten zu erblicken sein sollen.

Die Erfolgsteuern wurden in den zurückliegenden Jahren nach mehrfach wechselnden Anteilssätzen zwischen Bund und Ländern aufgeteilt. Eine Änderung der Anteilssätze könnte Schwierigkeiten bei der Durchführung des Finanzausgleichs hervorrufen, wenn die durch den Verlustrücktrag bewirkten Steuererstattungen nicht nach den Anteilssätzen des laufenden Erstattungsjahres sondern nach den u. U. abweichenden Sätzen des zurückliegenden Gewinnjahres aufgeteilt werden.

Die haushaltsmäßige Behandlung von Steuereinnahmen folgt aber ebenso wie die auch ohne Verlustrücktrag bestehenden Erstattungen — z. B. Lohnsteuerjahresausgleich, Erstattung von Steuerüberzahlungen — dem Kassenprinzip[56]: Die Steuereingänge werden ohne Rücksicht auf das Jahr, dem sie veranlagungsmäßig zuzuordnen sind, als Einnahmen des Jahres behandelt und in den Finanzausgleich einbezogen, in dem sie den Finanzkassen zufließen; Steuererstattungen werden in gleicher Weise ohne Rücksicht auf das zugehörige Steuerjahr mit den

[53] Siehe S. 99 sowie *Shoup*, Taxation and Fiscal Policy, op. cit. p. 284 f.

[54] Das amerikanische System der Selbstveranlagung, in dem Voraus- und Abschlußzahlungen nach den Selbsteinschätzungen und Steuererklärungen der Steuerpflichtigen zu leisten sind, führt zu einer sehr starken Annäherung der Steuerzahlung an die Erfolgsentwicklung. Bei einer Steuererstattung ist — auch bei dem „Pay-as-you-go“-System — stets ein Verwaltungsakt erforderlich, der zwangsläufig eine gewisse Verzögerung der Steuererstattung mit sich bringt.

[55] Organische Steuerreform, a. a. O. S. 32 f.

[56] § 68 Abs. 1 Reichshaushaltsordnung.

laufenden Steuereingängen saldiert. Da sich Erstattungen auf Grund des Verlustrücktrages kassen- und haushaltsmäßig von den übrigen Erstattungen nicht unterscheiden und wie diese mit den laufenden Eingängen zu saldieren wären, können sich finanzausgleichspolitische oder besser -technische Schwierigkeiten durch den Verlustrücktrag nicht ergeben und stehen seiner Einführung daher nicht entgegen.

δ) Verlustrücktrag und Rechtskraft früherer Veranlagungen

Beachtung bei der Gestaltung des Verlustrücktrages erfordert das Problem der Rechtskraft und Anfechtbarkeit von Veranlagungen, die durch einen Rücktrag wieder aufgerollt werden. Die Rechtskraft von Veranlagungen, die noch innerhalb des Rücktragszeitraumes liegen, braucht durch die Möglichkeit eines späteren Rücktrages keineswegs gehemmt zu werden, wie das amerikanische Treasury Department anzunehmen scheint[57]. Sie muß im Gegenteil den normalen Rechtsmittel- und Verjährungsfristen unterliegen. Ein späterer Verlustrücktrag korrigiert zwar die Steuerschuld des zurückliegenden Jahres; er läßt aber die Erfolgsermittlung des Gewinnjahres im einzelnen unberührt und darf daher — wie gesetzlich geregelt werden müßte — die Rechtskraft der Veranlagung, soweit sie sich auf die Besteuerungstatbestände des Gewinnjahres bezieht, nicht wieder aufheben.

Eine Anfechtung des Verlustrücktrages, wie er von der Finanzverwaltung durchgeführt worden ist, kann sich nur gegen die Art der Durchführung richten, niemals aber gleichzeitig auch auf Tatbestände zurückgreifen, die bereits der ursprünglichen Veranlagung zugrundegelegen haben. Es würde einen Verstoß gegen die Gleichmäßigkeit der Besteuerung bedeuten und die Rechtssicherheit gefährden, wenn durch den Verlustrücktrag bereits rechtskräftig gewordene Einzelfragen wieder in Frage gestellt werden könnten.

III. Sonderprobleme der Form der Verlustberücksichtigung bei der Einkommensteuer natürlicher Personen

Die Zusammenfassung von ökonomisch ungleichartigen Erträgen als steuerpflichtiges Einkommen einer Person und die Einbeziehung von Faktoren der persönlichen Sphäre des Steuerpflichtigen in die Besteuerung führen zu einer Komplizierung der Einkommensteuer gegenüber der Körperschaftsteuer, die sich auch bei der Form der Verlustberücksichtigung auswirkt. Die Sonderprobleme, die sich bei der Gestaltung der Verlustberücksichtigung im Rahmen der Einkommensteuer natürlicher Personen ergeben, betreffen einerseits die Richtung des zwischenperiodischen Verlustübertrages und andererseits die sachlichen

[57] Business Loss Offsets, op. cit. p. 7.

Beziehungen zwischen dem berücksichtigungsfähigen Verlust und dem ausgleichenden Gewinn.

1. Die Richtung des zwischenperiodischen Verlustübertrages bei der Einkommensteuer

Ebenso wie bei der Körperschaftsteuer steht die Frage nach der Richtung des zwischenperiodischen Verlustübertrages auch bei der Einkommensteuer im Vordergrund. Für die Entscheidung zwischen reinem Verlustvortrag oder einer Kombination von Vortrag und Rücktrag ist hier neben den Grundsätzen, die bereits bei der isolierten Unternehmungsbesteuerung bestimmend waren, zweierlei zu beachten:

1. Die wirtschaftlichen Wirkungen des Verlustrücktrages werden bei der Einkommensteuer teilweise bereits durch einen innerperiodischen Verlustausgleich erzielt.

2. Eine Berücksichtigung von Liquidationsverlusten — auch hier im weiteren Sinne als Verluste bzw. Verlustreste bei der Aufgabe eines Gewerbebetriebes verstanden — ist im Gegensatz zur Körperschaftsteuer nicht nur durch den Verlustrücktrag möglich, sondern kann in vielen Fällen auch durch den innerperiodischen Verlustausgleich oder den Verlustvortrag erreicht werden.

Es ist daher zu prüfen, ob diese beiden Momente die wirtschaftspolitische Bedeutung des Verlustrücktrages bei der Einkommensteuer mindern und die — vor allem administrativ fundierten — Bedenken gegen den Verlustrücktrag bei der Entscheidung über die Form der Verlustberücksichtigung ausschlaggebendes Gewicht gewinnen lassen.

a) Gleiche wirtschaftliche Wirkung von Verlustausgleich und Verlustrücktrag

Im innerperiodischen Verlustausgleich erfolgt die Berücksichtigung des gewerblichen Verlustes bereits bei der Veranlagung des Verlustjahres, d. h. zu dem gleichen Zeitpunkt, in dem der Verlustrücktrag wirksam werden würde. Man kann sich den innerperiodischen Verlustausgleich so vorstellen, daß von den positiven Einkünften Steuern erhoben und diese für den gewerblichen Verlust sogleich wieder erstattet werden. In der Wirkung besteht hier gegenüber dem Verlustrücktrag kein Unterschied; für die einzel- und gesamtwirtschaftliche Wirkung ist allein entscheidend, daß die Kaufkraft, die dem Steuerpflichtigen „an sich“ auf Grund der positiven Ergebnisse der nicht-gewerblichen Einkunftsarten entzogen würde, ihm infolge des innerperiodischen Verlustausgleiches erhalten bleibt.

Kann hieraus — insbesondere angesichts der Bedeutung, die dem gesamtwirtschaftlichen Aspekt für die positive Beurteilung des Verlustrücktrages beigemessen worden ist — gefolgert werden, daß ein

Verlustrücktrag bei der Einkommensteuer keine wesentliche Bedeutung mehr besitzt und auf ihn verzichtet werden könnte? Diese Frage muß verneint werden.

Die Voraussetzung für den innerperiodischen Verlustausgleich, daß nämlich der Steuerpflichtige neben dem berücksichtigungsfähigen Verlust auch andere positive Einkünfte besitzt, ist nur bei einem Teil der Steuerpflichtigen und bei ihnen oft in unzureichendem Umfang erfüllt, wie die Notwendigkeit zwischenperiodischer Verlustberücksichtigung beweist. Der innerperiodische Verlustausgleich nimmt einen Teil der zwischenperiodischen Verlustberücksichtigung vorweg und reduziert die Summe der vortragsfähigen Verluste; er beeinträchtigt aber in keiner Weise die Möglichkeit und vor allem Wirkung eines Verlustrücktrages auch bei der Einkommensteuer, durch den die Verlustberücksichtigung beschleunigt und das Steueraufkommen auch bei der Einkommensteuer in konjunkturpolitisch erwünschter Weise flexibler gestaltet wird.

b) Die einkommensteuerliche Möglichkeit einer Berücksichtigung von Veräußerungs- und Liquidationsverlusten durch den Verlustvortrag

Während bei der Körperschaftsteuer ein Liquidationsverlust allein durch das Rechtsinstitut des Verlustrücktrages berücksichtigt werden kann und die Einführung des Verlustrücktrages — gegebenenfalls eines auf Liquidationsverluste beschränkten Rücktrages — daher eine aus dem Gedanken der zeitlichen Einheit des Erfolges resultierende Forderung steuerlicher Gleichmäßigkeit und Gerechtigkeit ist, kann der Veräußerungs- und Liquidationsverlust bei der Einkommensteuer auch durch den innerperiodischen Verlustausgleich oder den zwischenperiodischen Verlustvortrag berücksichtigt werden. Letzteres ergibt sich — wie bei der Darstellung des geltenden Rechts gezeigt wurde — daraus, daß auch bei Begrenzung der Verlustberücksichtigung auf bestimmte Einkunftsarten die Qualifikation gewerblicher Einkünfte und der Erfolgsermittlung auf Grund ordnungsmäßiger Buchführung nur für die Zeit der Verlustentstehung, nicht aber auch für die der Verlustanrechnung gefordert wird.

Die Berücksichtigung von Veräußerungs- und Liquidationsverlusten auf dem Wege des Verlustausgleichs oder -vortrages setzt aber voraus, daß der Steuerpflichtige in ausreichendem Umfange positive gewerbliche oder nicht-gewerbliche Einkünfte erzielt; eine Voraussetzung, die wiederum nur bei einem Teil der Steuerpflichtigen gegeben sein wird. Die nur begrenzte Berücksichtigungsmöglichkeit von Liquidations- und Veräußerungsverlusten durch den Verlustausgleich oder -vortrag macht daher den Verlustrücktrag — auch einen auf Liquidationsverluste begrenzten Rücktrag — für die Einkommensteuer keineswegs überflüssig, sondern läßt ihn gerade aus Gründen steuerlicher Gleichmäßigkeit als erforderlich erscheinen.

2. Die sachlichen Beziehungen zwischen berücksichtigungsfähigem Verlust und ausgleichendem Gewinn bei der Einkommensteuer

a) Einkommensteuerliche oder ertragsteuerliche Gestaltung der Verlustberücksichtigung?

Während sich die Frage nach der Form der Verlustberücksichtigung bei der Körperschaftsteuer im wesentlichen in der Alternative reiner Verlustvortrag oder Kombination von Vortrag und Rücktrag erschöpfte, ist das „Formproblem" bei der Einkommensteuer vielschichtiger. Über die Entscheidung: reiner Verlustvortrag oder Mischform hinaus — hierfür gelten nach dem Ergebnis des vorhergehenden Unterabschnittes die gleichen Maßstäbe wie bei der Körperschaftsteuer, so daß im Rahmen dieser Arbeit die Grundentscheidung auch für die Einkommensteuer zugunsten einer Kombination von Verlustvortrag und -rücktrag getroffen ist — sind die sachlichen Beziehungen zwischen berücksichtigungsfähigem Verlust und ausgleichendem Gewinn zu fixieren, für die im Gegensatz zur Körperschaftsteuer verschiedene Möglichkeiten offen stehen. Man hat zunächst zwischen einer ertragsteuerlichen und einer einkommensteuerlichen Gestaltung der Verlustberücksichtigung zu unterscheiden.

Bei einer ertragsteuerlichen Gestaltung der Verlustberücksichtigung ist der Ausgleich von Verlusten nur durch Gewinne der gleichen Unternehmung (engere Form) oder durch Gewinne anderer Unternehmungen des gleichen Steuerpflichtigen (weitere Form) möglich. In jedem Falle bleiben die Beziehungen zwischen Gewinn und Verlust auf gewerbliche Einkünfte begrenzt und greifen nicht auf andere Ertragsquellen über.

Bei der einkommensteuerlichen Konzeption der Verlustberücksichtigung wird auf die Artgleichkeit der positiven zum Ausgleich dienenden Einkünfte mit den berücksichtigungsfähigen Verlusten verzichtet; ein gewerblicher Verlust kann durch positive Einkünfte jeder Einkunftsart ausgeglichen werden.

Für die Gestaltung der Verlustberücksichtigung bei der Einkommensteuer stehen beide Formen offen, und die Darstellung des geltenden Rechts hat bereits gezeigt, daß in den einzelnen Ländern unterschiedliche Wege beschritten worden sind, wenn auch die ertragsteuerliche Form der Verlustberücksichtigung in den untersuchten Ländern nirgends rein verwirklicht worden ist.

Seit der Einführung des Verlustvortrages in Deutschland sind verschiedentlich — zuerst in der Denkschrift des RdF[58] — die möglichen Formen der Verlustberücksichtigung untersucht worden. Dabei handelte es sich aber zumeist um Zusammenstellungen der verschiedenen tech-

---

58 Denkschrift, a. a. O. S. 114.

nisch bestehenden Möglichkeiten, ohne daß diese systematisiert und auf theoretisch fundierte Grundformen zurückgeführt wurden. Insbesondere fehlt eine ausdrückliche Herausarbeitung der beiden Grundkonzeptionen einer ertragsteuerlichen oder einkommensteuerlichen Gestaltung der Verlustberücksichtigung und ihre Gegenüberstellung als echte Alternativen.

Bei finanztheoretischer Betrachtung der Einkommensbesteuerung, die von der sachlichen Einheit des Einkommens ausgeht und daher konsequent zum Verlustausgleich zwischen den verschiedenen Einkunftsarten gelangt[59], muß die ertragsteuerliche Gestaltung der Verlustberücksichtigung als Fremdkörper erscheinen. Auch Wölkers Ablehnung der in einem RFH-Urteil[60] angedeuteten theoretischen Möglichkeit eines auf die Einkünfte aus der gleichen ökonomischen Quelle begrenzten Verlustvortrages stützt sich auf die „Theorie des geltenden Einkommensteuerrechts, wonach als Ausdruck steuerlicher Leistungsfähigkeit das Gesamteinkommen gilt . . .“[61]. Dennoch sollten nicht allein finanztheoretische Betrachtungen für die wissenschaftliche Beurteilung der Verlustberücksichtigung maßgebend sein.

Eine Begrenzung der Verlustberücksichtigung auf den Kreis der gewerblichen Einkünfte, worunter hier nicht der Ausschluß nicht-gewerblicher Verluste von der Verlustberücksichtigung sondern die Begrenzung der aktiven Ausgleichsfähigkeit auf gewerbliche Gewinne verstanden wird, mag auf den ersten Blick als eine Beschränkung der Verlustberücksichtigung erscheinen. Sie muß das aber nicht in allen Fällen sein, sondern kann der erhöhten einzelwirtschaftlichen Wirksamkeit der Verlustberücksichtigung dienen.

Bei der progressiven Einkommensteuer ist die steuerliche Belastung der einzelnen Einkommensstufen gestaffelt; sie ist bei den obersten Stufen am höchsten, während die untersten Stufen — in einer durch die verschiedenen Arten von Freibeträgen bestimmten Breite — unbelastet bleiben. Die einzelwirtschaftliche Wirkung der Verlustberücksichtigung — gemessen an der absoluten Steuerersparnis — ist um so größer, je höher die durch die Verlustberücksichtigung entlasteten Einkommensstufen in die Progression hineinragen.

Die einkommensteuerliche Gestaltung der Verlustberücksichtigung zieht sämtliche positiven Einkünfte zum Ausgleich des Verlustes heran und bewirkt dadurch bei wachsender Höhe des berücksichtigungsfähigen Verlustes und sinkender Höhe der positiven Einkünfte einen Rückgang im Wirkungsgrad der Verlustberücksichtigung. Da die Sonderausgaben und Freibeträge bei Verwirklichung einer finanztheoretischen Postu-

59 *Neumark,* Theorie und Praxis, a. a. O. S. 29 f.
60 RFH-Urteil VI A 1268/30 vom 8. 8. 1930.
61 *Wölker,* Der Verlustvortrag, a. a. O. S. 52.

laten entsprechenden Einkommensteuer erst nach der Verlustberücksichtigung abgezogen werden können, bleiben in vielen Fällen Verlustteile ohne steuerliche Auswirkung, wenn sie durch ohnehin steuerlich unbelastete Einkommensstufen ausgeglichen werden.

Der Vorteil ertragsteuerlicher Gestaltung der Verlustberücksichtigung liegt, wie die Darstellung der Verlustberücksichtigung im britischen Steuerrecht gezeigt hat, darin, daß die Sonderausgaben und Freibeträge stets bis zur Höhe der nicht-gewerblichen Einkünfte ausgenutzt werden können und dadurch die Gefahr ihrer steuerlichen Wirkungslosigkeit herabgemindert wird. Da die hierzu erforderliche Voraussetzung, daß der zur Verlustberücksichtigung berechtigte Steuerpflichtige auch über nicht-gewerbliche Einkünfte verfügen muß, häufig nicht oder nicht in ausreichendem Maße erfüllt ist, bleibt die Frage der ertragsteuerlichen Gestaltung der Verlustberücksichtigung allerdings nur für einen Teil der Steuerpflichtigen mit gewerblichen Verlusten von Bedeutung.

Die Wirkung ertragsteuerlicher Gestaltung kann man sich bildhaft so vorstellen: Die positiven gewerblichen Einkünfte stellen die obersten Stufen der Einkommenssäule dar und unterliegen mithin der höchsten steuerlichen Stufenbelastung im Rahmen der Gesamtbelastung des Einkommens. Die Verlustberücksichtigung beseitigt nun lediglich die Steuerbelastung der obersten gewerblichen Einkommensstufen, sie erstreckt sich u. U. über mehrere Jahre und führt dadurch eine Nivellierung des steuerlichen Einkommens herbei, die für den Steuerpflichtigen durch die Abschwächung der Progression in einer relativ höheren Steuerersparnis resultiert. Dem dadurch erreichten erhöhten Wirkungsgrad der Verlustberücksichtigung steht ein Zinsverlust gegenüber, der durch die zeitliche Verzögerung eines Teiles der Verlustberücksichtigung bewirkt wird. Doch dürfte dieser durch die erhöhte absolute Steuerersparnis im allgemeinen mehr als aufgewogen sein.

Während einzelwirtschaftlich eine ertragsteuerliche Gestaltung der Verlustberücksichtigung besonders bei höheren Einkommen mit erheblichem Anteil nicht-gewerblicher Einkünfte Vorteile bietet, schwächt sie die antizyklische Wirkung der Verlustberücksichtigung in dem Maße ab, wie diese aus der Depression in spätere Jahre verlagert wird. Bei einem mehrjährigen Verlustrücktrag kann zwar auch eine gesteigerte Wirkung erzielt werden, wenn sich der Gesamtbetrag der Erstattung infolge des „Progressionsgewinnes" erhöht. Im allgemeinen wird aber eine ertragsteuerliche Gestaltung die Verlustberücksichtigung über einen längeren Zeitraum verteilen, da der Rücktrag notwendig zeitlich begrenzt ist, und die Steuerentlastung damit zunehmend in spätere Phasen des Aufschwungs verlagern, in denen sie konjunkturpolitisch an Wert verlieren und — nach Beck[62] — sogar unerwünscht sein kann.

[62] *Beck*, op. cit. p. 237 (p. 82).

Im Hinblick auf diese gesamtwirtschaftlichen Nachteile, die im Ergebnis die finanztheoretische Betrachtung mit der Forderung nach einer einkommensteuerlichen Gestaltung der Verlustberücksichtigung stützen, wird man kaum eine bindende ertragsteuerliche Gestaltung der Verlustberücksichtigung empfehlen können, zumal auch ihre einzelwirtschaftliche Wirkung nicht eindeutig positiv und nur auf einen Teil der Steuerpflichtigen beschränkt ist. Der Normalfall der Verlustberücksichtigung bei der Einkommensteuer sollte also der Ausgleich gewerblicher Verluste — sei es auf dem Wege des Verlustvortrags oder -rücktrags — durch die positiven Ergebnisse aller Einkunftsarten sein.

b) Entscheidungsfreiheit des Steuerpflichtigen hinsichtlich der Form der Verlustberücksichtigung?

Wenn man eine eindeutige gesetzliche Entscheidung hinsichtlich der einkommen- oder ertragsteuerlichen Gestaltung der Verlustberücksichtigung vermeiden will, kann man die Entscheidung über die zu wählende Form dem Steuerpflichtigen überlassen. Praktisch wird eine solche Entscheidungsfreiheit in den Fällen, in denen Steuerpflichtige neben den gewerblichen auch nicht-gewerbliche Einkünfte erzielen, meistens zugunsten einer ertragsteuerlichen Form ausfallen. Bedeutungsvoller als die in dem vorhergehenden Abschnitt behandelten Bedenken hiergegen dürfte sein, daß die Entscheidungsfreiheit des Steuerpflichtigen, ist sie für ein Teilproblem der Verlustberücksichtigung einmal anerkannt, in der weiteren Entwicklung zwangsläufig auch auf andere Komponenten übergreifen und schließlich die gesamte Verlustberücksichtigung erfassen müßte.

Die Entscheidungsfreiheit des Steuerpflichtigen könnte sich theoretisch auf die folgenden Fragen erstrecken:

1. Einkommen- oder ertragsteuerliche Gestaltung der Verlustberücksichtigung?
2. Verlustvortrag oder -rücktrag?
3. Die Reihenfolge der Verrechnung von Verlusten verschiedener Einkunftsarten oder Jahre sowie von Verlusten und anderen steuerlichen Abzugsposten (Sonderausgaben).
4. Aufteilung des berücksichtigungsfähigen Verlustes auf mehrere Gewinnjahre, wobei die Höhe des in dem einzelnen Jahr anzurechnenden Verlustes beliebig hinter der Höhe der positiven Einkünfte zurückbleiben kann.

Die Anerkennung der Entscheidungsfreiheit des Steuerpflichtigen für einen oder mehrere der genannten Punkte würde die einzelwirtschaftliche Wirkung der Verlustberücksichtigung — gemessen an der absoluten Steuerersparnis — zweifellos steigern, da es dann dem einzelnen Steuerpflichtigen überlassen bleibt, die für seinen speziellen Fall günstigste Form zu wählen. „Mit dieser Wahlfreiheit ... kann der Steuerpflichtige“ — wie Weise zu den im britischen Steuerrecht gebotenen Möglichkeiten ausführt, die im Vergleich zu den oben genannten aber doch relativ begrenzt sind — „in gesetzlich erlaubter Weise den Verlauf der Gewinnkurve über die verschiedenen Erfolgsperioden hin bis zu einem gewissen Grade glätten, was ihm insbesondere in Anbetracht der hohen Progression sehr zustatten kommen kann. Er führt mit den verschiedenen Mitteln des Verlustausgleichs ... selbst eine Art Durchschnittsbesteuerung durch, wenn auch nur mit den Extremen eines Gewinnes oder Verlustes[63].“ Wenn man auch als Ergebnis der günstigen psychologischen Wirkung auf den Steuerpflichtigen, die Weise hieraus mit Recht ableitet, eine positive Beeinflussung der Risikobereitschaft erwarten kann, sind die gesamtwirtschaftlichen Wirkungen einer solchen Entscheidungsfreiheit doch recht undurchsichtig. Konjunkturpolitisch wird man stets eine Abschwächung der Flexibilität des Steueraufkommens, die durch einen zwingend vorgeschriebenen Verlustrücktrag von 1—2 Jahren cet. par. herbeigeführt wird, zu erwarten haben, da der Ausweg der Entscheidungsfreiheit nur in Richtung einer zeitlichen Verzögerung der Verlustberücksichtigung offen ist.

Bestimmend für die Anerkennung oder Ablehnung der Entscheidungsfreiheit, die konsequenterweise alle genannten Punkte umfassen müßte, sollte aber ein bereits an anderer Stelle[64] vorweggenommener Gedanke sein: Die Gestaltung der Verlustberücksichtigung darf Steuerpflichtige, die einen Verlust erlitten haben und zur Verlustberücksichtigung berechtigt sind, nicht näher an die Erfolgsnivellierung im positiven Erfolgsbereich heranführen als die übrigen Steuerpflichtigen. Die weitgehende Nivellierung der Erfolgskurve im positiven Erfolgsbereich, die Oswald[65] durch eine Aufspaltung und beliebige Verteilung des berücksichtigungsfähigen Verlustes auf die Gewinnjahre herbeiführen will, geht über den eigentlichen Zweck der Verlustberücksichtigung, die steuerliche Wirksamkeit sämtlicher Erfolgselemente zu sichern, hinaus. Die Einführung der Entscheidungsfreiheit des Steuerpflichtigen würde zwar den vielfältigen Forderungen nach einer stärkeren Durchsetzung von Elementen der Durchschnittsbesteuerung entsprechen; da sie aber im Rahmen der Verlustberücksichtigung nur auf einen Teil der Steuerpflichtigen beschränkt wäre, müßte sie die übrigen Steuerpflichtigen, die über keine entsprechenden Möglichkeiten zur Erfolgsnivellierung verfügen, diskriminieren und neue Ungleichmäßigkeiten in der Erfolgs-

---

63 *Weise,* a. a. O. S. 33.

64 Siehe S. 37.

65 *Oswald,* Franz, Zur Auslegung der Vorschriften über den Verlustvortrag, in: StW 1949, Sp. 63. — Derselbe, Probleme des Verlustvortrages, in: StW 1951, Sp. 339.

besteuerung schaffen. Solange aber nicht die allgemeine Durchschnittsbesteuerung in der Erfolgsbesteuerung wiederhergestellt wird, darf auch die Gestaltung der Verlustberücksichtigung keine auf einen Teil der Steuerpflichtigen beschränkte Handhabe zu einer tendenziellen, über die reine Verlustberücksichtigung hinausreichenden Durchschnittsbesteuerung bieten.

c) Die Reihenfolge in der Berücksichtigung von Verlusten und anderen steuerlichen Abzugsposten bei der Ermittlung des steuerpflichtigen Einkommens

Die Ablehnung einer Entscheidungsfreiheit des Steuerpflichtigen hinsichtlich der Form der Verlustberücksichtigung zwingt dazu, die Reihenfolge, in der Verluste verschiedener Einkunftsarten oder Jahre und die sonstigen steuerlichen Abzugsposten bei der Einkommensermittlung berücksichtigt werden sollen, bindend vorzuschreiben. Auch hier besteht der Konflikt zwischen einzelwirtschaftlicher Wirkung bzw. Wirkungslosigkeit der Verlustberücksichtigung und einer Gestaltung, die finanztheoretischen Postulaten entspricht. Es zeigt sich aber, daß dieser Konflikt durch die zeitliche Ausdehnung der Verlustberücksichtigung in den vergangenen Jahren bereits wesentlich an Bedeutung verloren hat und durch einige der in dieser Arbeit vertretenen Ergänzungen der Verlustberücksichtigung — Verlustrücktrag und Aufhebung der sachlichen Begrenzung auf einzelne Einkunftsarten[66] — weiter verlieren würde. Bei einer näheren Untersuchung zerfällt das Problem der Reihenfolge in drei Teilfragen.

α) Die Reihenfolge bei einem Zusammentreffen von zwischenperiodischem Verlustabzug und innerperiodischem Ausgleich nicht-vortragsfähiger Verluste

Die bei einem solchen Zusammentreffen bestehende Problematik ist durch den Ausschluß einzelner Einkunftsarten vom zwischen periodischen Verlustabzug begründet und würde durch die Beseitigung der sachlichen Begrenzung der Verlustberücksichtigung auf einzelne Einkunftsarten, wie sie in dieser Arbeit empfohlen wird[67], hinfällig. Unabhängig davon aber ist die Reihenfolge in dem geltenden Recht hier zufriedenstellend geregelt, da der innerperiodische Ausgleich der nicht vortragsfähigen Verluste dem Verlustvortrag vorgeht und deren Berücksichtigung damit, soweit innerhalb der bestehenden Begrenzungen möglich, gesichert wird.

---

[66] Diese sachlichen Begrenzungen werden in dem Abschnitt über den Umfang der Verlustberücksichtigung behandelt.

[67] Siehe S. 164 ff. u. S. 185 ff.

β) Die Reihenfolge bei einem Zusammentreffen von zwischenperiodischem Verlustabzug und innerperiodischem Ausgleich vortragsfähiger Verluste

Das aus dem geltenden Recht entstehende Problem bestand darin, daß der ältere Verlust u. U. wegen des Ablaufes des Vortragszeitraumes nicht mehr wirksam werden kann, während der innerperiodisch ausgeglichene Verlust auch innerhalb des für ihn geltenden Ausgleichszeitraumes hätte berücksichtigt werden können. Der BFH[68] suchte dem durch seinen Grundsatz der Priorität älterer Verluste zu begegnen, der jedoch mit der Berücksichtigung nicht vortragsfähiger Verluste in Konflikt geraten müßte. Durch die inzwischen erfolgte Ausdehnung des Ausgleichszeitraumes auf fünf Jahre ist aber die Gefahr, daß ältere Verluste nicht mehr zum Tragen kommen, nur noch gering und würde durch die Einführung des Verlustrücktrages weiter vermindert. Infolgedessen ist die gesetzliche Einführung des Grundsatzes der Priorität älterer Verluste, den Theis[69] nach dem geltenden Recht ablehnte aber de lege ferenda nach der damaligen Situation mit Recht für wünschenswert hielt, keine aktuelle Aufgabe der Steuerpolitik.

Die derzeitige Rechtssituation, nach der der innerperiodische Ausgleich dem zwischenperiodischen Abzug vorangeht, sichert im Rahmen der sonst bestehenden Begrenzungen in ausreichendem Maße die einzelwirtschaftliche Wirksamkeit der Verlustberücksichtigung und entspricht gleichzeitig den Postulaten der Finanztheorie, da die wirtschaftlichen Vorgänge eines Jahres zunächst als Einheit behandelt und zusammengefaßt werden, bevor der periodenfremde zwischenperiodische Verlustabzug in die Einkommensermittlung einbezogen wird. Schwieriger und zugleich bedeutsamer erscheint das Verhältnis berücksichtigungsfähiger Verluste zu den verschiedenen Abzugsposten, die in den Sonderausgaben zusammengefaßt werden.

γ) Die Reihenfolge von Verlustabzug und Verlustausgleich einerseits und Sonderausgaben andererseits

Die Sonderausgaben, die nach dem geltenden deutschen Steuerrecht verschiedene mit der Einkommenserzielung nicht in Zusammenhang stehende Ausgaben der persönlichen Sphäre des Steuerpflichtigen (§ 10 EStG) sowie bestimmte wirtschafts-, sozial- und kulturpolitisch begründete Steuervergünstigungen (§ 10 Abs. 1 Ziff. 4, § 10 a, § 10 b EStG) umfassen, werden bei der Ermittlung des steuerpflichtigen Einkommens von der Summe der Einkünfte abgezogen. Die Rangordnung gegenüber dem Verlustabzug und dem Verlustausgleich ist unterschiedlich.

---

68 BFH-Urteil IV 90/50 U vom 1. 12. 1950.

69 *Theis,* J., Der Verlustabzug — eine Gewinnermittlungs- oder Einkommensermittlungsvorschrift? in: FR, 6. Jg. (1951), S. 175.

Der innerperiodische Verlustausgleich, der bei der Summierung der Einkünfte vorgenommen wird, geht den Sonderausgaben als einem Abzug von der Summe der Einkünfte voraus, so daß diese bei einer Summe der Einkünfte von Null und weniger nicht mehr wirksam werden.

Beim zwischenperiodischen Verlustabzug dagegen gehen die Sonderausgaben, wie nach der Verselbständigung des Verlustabzugs im § 10 d EStG eindeutig geklärt sein dürfte, der Verlustberücksichtigung voraus, so daß ihre steuerliche Wirksamkeit durch den Verlustabzug nicht beeinträchtigt wird.

Diese Reihenfolge entspricht der wirtschaftlichen Zusammengehörigkeit der Vorgänge eines Jahres vor der Berücksichtigung des periodenfremden Verlustabzugs. An ihr ist auch bei der Einführung des Verlustrücktrages festzuhalten, da verschiedene Sonderausgaben — insbesondere die aus wirtschaftspolitischen Gründen steuerbegünstigten „Ausgaben" — oft nur im Hinblick auf die mit ihnen verbundenen steuerlichen Vorteile vorgenommen werden und es unbillig wäre und die angestrebten wirtschaftlichen Wirkungen paralysieren müßte, wenn die Sonderausgaben durch einen späteren Rücktrag praktisch wirkungslos gemacht werden. In der unterschiedlichen Rangfolge der Sonderausgaben beim innerperiodischen Verlustausgleich und zwischenperiodischen Verlustabzug mag insofern ein Widerspruch erblickt werden, als die Verlustberücksichtigung in beiden Fällen der Sphäre der Erfolgserzielung, die Sonderausgaben dagegen — abgesehen von bestimmten Steuervergünstigungen, die in der Form von Sonderausgaben ohnehin unglücklich gefaßt sind — stets der persönlichen Sphäre zuzuordnen sind. Dennoch erscheint die Gestaltung in beiden Fällen theoretisch vertretbar, wobei sie im Falle der zwischenperiodischen Verlustberücksichtigung auch eindeutig den einzelwirtschaftlichen Interessen der Steuerpflichtigen entspricht. Die Verlustberücksichtigung wird als periodenfremder Vorgang erst nach der Zusammenfassung der in dem betreffenden Jahr eingetretenen und steuerlich wirksam gewordenen wirtschaftlichen Vorgänge, zu denen auch die Sonderausgaben gehören, vorgenommen.

Eine ähnliche vorrangige Berücksichtigung der Sonderausgaben auch beim innerperiodischen Verlustausgleich[70] ist aber vor allem deswegen systematisch unmöglich, weil die Sonderausgaben — mit Ausnahme wiederum einiger Steuerbegünstigungen — nicht einzelnen Einkunftsarten zuzuordnen sind. Eine vorrangige Berücksichtigung würde die Sonderausgaben im Ergebnis zu einem konstitutiven Element des berücksichtigungsfähigen Verlustes machen und müßte konsequenterweise

70 Sie ist bedeutungslos, soweit die Verluste von der zwischenperiodischen Berücksichtigung ausgeschlossen sind.

den Vor- bzw. Rücktrag nicht ausgenutzter Sonderausgaben — warum dann nicht auch unausgenutzter Freibeträge?[71] — zur Folge haben.

Die Möglichkeit, Sonderausgaben und Freibeträge in die Verlustberücksichtigung einzubeziehen, wurde bereits bei den Untersuchungen der Reichstagskommission[72] kurz gestreift. Als mögliche Formen der Verlustberücksichtigung wurden dort neben dem Vortrag des Verlustes aus bestimmten oder allen Einkunftsarten der Vortrag des Minuseinkommens — „er bedeutet Berücksichtigung der Verluste aus allen Einkunftsarten und der Sonderleistungen" — und der Vortrag des tarifmäßigen Minuseinkommens — „er bedeutet Berücksichtigung der Verluste aus allen Einkunftsarten, der Sonderleistungen und dergleichen und des steuerfreien Einkommensteils" genannt.

Je weiter der Begriff des berücksichtigungsfähigen Verlustes in dieser Richtung ausgedehnt wird, desto mehr werden die Nachteile periodengebundener Erfolgsbesteuerung, die eine zeitlich begrenzte und daher mehr oder weniger willkürliche Bemessungsgrundlage erfordert, überwunden. Auf die mit einer solchen Ausdehnung der Verlustberücksichtigung verbundenen administrativen Probleme soll hier nicht eingegangen werden. Die Grenzen zwischen der Verlustberücksichtigung und der Durchschnittsbesteuerung beginnen hier aber zu zerfließen, und es erscheint zweckmäßiger, wenn man wirklich eine so weitgehende Berücksichtigung unausgenutzter steuerlicher Abzugsposten, die außerhalb der Sphäre der Erfolgserzielung liegen, anstreben will, den Schritt zur Durchschnittsbesteuerung zu gehen. Die echte Verlustberücksichtigung, die auf die steuerliche Wirksamkeit sämtlicher Erfolgselemente aus der Sphäre der Erfolgserzielung gerichtet ist, kennt eine solche Berücksichtigung unausgenutzter Freibeträge nicht.

B. Der Umfang der Verlustberücksichtigung

Begrenzungen der Verlustberücksichtigung können in sachlicher und zeitlicher Beziehung erfolgen. Im ersten Fall werden bestimmte Verlustarten oder auch nur Teile an sich berücksichtigungsfähiger Verluste von der steuerlichen Berücksichtigung ausgeschlossen. Die markantesten Beispiele derartiger sachlicher Begrenzungen sind der Ausschluß ganzer Einkunftsarten vom zwischenperiodischen Verlustabzug und die Bedingung bestimmter Methoden der Erfolgsermittlung als Voraussetzung für die Verlustberücksichtigung. Hierdurch wird die zwischenperiodische Verlustberücksichtigung auf die sogenannten Gewinneinkunftsarten — Einkünfte aus Land- und Forstwirtschaft, Gewerbebetrieb und selbständiger Tätigkeit — begrenzt und selbst hier durch

[71] Das einzige bekannte Beispiel für einen Vor- und Rücktrag unausgenutzter Freibeträge ist die amerikanische Kriegsgewinnsteuer, bei der die Problematik aber anders als bei der Verlustberücksichtigung gelagert war.

[72] Denkschrift, a. a. O. S. 114.

die Bedingung einer Verlustermittlung durch Vermögensvergleich weiter eingeengt. Auch die vielfach zu beobachtende Tendenz, nur den wirtschaftlich erlittenen Verlust, der damit in einen Gegensatz zu dem steuerlichen Verlust gesetzt wird, als berücksichtigungsfähig anzuerkennen, bedeutet eine Begrenzung der Verlustberücksichtigung.

Durch die zeitliche Begrenzung des Ausgleichszeitraumes wird die Berücksichtigung eines sachlich berücksichtigungsfähigen Verlustes auf eine bestimmte Zeitspanne beschränkt. Verlustreste am Ende der Ausgleichsperiode bleiben steuerlich unberücksichtigt.

Maßstab zur Prüfung der Frage, ob eine Begrenzung der Verlustberücksichtigung vorliegt, kann nur der Totalerfolg sein. Da das bestehende deutsche Erfolgsteuersystem personalsteuerliche Züge trägt, muß der Totalerfolg auf das Steuersubjekt bezogen werden, d. h. er hat seine zeitliche Bezugsgrundlage in der ökonomischen Gesamtlebensdauer des Steuersubjektes. Für die Besteuerung gewerblicher Unternehmungen folgt daraus, daß sich die steuerliche personenbezogene Totalperiode nicht mit der betrieblichen Totalperiode deckt, da die betriebliche Totalperiode bei Unternehmerwechsel in mehrere Teile zerlegt wird. Der Umfang der Verlustberücksichtigung, wie sie hier untersucht wird, mißt sich an der Gesamtlebensdauer des Steuersubjektes[1].

Die Begrenzungen der Verlustberücksichtigung unterliegen nicht nur finanztheoretischer Betrachtung. Wirtschaftliche Bedenken, die bereits gegen die grundsätzliche Anerkennung der Verlustberücksichtigung geltend gemacht waren und dort nicht anerkannt werden konnten — wie der Hinweis auf die ökonomische Funktion des Verlustes — tauchen hier erneut auf. Außerdem gewinnen in desto größerem Maße auch administrative und fiskalische Erwägungen an Bedeutung, je mehr sich die Untersuchung der praktischen Gestaltung der Verlustberücksichtigung nähert.

Wir beginnen mit der Untersuchung der zeitlichen Begrenzung der Verlustberücksichtigung, die allgemeine Bedeutung besitzt, während es sich bei den im darauffolgenden Abschnitt untersuchten sachlichen Begrenzungen der Verlustberücksichtigung um spezielle Probleme des deutschen Steuerrechts handelt.

I. Zeitliche Begrenzung der Verlustberücksichtigung — die Länge des Ausgleichszeitraumes

Der Umfang der Verlustberücksichtigung hängt — abgesehen von einer Einengung des Verlustbegriffes — ab

[1] Eine Änderung des Systems der Erfolgsbesteuerung im Sinne der Betriebsbesteuerung müßte daher auch die Verlustberücksichtigung auf der Basis betrieblichen Totalerfolges anstreben.

a) von der Höhe und zeitlichen Verteilung der Perioden-Gewinne und -Verluste,
b) von der Richtung des zwischenperiodischen Verlustübertrages,
c) von der Länge des Ausgleichszeitraumes.

Bei einem Zusammentreffen günstiger Voraussetzungen kann bereits ein kurzer Ausgleichszeitraum eine vollständige Verlustberücksichtigung ermöglichen, während bei einer ungünstigen zeitlichen Erfolgsverteilung auch bei langen Ausgleichsfristen unberücksichtige Verlustreste übrigbleiben können. Eine Gewähr für vollständige Verlustberücksichtigung bietet — positiven Totalerfolg vorausgesetzt — nur ein unbegrenzter Verlustübertrag in beiden Richtungen, der zur Zeit in keinem Lande besteht[2].

In allen Ländern läßt sich seit der Einführung der Verlustberücksichtigung eine Tendenz zur Verlängerung des Ausgleichszeitraumes feststellen. Für die Bestimmung seiner Länge im Einzelfall gibt es jedoch kein praktisch verwendbares wissenschaftliches Kriterium.

1. Finanztheoretische Beurteilung

Die finanztheoretische Untersuchung muß zu einem zeitlich unbegrenzten Ausgleichszeitraum gelangen, da nur er der zeitlichen Einheit des Erfolges entspricht und mit der Kongruenz von Totalerfolg und Summe der Periodenergebnisse die steuerliche Wirksamkeit sämtlicher Erfolgselemente sichert.

Das amerikanische Treasury Department sucht eine zeitliche Begrenzung der Verlustberücksichtigung neben verwaltungstechnischen Gesichtspunkten, auf die es sich in erster Linie stützt[3], auch mit dem Grundsatz gleichmäßiger Besteuerung („equity considerations") zu begründen. Das Ziel dieses Prinzips ist nach Auffassung der Treasury bei Kapitalgesellschaften, „to define and tax net income as correctly as possible over time so that stockholders in different companies will receive equal treatment"[3]. Die zeitlich unbegrenzte Verlustberücksichtigung bei Kapitalgesellschaften führe aber zu einer Verletzung des Gleichheitsprinzips („equity goal"), da infolge Wechsels von Aktionären „some costs incurred and losses sustained by one group of stockholders would be deducted from income received by another group of stockholders"[4].

Das Einkommen der Kapitalgesellschaft wird in der Argumentation der Treasury den jeweiligen Aktionären zugerechnet. Diese Betrachtungsweise mag wirtschaftstheoretisch in gewisser Weise zutreffend sein; sie besitzt aber bei einer selbständigen Besteuerung der Kapital-

---

[2] Siehe die auf S. 108 genannten Ausgleichsfristen.
[3] Treasury Department, op. cit. p. 2.
[4] Treasury Department, op. cit. p. 4.

gesellschaften keine Berechtigung. Wenn der Erfolg der Kapitalgesellschaft isoliert von der Person des wirtschaftlich Berechtigten[5] besteuert wird, gilt auch für die Ermittlung dieses Erfolges das Kongruenzprinzip und muß die Verlustberücksichtigung daher voll wirksam werden.

Die Bedenken des Treasury Department könnten also nur dort relevant sein, wo die Körperschaftsteuer als eine Art Quellenabzug auf die Einkommensteuer der Anteilseigner angerechnet wird, wie es in Großbritannien der Fall ist. Hier würde insbesondere der Verlustrücktrag zu erheblichen Komplikationen führen, da er zu einer Erstattung von Steuern an die Kapitalgesellschaft führen könnte, die von einem bereits ausgeschütteten Gewinn erhoben und infolgedessen auch bei der Besteuerung des Anteilseigners bereits berücksichtigt worden sind. Für das Tucker Committee[6] war diese Überlegung ein — allerdings untergeordneter — Grund für die Ablehnung des allgemeinen Rücktrages.

Für eine zeitliche Begrenzung der Verlustberücksichtigung im deutschen Recht besitzt das Argument des Treasury Department keine Bedeutung. Während man es als herrschende Meinung bezeichnen kann, daß eine zeitliche Begrenzung des Ausgleichszeitraumes finanztheoretisch nicht zu begründen ist[7], besteht in der Literatur aber auch weitgehende Übereinstimmung darüber, daß eine unbegrenzte Verlustberücksichtigung nicht notwendig oder gar wünschenswert ist.

2. Verwaltungstechnische Beurteilung

Gegen eine zeitlich unbegrenzte Verlustberücksichtigung wurden verschiedentlich verwaltungstechnische Bedenken geäußert. Beck[8] hält ein „periodic closing of the tax-payers books" im Interesse der Finanzverwaltung für erforderlich. Das Treasury Department[9] befürchtet verwaltungsmäßige Schwierigkeiten aus der Notwendigkeit langer Verjährungsfristen und der Prüfung weit zurückliegender Verlustjahre. Auch Groves[10] und Kimmel[11] äußern administrative Bedenken gegen eine unbegrenzte Verlustberücksichtigung, ohne sie jedoch näher zu begründen.

Die wenig prägnanten Begründungen der Bedenken lassen bereits erkennen, daß es zwingende administrative Gründe für eine zeitliche Begrenzung des Verlust*vortrages* nicht gibt. Da der Abzug früherer

---

5 Man darf auch nicht übersehen, daß der Gesellschafter von Kapitalgesellschaften — vor allem der Aktionär — nur eine begrenzte Möglichkeit besitzt, die Gewinnverwendung der Gesellschaft zu beeinflussen.

6 Tucker Report § 80.

7 *Beck,* op. cit. p. 5. — *Groves,* Postwar Taxation, op. cit. p. 144 f. — *Kimmel,* Taxes and economic incentives, op. cit. p. 117 f. — *Neumark,* Theorie und Praxis, a. a. O. S. 30. — *Wölker,* Der Verlustvortrag, a. a. O. S. 87.

8 *Beck,* op. cit. p. 5.

9 Treasury Department, op. cit. p. 7.

10 *Groves,* op. cit. p. 145.

11 *Kimmel,* op. cit. p. 118.

Verluste schon bei der Veranlagung des Gewinnjahres vorgenommen werden kann, verursacht er keine administrativen Schwierigkeiten. Problematisch könnte ein unbegrenzter Verlustvortrag nur dann sein, wenn er einen Rückgriff auf weit zurückliegende Verlustjahre bedingt. Die Prüfung der Verlustjahre durch die Betriebsprüfung der Finanzverwaltung wird durch die Länge des Ausgleichszeitraumes aber nicht berührt und kann in dem normalen Rhythmus vorgenommen werden. Lediglich im Rechtsmittelverfahren wird gegebenenfalls auf weit zurückliegende Verlustjahre zurückgegriffen werden müssen, da das derzeitige Verfahrensrecht eine rechtskräftige Verlustfeststellung bei Einzelunternehmungen und Kapitalgesellschaften nicht kennt und die Höhe des berücksichtigungsfähigen Verlustes daher erst in den Anrechnungsjahren — theoretisch in jedem Anrechnungsjahr von neuem — angefochten werden kann[12]. Hierin wird man aber kein zwingendes Argument gegen eine Aufhebung der Zeitbegrenzung erblicken können, zumal die bisherige Ausgleichsfrist von fünf Jahren ohnehin schon einen weiten Rückgriff auf frühere Jahre erfordert. Sollten sich hieraus jedoch Schwierigkeiten ergeben, so könnten diese dadurch beseitigt werden, daß der berücksichtigungsfähige Verlust im normalen Veranlagungsverfahren festgestellt und der Feststellungsbescheid bereits vor der Verlustanrechnung der Anfechtung im Rechtsmittelverfahren zugänglich gemacht wird.

Anders ist allerdings der Verlust*rücktrag* zu beurteilen. Hier ist eine Zeitbegrenzung erforderlich, da bei einem unbegrenzten Rücktrag sämtliche Veranlagungen wiederholt aufgerollt werden könnten, was sich aus administrativen Gründen verbietet. Bedenken wegen der Rechtskraft der Veranlagungen und der Verjährungsfristen stehen dem Verlustrücktrag, wie bereits nachgewiesen wurde (s. S. 146), jedoch nicht entgegen. Die wesentlichen Argumente für eine zeitliche Begrenzung des Ausgleichszeitraumes sind wirtschaftlicher Art.

3. Wirtschaftspolitische Beurteilung

Kimmel[13] und das Treasury Department[14] weisen darauf hin, daß eine unbegrenzte Verlustberücksichtigung aus Gründen der „incentives" nicht erforderlich sei. Die stimulierende wirtschaftliche Wirkung der Verlustberücksichtigung werde bereits bei einem begrenzten Ausgleichszeitraum von angemessener Länge erreicht, da er die Entscheidungen der Wirtschaftssubjekte von der Besorgnis um die steuerliche Wirksamkeit sämtlicher Aufwandselemente befreie.

---

12 Siehe hierzu RFH-Urteil I A 270/34 vom 20. 2. 1935, sowie *Vangerow,* StW 1954, Sp. 611; *Blümich-Falk,* Einkommensteuergesetz, 7. Aufl. S. 627.

13 *Kimmel,* op. cit. p. 117.

14 Treasury Department, op. cit. p. 8.

Lang andauernde Verlustperioden, die nicht nur durch die Höhe, sondern vor allem auch durch die Beständigkeit von Verlusten gekennzeichnet sind und daher sehr lange Ausgleichszeiträume erfordern würden, sind als ein Kennzeichen wirtschaftlicher Leistungsunfähigkeit anzusehen und stellen, wie Neumark[15] ausführt, die ökonomische Daseinsberechtigung der betroffenen Unternehmungen in Frage. Mit ähnlichen wirtschaftlichen Argumenten richten sich auch die bereits zitierten Äußerungen[16] Dieckhoff's und einer Minderheit des Deutschen Bundestages gegen eine unbegrenzte Verlustberücksichtigung.

Diese Begründung für eine zeitliche Begrenzung des Ausgleichszeitraumes — durch die die Wirkung der Verlustfunktion verstärkt wird, was beim Auftreten chronischer Verluste wirtschaftspolitisch gerechtfertigt erscheint — wird dadurch ergänzt, daß eine lang andauernde Steuerbefreiung auf Grund weit zurückliegender Verluste wirtschaftspolitisch unerwünscht sein kann: sie verleiht den betroffenen Unternehmungen in der Periode des Aufschwungs eine Nettorendite, die den tatsächlichen, von steuerlichen Einflüssen unabhängigen Ertragsrelationen in der Wirtschaft nicht entspricht und dadurch die Gefahr von Kapitalfehlleitungen mit sich bringt.

4. Gibt es Maßstäbe für eine Bestimmung der Länge des Ausgleichszeitraumes?

Welche Kriterien aber sind für die Bemessung des Ausgleichszeitraumes geeignet? Die Einführung eines *zwei*-jährigen Verlustvortrages in Deutschland im Jahre 1929 entsprach in der Länge des Ausgleichszeitraumes der urspünglichen Forderung nach dreijähriger Durchschnittsbesteuerung. Heute wird eine solche Ausgleichsperiode als zu kurz angesehen.

Die im Jahre 1954 vollzogene Ausdehnung auf fünf Jahre hat im wesentlichen den verschiedenen Anregungen[17] entsprochen, in denen allerdings in keinem Falle eine schlüssige Begründung für die Länge des empfohlenen Ausgleichszeitraumes gegeben war. Sie ist vor allem in den USA mit dem Hinweis auf die Länge des Wirtschaftszyklus versucht worden. So wurde in einem Statement vor dem Steuerausschuß des amerikanischen Kongresses ein sieben- bis neunjähriger Ausgleichsabschnitt mit der Begründung gefordert, „the economic cycle more

---

[15] *Neumark,* Theorie und Praxis, a. a. O. S. 30.

[16] Siehe S. 40.

[17] *Troeger* hatte eine Ausdehnung auf vier Jahre empfohlen. *(Troeger,* Heinrich, Zur großen Steuerreform, Schr.R. d. ZvdK, H. 4, Hamburg 1953, S. 21). *Neumark* (Theorie und Praxis, a. a. O. S. 30) und der wissenschaftliche Beirat des Bundesfinanzministeriums (Organische Steuerreform, a. a. O. S. 32 f.) hatten sich für fünf Jahre ausgesprochen. Das Institut Finanzen und Steuern war für einen sechsjährigen Verlustvortrag eingetreten, der gegebenenfalls durch einen zweijährigen Verlustrücktrag ergänzt werden sollte (Grundlagen und Möglichkeiten, a. a. O. S. 92).

nearly approximates ten years than the five years now contemplated in the tax law"[18]. Und in einem anderen Statement[19] wird die Forderung nach einem siebenjährigen Vortrag mit einem entsprechenden Zyklus in einem Teil der Schwerindustrie begründet. Auch Wölker[20] spricht sich für die Begrenzung des Ausgleichszeitraumes auf die Länge eines Konjunkturzyklus aus, wobei er die theoretischen Mängel einer solchen Lösung anerkennt.

Praktisch verwendbar sind diese Begründungen für eine Bemessung des Ausgleichszeitraumes jedoch nicht, da die Wirtschaftszyklen nicht im voraus eindeutig bestimmbar und auch nicht für alle Wirtschaftszweige gleich lang sind.

Die amtliche Begründung zur Verlängerung des Verlustvortrages im deutschen Steuerrecht im Rahmen der Steuerreform von 1954, bei der eine Zeitbegrenzung beibehalten wurde, stützt sich auf Erfahrungstatsachen: „Um die Schwankungen des Einkommens über einen längeren Zeitraum hinweg noch mehr als bisher auszugleichen, ist vorgesehen, die Abzugsfähigkeit der Verluste auf die fünf vorangegangenen Veranlagungszeiträume zu erstrecken, weil *erfahrungsgemäß* innerhalb dieser Zeit ein *völliger Ausgleich* stattfinden kann[21]." Die Richtigkeit dieser Behauptung kann nicht geprüft werden, da aktuelles deutsches Material nicht veröffentlicht worden ist; die Erfolgsentwicklung seit der Währungsreform dürfte jedenfalls kaum als empirische Basis für die Beurteilung des Umfangs der Verlustberücksichtigung bei unterschiedlicher Länge des Ausgleichszeitraumes ausreichen. Dagegen wurden in den USA eine Reihe derartiger Untersuchungen durchgeführt, die aber alle verschiedene Abschnitte aus der Zeit zwischen 1923 und 1942 umfassen[22]. Obwohl diese Zeitspanne durch außerordentlich starke Erfolgsschwankungen gekennzeichnet ist und nicht als repräsentativ für die künftige Entwicklung angesehen werden kann, liefern diese Untersuchungen empirisches Material, das nicht außer acht gelassen werden sollte. Sie kommen übereinstimmend zu dem Ergebnis, daß bei einer Begrenzung des Ausgleichszeitraumes auf fünf Jahre noch etwa ein Drittel der Verluste unberücksichtigt geblieben wäre. Trotz der Vorbehalte, die diesen Untersuchungen entgegengebracht werden müssen, scheinen sie doch die oben angeführte „Erfahrungstatsache" in Frage zu stellen.

---

18 Zit. nach *Beck,* op. cit. p. 130.

19 Siehe *Beck,* op. cit. p. 131.

20 *Wölker,* Der Verlustvortrag, a. a. O. S. 88 f.

21 Verhandlungen des Deutschen Bundestages, 2. Wahlperiode 1953, Drucksache 481, S. 84. Hervorhebungen vom Verfasser.

22 Siehe Anhang.

Unabhängig davon ist es in der angeführten Begründung ein Widerspruch, an einer Zeitbegrenzung festzuhalten, wenn ohnehin eine volle Verlustberücksichtigung erwartet wird. Man wird die Ursache dafür wohl in der steuerpolitischen Optik zu suchen haben, die eine formale Aufrechterhaltung der Zeitbegrenzung bietet und deren Bedeutung in der parlamentarischen Steuergesetzgebung nicht zu unterschätzen ist.

Die *Untersuchung der zeitlichen Begrenzung* bei der Verlustberücksichtigung führt damit zu folgendem *Ergebnis:* Eine zeitliche Begrenzung des Ausgleichszeitraumes läßt sich finanztheoretisch nicht begründen; auch verwaltungstechnische Überlegungen zwingen lediglich beim Verlustrücktrag zu einer Zeitbegrenzung. Dagegen sprechen wirtschaftspolitische Erwägungen für eine Begrenzung des Ausgleichszeitraumes; einen zwingenden Maßstab für die Bemessung seiner Länge gibt es jedoch nicht.

Bei der heutigen Länge des Verlustvortrages von fünf Jahren kann von einer wirtschaftlich wirksamen Diskriminierung kaum noch gesprochen werden. Eine Verlängerung des Verlustvortrages ist im Verhältnis zu anderen notwendigen Änderungen bei der Gestaltung der Verlustberücksichtigung keine aktuelle Aufgabe der Steuerpolitik.

II. Sachliche Begrenzungen der Verlustberücksichtigung

Die sachlichen Begrenzungen der Verlustberücksichtigung berühren die gewerblichen Verluste nur teilweise. Die systematisch bedeutsamste Einschränkung im deutschen Recht ist der Ausschluß ganzer Einkunftsarten vom zwischenperiodischen Verlustabzug. Diese Begrenzung geht über das eigentliche Thema dieser Arbeit hinaus, die sich nur mit der Behandlung gewerblicher Verluste beschäftigt. Da sie aber von erheblicher grundsätzlicher Bedeutung ist, wird sie am Ende dieses Abschnittes in einem Exkurs behandelt.

Wir wenden uns zunächst den Begrenzungen zu, die — wie die Bedingung einer Verlustermittlung durch Vermögensvergleich und die Einengung des Verlustbegriffes — auch die gewerblichen Verluste betreffen.

1. Die Erfolgsermittlung durch Vermögensvergleich als Voraussetzung zwischenperiodischer Verlustberücksichtigung

Der zwischenperiodische Verlustabzug ist in der deutschen Einkommensteuer auf Verluste aus Gewerbebetrieb, Land- und Forstwirtschaft und selbständiger Tätigkeit beschränkt; aber auch innerhalb der so begünstigten Einkunftsarten wird durch die Bedingung einer Erfolgsermittlung nach §§ 4 Abs. 1 und 5 EStG auf Grund ordnungsmäßiger

Buchführung eine weitere Differenzierung vorgenommen[24]. Die hiernach für die Anerkennung des Verlustabzugs geforderte Methode der Erfolgsermittlung ist der Vermögensvergleich[25], während die Erfolgsermittlung durch Gegenüberstellung der Betriebseinnahmen und -ausgaben (§ 4 Abs. 3 EStG) nicht ausreicht.

Diese Anforderung an die Methode der Erfolgsermittlung betrifft alle „Steuerpflichtigen, die nicht auf Grund gesetzlicher Vorschriften verpflichtet sind, Bücher zu führen und regelmäßige Abschlüsse zu machen, und die auch [freiwillig] keine Bücher führen und keine Abschlüsse machen“[26]; das sind vornehmlich Handwerker und Klein-Gewerbetreibende. Sie besteht in wenig veränderter Form seit der Einführung des Verlustvortrages im Jahre 1929. Man wird die Begründung für diese Begrenzung daher bei den Beratungen zu suchen haben, die der Einführung des Verlustvortrages vorausgegangen sind.

In den Beratungen der Kommission, die 1928 zur Untersuchung der Durchschnittbesteuerung und des Verlustvortrages eingesetzt war, wurden neben fiskalischen in erster Linie administrative Gründe für die Begrenzung der Verlustberücksichtigung angeführt. Bei einer Ausdehnung der Verlustberücksichtigung über den Kreis der buchführenden Steuerpflichtigen hinaus wäre eine Fülle individueller Ergebnisfeststellungen notwendig geworden, die bei einer Besteuerung nicht-buchführender Steuerpflichtiger nach Richtsätzen entfällt[27]. Die Begrenzung des Verlustvortrages wurde auch als geeignete Maßnahme angesehen, eine wünschenswerte breitere Einführung kaufmännischer Buchführung herbeizuführen[28]. Von seiten der Wissenschaft wurden aber bereits

---

24 Nur am Rande sei vermerkt, daß das in der Praxis geübte und von der Rechtsprechung bestätigte Verfahren der Verlustberücksichtigung nicht dem Wortlaut des Gesetzes entspricht. Es heißt in § 10 d EStG: „Steuerpflichtige, die den Gewinn nach § 4 Abs. 1 oder nach § 5 auf Grund ordnungsmäßiger Buchführung ermitteln, können die Verluste der fünf vorangegangenen Veranlagungszeiträume . . . vom Gesamtbetrag der Einkünfte abziehen . . .“. Das hieße wörtlich, daß die genannten Voraussetzungen auch im Jahre des Verlustabzugs noch gegeben sein müßten. Gemeint ist aber, wie auch die Entwicklung der Verlustberücksichtigung zeigt und wie die Rechtsprechung bestätigt, die Anerkennung eines Abzugs von Verlusten aus den im Gesetz genannten Einkunftsarten, die in den vorhergehenden fünf Veranlagungszeiträumen eingetreten und nach § 4 Abs. 1 oder § 5 EStG auf Grund ordnungsmäßiger Buchführung ermittelt worden sind.

25 Der Unterschied in der Erfolgsermittlung nach § 4 Abs. 1 und § 5 EStG ist nicht nur methodischer Art, sondern besteht vor allem darin, daß bei der Erfolgsermittlung nach § 4 Abs. 1 der Grund und Boden außer Ansatz bleibt, keine Möglichkeit zur Einbeziehung gewillkürten Betriebsvermögens besteht und schließlich die Bewertungsregeln abweichen.

Die Erfolgsermittlung nach § 4 Abs. 1 EStG findet seit der Steuerreform von 1954 für Gewerbetreibende praktisch keine Anwendung mehr. (Siehe *Vogel,* Horst, Die Änderung der Vorschriften über die steuerliche Gewinnermittlung durch das Steuerneuordnungsgesetz, in: BB 1955, S. 22 f.).

26 § 4 Abs. 3 EStG.

27 Denkschrift, a. a. O. S. 11 ff., 69 f. und 74.

28 Denkschrift, a. a. O. S. 110.

damals Stimmen laut, die für eine Ausdehnung des Verlustvortrages auf nicht-buchführende Steuerpflichtige eintraten[29].

Um eine ungleichmäßige Behandlung von buchführenden und nichtbuchführenden Steuerpflichtigen zu vermeiden oder doch abzuschwächen, beschloß der Reichstag, daß bei der Ermittlung der Richtsätze für die Besteuerung nichtbuchführender Steuerpflichtiger auch Verlustbetriebe berücksichtigt werden sollten[30].

Die Unterscheidung zwischen buchführenden und nichtbuchführenden Steuerpflichtigen trifft das Problem aber nicht richtig. Buchführung wird dabei mit voll-kaufmännischer Buchführung und dem Aufstellen regelmäßiger Abschlüsse gleichgesetzt, und die Steuerpflichtigen, die den Erfolg durch eine Einnahme-/Ausgaberechnung ermitteln, werden als nichtbuchführend bezeichnet. Die Einnahme-/Ausgaberechnung stellt zwar keine Buchführung im kaufmännischen Sinne dar, sie stützt sich aber auf Aufzeichnungen, für deren Umfang bestimmte steuerliche Grundsätze bestehen und an deren formelle Ordnungsmäßigkeit für eine steuerliche Anerkennung bestimmte Anforderungen gestellt werden[31]. Oeftering sieht in der vereinfachten Gewinnermittlung durch Einnahme-/Ausgaberechnung „eine gesetzlich vorgesehene selbständige Gewinnermittlungsart, die bei Vorliegen ihrer Voraussetzungen gleichberechtigt neben die beiden anderen Gewinnermittlungsarten tritt“[32].

Die Erfolgsermittlung durch Einnahme-/Ausgaberechnung unterscheidet sich wesentlich von der Erfolgsermittlung nach Richtsätzen und von der Schätzung, da bei ihr der Erfolg individuell und auf Grund nachprüfbarer Unterlagen ermittelt wird; sie erfüllt insoweit die Mindest-Bedingungen für eine Anerkennung der Verlustberücksichtigung, die bei den Beratungen der Reichstagskommission gestellt wurden[33]. Für die Inanspruchnahme der „Steuervergünstigung“ der Bewertungsfreiheit für geringwertige Wirtschaftsgüter wird im übrigen auch der Einnahme-/Ausgaberechnung unter gewissen Bedingungen der Charakter ordnungsmäßiger Buchführung zuerkannt[34].

Nun besteht bei der Einnahme-/Ausgaberechnung ein gewisses Genauigkeitsrisiko, da ihr die Kontrollmöglichkeit durch die Aufzeichnung der Bestandsbewegung fehlt. Die Möglichkeit, einen Teil der wirtschaftlichen Tätigkeit außerhalb der Aufzeichnungen abzuwickeln, ist zwar nicht von der Buchführungsmethode, sondern vorwiegend von dem Aus-

---

29 Denkschrift, a. a. O. S. 177 f.

30 Deutscher Reichstag IV. Wahlperiode 1929. Stenographische Berichte Bd. 425 S. 2714.

31 § 12 Abs. 3 und 4 EStDV. Siehe *Blümich-Falk,* Einkommensteuergesetz, 7. Aufl. S. 208 f.

32 *Oeftering,* Die vereinfachte Gewinnermittlung nach § 4 Abs. 2 EStG, in: DStZtg. 25. Jg. (1936), S. 590.

33 Denkschrift, a. a. O. S. 70.

34 § 12 Abs. 2 EStDV; EStR Abschn. 18 Abs. 1.

maß der Arbeitsteilung und der Beschäftigung fremder Hilfskräfte im kaufmännischen Bereich abhängig. Da dieses Ausmaß bei Steuerpflichtigen, die den Erfolg durch Einnahme-/Ausgaberechnung ermitteln, zumeist gering ist, besteht in der Tat ein echtes Genauigkeitsrisiko.

Dieses Risiko wird jedoch in Jahren mit positivem Ergebnis von der Besteuerung außer acht gelassen, da ein durch die Einnahme-/Ausgaberechnung ermittelter Gewinn ohne Korrektur der Steuer unterworfen wird. Es ist ein offensichtlicher Widerspruch, eine Methode der Erfolgsermittlung für die Gewinnermittlung anzuerkennen, sie für den Verlustvortrag aber abzulehnen. Die sich hieraus ergebende Folgerung, die Einnahme-/Ausgaberechnung — immer formelle Ordnungsmäßigkeit vorausgesetzt — auch für den Verlustabzug als ausreichend anzuerkennen, wird entscheidend dadurch gestützt, daß der innerperiodische Verlustausgleich auch für Verluste möglich ist, die nach § 4 Abs. 3 EStG ermittelt worden sind. Wenn das Ergebnis der Einnahme-/Ausgaberechnung — auch als negatives Ergebnis — für einen Steuerabschnitt als methodisch ausreichend angesehen wird, wäre eine Anerkennung für einen zwischenperiodischen Abzug nur folgerichtig. Der Verlustabzug geht im Jahr der Verlustberücksichtigung in die Einkommensermittlung ein und ist — auch bei buchführenden Steuerpflichtigen — kein Element der Gewinnermittlung, so daß die Unmöglichkeit, den Verlust im Rahmen der Aufzeichnungen bilanzmäßig vorzutragen, nicht gegen die Anerkennung des Verlustabzuges sprechen kann.

Da die Verlustberücksichtigung ein notwendiges Element einer echten Netto-Erfolgsbesteuerung und damit eine Voraussetzung gleichmäßiger Besteuerung ist[35], kann die Bindung des Verlustabzuges an eine bestimmte Form der Erfolgsermittlung auch nicht mehr als Erziehungsmittel begründet werden. Es muß berücksichtigt werden, daß die Einnahme-/Ausgaberechnung eine Form der Erfolgsermittlung ist, die den sachlichen und persönlichen Verhältnissen bei Kleingewerbetreibenden am besten entspricht.

So ließe sich eine Ablehnung des zwischenperiodischen Verlustabzuges nur noch auf administrative Erwägungen stützen. Diese könnten — wie schon in den zwanziger Jahren — darin bestehen, daß durch die zwischenperiodische Verlustberücksichtigung die Zahl der von der Finanzverwaltung zu bearbeitenden Steuerfälle stark vermehrt wird. Die Finanzverwaltung kann sich für das Verlustjahr nicht auf eine Freiveranlagung beschränken, sondern muß den Verlust in seiner genauen Höhe feststellen und bei der Veranlagung in den nächsten Jahren abziehen. Der Umfang der dadurch bewirkten administrativen Mehrarbeit

---

35 Auch *Gnam* wendet sich gegen das Berücksichtigungsverbot für Verluste, die nach § 4 Abs. 3 EStG ermittelt sind, als einen Verstoß gegen die Grundsätze der Gleichmäßigkeit und Gerechtigkeit der Besteuerung (*Gnam*, Arnulf, Substanzbesteuerung und Steuerreform, in: FR 8. Jg. [1953], S. 319).

kann ohne Kenntnis der Zahl der Steuerpflichtigen mit Einnahme-/Ausgaberechnung und der Häufigkeit von Verlustjahren nicht beurteilt werden. Es ist aber zu berücksichtigen, daß die Finanzverwaltung auch bei einem Fehlen zwischenperiodischer Verlustberücksichtigung im Verlustjahr auf eine Prüfung der Vollständigkeit und rechnerischen Richtigkeit der Steuererklärung ebensowenig verzichten kann, wie auf eine Prüfung der formellen und materiellen Ordnungsmäßigkeit der Aufzeichnungen des Steuerpflichtigen.

Eine erste, allerdings nur vorübergehende Durchbrechung hatte die strenge Anforderung an die Methode der Erfolgsermittlung mit der Steuerreform von 1954 erfahren. Nach § 10 d EStG 1955 war der Verlustabzug auf „nichtbuchführende Steuerpflichtige, die den Gewinn aus Weinbau nach § 4 Abs. 1 auf Grund eines beschränkten Vermögensvergleiches ermitteln", ausgedehnt. Diese Erweiterung, die im Parlament unvorbereitet und gegen den Widerstand der Finanzverwaltung offenbar nur von einer Zufallsmehrheit beschlossen wurde[36], war in ihrer gesetzlichen Fassung unklar[37]. Von seiten der Finanzverwaltung wurde im Parlament mit Recht erklärt, daß die Annahme des Antrages, durch die der Verlustabzug auf die nichtbuchführenden Winzer ausgedehnt würde, „weitreichende Konsequenzen" haben müßte[38]. Die Beseitigung dieser Erweiterung des Verlustabzuges[39] mag eine gewisse Begründung darin finden, daß eine Ausnahmevorschrift zugunsten eines einzelnen Wirtschaftszweiges der Gleichmäßigkeit der Besteuerung widerspricht. Im größeren Rahmen stellt aber gerade die Bindung des Verlustabzuges an bestimmte Methoden der Erfolgsermittlung eine Beeinträchtigung des Gleichmäßigkeitsprinzips dar.

2. Die Einengung des Verlustbegriffes

a) Allgemeine Kennzeichnung und Beurteilung

Die Einengung des Verlustbegriffes ist vor allem ein Problem des amerikanischen Steuerrechts, das dort in der Literatur entsprechende Beachtung gefunden hat[40]. Es spielt aber auch in Deutschland eine Rolle, während es in England völlig fehlt.

Unter Einengung des Verlustbegriffes ist eine Neubestimmung des Erfolgsbegriffes für Zwecke der Verlustberücksichtigung zu verstehen, durch die der berücksichtigungsfähige Verlust gegenüber einem nach den allgemeinen steuerlichen Vorschriften ermittelten Verlust verringert

---

36 Verhandlungen des Deutschen Bundestages, 2. Wahlperiode 1953 (55. und 57. Sitzung), S. 2685 und 2862 ff.

37 Einen beschränkten Vermögensvergleich nichtbuchführender Steuerpflichtiger nach § 4 Abs. 1 kennt das EStG nicht. Siehe *Vogel,* a. a. O. S. 25.

38 Verhandlungen des Bundestages, a. a. O. S. 2863.

39 Durch das Gesetz vom 5. 10. 1956 — BGBl. 1956 I, S. 781.

40 Siehe *Beck,* op. cit. p. 205 ff., Treasury Department, op. cit. p. 9 ff.

wird. Diese Einengung des Verlustbegriffes wird zumeist dadurch bewirkt, daß einzelne Einnahmen, die kraft Gesetz oder Rechtsprechung steuerfrei sind, für Zwecke der Verlustberücksichtigung wieder in die Erfolgsermittlung einbezogen werden. Eine andere Form ist die Nichtanerkennung bestimmter Aufwandsposten im Rahmen der Verlustberücksichtigung.

In einem weiteren Sinne könnte man jede sachliche Begrenzung der Verlustberücksichtigung als Einengung des Verlustbegriffes bezeichnen, da durch sie die „Symmetrie" des Erfolgsbegriffes beeinträchtigt wird. In dem hier gebrauchten engeren Sinne bezieht sie sich aber nur auf einzelne Erfolgsarten, bei denen die Verlustberücksichtigung grundsätzlich anerkannt ist.

Die Einengung des Verlustbegriffes wird gewöhnlich damit begründet, daß eine Verlustberücksichtigung nur insoweit in Frage kommen könne, als ein echter wirtschaftlicher und nicht nur ein buchmäßiger Verlust vorliege[41].

In den USA hat die Einengung des Verlustbegriffes zeitweise einen erheblichen Umfang besessen[42] und starke Kritik ausgelöst. Diese Kritik stützte sich darauf, daß der Zweck der Verlustberücksichtigung — die Diskriminierung von Steuerpflichtigen mit wechselnd positivem und negativem Erfolg zu beseitigen — durch die Einengung des Verlustbegriffes abgeschwächt wird und daß durch die Korrektur in der steuerlichen Behandlung einzelner Erfolgselemente neue Ungleichmäßigkeiten geschaffen werden.

Es muß in der Tat bedenklich stimmen, wenn in Teilfragen der Besteuerung plötzlich zwischen einem wirtschaftlichen (oder „wirklichen") und einem steuerlichen Gewinn und Verlust unterschieden wird. Das Steuerrecht hat in vielen Punkten eigene Prinzipien entwickelt, denen zufolge der steuerliche Erfolgsbegriff von dem handelsrechtlichen oder den verschiedenen betriebswirtschaftlichen Erfolgsbegriffen abweicht. Hiergegen ist grundsätzlich nichts einzuwenden, da der Erfolgsbegriff ein Zweckbegriff ist und unter den unterschiedlichen Aspekten der verschiedenen Disziplinen seinen jeweiligen Inhalt erhält. Es sollte aber erwartet werden, daß der Erfolgsbegriff nicht für einzelne Probleme der Besteuerung willkürlich abgewandelt wird. Ein periodengebundenes Zurückgreifen auf einen nichtsteuerlichen Erfolgsbegriff — wie sie die Wahl des „wirklichen Verlustes" als Maßstab berücksichtigungsfähigen Verlustes darstellt — durchbricht den für die Erfolgsbesteuerung maß-

---

41 „. . . the nominal loss . . . has been converted into a t r u e loss reflecting the combined result of taxable-income determination and adjustment for untaxed items" (*Beck*, op. cit. p. 208). — Das Treasury Department (op. cit. p. 9—11) stellt die Argumente der beiden widerstreitenden Auffassungen — „taxable-income approach" und „total-income approach" (= Einengungen des Verlustbegriffes) — einander gegenüber.

42 Siehe *Beck*, op. cit. p. 205 ff.

geblichen Grundsatz der Bilanzkontinuität. Die Gleichmäßigkeit der Besteuerung wird verletzt, wenn an sich steuerfreie Einnahmen nur deshalb zu steuerlich wirksamen werden, weil der Steuerpflichtige einen Verlust erlitten hat.

Auch wirtschaftliche Gründe können nicht dafür sprechen, da die Steuerbefreiung der in die Verlustberücksichtigung einbezogenen Erfolgselemente zumeist wirtschaftspolitisch begründet ist. Im Zusammenhang mit der Verlustberücksichtigung läuft das — wie Beck in seiner Kritik der adjustments bei der net operating loss deduction zutreffend bemerkt — darauf hinaus, „to neutralize its basic purpose, to wit, amelioration of the hardships resulting from a rigid adherence to the practice of annual income determination“[43]. Inwieweit diese Wirkung im Einzelfall eintritt, hängt von der Reichweite der einengenden Vorschriften und der Struktur des Erfolges ab.

b) Die Einengung des Verlustbegriffes in Deutschland

α) Die Einbeziehung der steuerfreien Schachtelerträge und Wertpapierzinsen in die Verlustberücksichtigung

Das Schachtelprivileg des Körperschaftsteuergesetzes[44] hat den Zweck, Gewinnausschüttungen zwischen Kapitalgesellschaften vor einer Doppelbesteuerung durch die Körperschaftsteuer, zu der bei einer Endausschüttung an natürliche Personen noch eine Drittbesteuerung durch die Einkommensteuer hinzutreten würde, zu schützen. Die Besteuerung trägt damit bereits seit den zwanziger Jahren der sehr starken Verschachtelung der Kapitalgesellschaften Rechnung[45]. Das Schachtelprivileg besteht darin, daß Schachtelerträge — das sind Erträge einer Kapitalgesellschaft aus einer mindestens 25prozentigen und seit Beginn des Wirtschaftsjahres bestehenden Beteiligung an einer anderen Kapitalgesellschaft — bei der Ermittlung des Einkommens „außer Ansatz“ bleiben. Während die Behandlung der Schachtelerträge bei positivem sonstigen Einkommen der Obergesellschaft unbestritten und eindeutig ist, haben der KSt-Senat des RFH und BFH in ständiger Rechtsprechung[46] die Auffassung vertreten, daß die Schachtelerträge einen im übrigen berücksichtigungsfähigen Verlust vermindern, und zwar sowohl im Jahre der Verlustentstehung als auch im Jahre der Verlustberücksichtigung. Die erste Begründung des RFH[47] stützte sich neben dem vermeintlichen Sinne des Schachtelprivilegs auf die Tatsache, daß

---

43 *Beck,* op. cit. p. 214.

44 § 9 KStG.

45 *Neumark,* Theorie und Praxis, a. a. O S. 270.

46 RFH-Urteil I A 104/31 vom 29. 9. 31; BFH-Urteil I 46/50 U vom 16. 1. 1951, sowie die dort genannten Entscheidungen.

47 RFH-Urteil I A 104/31 vom 29. 9. 1931.

im § 15 Abs. 2 KStG[48] eine Reihe anderer Erfolgsermittlungsvorschriften, nicht aber ausdrücklich auch das Schachtelprivileg für die Ermittlung des vortragsfähigen Verlustes für anwendbar erklärt waren[49]. Nach der Auffassung des RFH werde dadurch der Zweck des Schachtelprivilegs — „Vermeidung einer doppelten Erfassung derselben Einkünfte durch dieselbe Steuer" — auch nicht verletzt.

Die Rechtsprechung des RFH ist schon früh kritisiert worden. Dabei ist Wölker zuzustimmen, wenn er vom „steuerlich-betriebswirtschaftlichen Standpunkt" den Jahreserfolg „als Glied einer kontinuierlichen Kette [sieht], deren Kontinuität nicht durch das Einschalten eines vorher aus bestimmten Gründen ferngehaltenen Fremdkörpers unterbrochen werden kann."[50] RFH und BFH haben bis heute an der Begründung im Ergebnis festgehalten, obwohl der ausdrückliche Hinweis auf nur einzelne anwendbare Vorschriften des KStG für den Verlustabzug heute nicht mehr besteht. Der BFH ist zwar schon zu dem Ergebnis gekommen[51], daß abzugsfähige Verluste im Anrechnungsjahr stets zuerst gegen die steuerpflichtigen Einkünfte aufzurechnen sind; denn eine vorherige Verrechnung gegen die Schachtelerträge, die neben steuerpflichtigen Einkünften im Anrechnungsjahr vorhanden sind, würde auch nach Ansicht des BFH zu einer — praktisch auf die Schachtelerträge fallenden — Steuererhöhung führen, die sowohl dem Zwecke des Verlustabzuges als auch des Schachtelprivilegs widersprechen würde. Den danach folgerichtigen Schritt zu einer völligen Ausklammerung der Schachtelerträge aus dem System der Verlustberücksichtigung hat der BFH jedoch nicht getan.

Die Begründungen des RFH und auch des BFH sind in einer periodenbegrenzten Betrachtung befangen, die die Steuerfreiheit der Schachtelerträge bereits dann als gegeben ansieht, wenn sie im Jahre des *Zufließens* keine (oder keine höhere) Steuer *auslösen*. In einer überperiodischen Betrachtung, die der Verlustberücksichtigung zugrundeliegt, und in der sich erst deren Wirksamkeit erweist, wird aber deutlich, daß die Schachtelerträge durch ihre durch die Rechtsprechung erfolgte Einbeziehung in die Verlustberücksichtigung praktisch steuerpflichtig werden[52]. Ein Beispiel mag das verdeutlichen:

---

48 In der Fassung des Gesetzes zur Änderung von EStG und KStG vom 29. 6. 1929 — RGBl. I S. 123.

49 So auch *Kennerknecht-Pissel,* Der Verlustvortrag, a. a. O. S. 73 f.; ferner darstellend: *Müller,* Fritz, Der Verlustvortrag im geltenden Einkommensteuer- und Körperschaftsteuerrecht, Freiburg 1935, S. 72 ff.

50 *Wölker,* Der Verlustvortrag, a. a. O. S. 63.

51 BFH-Urteil I 46/50 U vom 16. 1. 1951.

52 *Zitzlaff,* Franz, Zum Urteil des BFH vom 16. 1. 1951, in: StW 1951, Sp. 515. — ders., Der Verlustabzug, in: StW 1951, Sp. 547.

Jahr	Steuerpflichtige Einkünfte	Schachtelerträge	Vortragsfähiger Verlust	Summe	Steuer (30 %)
		Unternehmung A			
1	50	20		70	15
2	50	20		70	15
3	50	20		70	15
4	50	20		70	15
insgesamt	200	80		280	60
		Unternehmung B			
1	200	20		220	60
2	— 100	20	80	— 80	—
3	—	20	60	20	—
4	100	20	—	120	12
insgesamt	200	80		280	72

Das Beispiel zeigt, daß die Schachtelerträge der Unternehmung B zwar im Jahre des Zufließens keine Steuer auslösen. Der Vergleich der Gesamtbelastung eines mehrjährigen Zeitraumes beweist dann aber, daß B trotz gleicher Höhe und Struktur des Gesamterfolges eine um 12 höhere Steuer zu tragen hat. Diese Mehrsteuer wird durch die 40 Schachtelerträge verursacht, die in den Jahren 2 und 3 Teile des berücksichtigungsfähigen Verlustes neutralisieren. Die Einbeziehung der an sich steuerfreien Schachtelerträge in die Verlustberücksichtigung erweist sich damit eindeutig als eine Einengung des Verlustbegriffes.

Die Steuerfreiheit von Schachtelerträgen mag wirtschaftspolitisch unterschiedlich beurteilt und auch abgelehnt werden. Es ist jedoch ein Widerspruch zur Gleichmäßigkeit der Besteuerung, sie gerade beim Auftreten von Periodenverlusten teilweise außer Kraft zu setzen. Auch die von der Finanzverwaltung in jüngster Zeit praktizierte Heranziehung der nach § 3 a EStG steuerfreien Wertpapierzinsen zur Reduzierung eines berücksichtigungsfähigen Verlustes[53] im Jahr der Verlustentstehung ist eine Einengung des Verlustbegriffes und läuft außerdem dem Zweck des die Steuerfreiheit begründenden Kapitalmarktförderungsgesetzes zuwider[54]. Diese Maßnahme der Finanzverwaltung, die sich ausdrücklich auf die Rechtsprechung zur Behandlung der Schachtelerträge (und Sanierungsgewinne) beruft, muß daher mit den gleichen

[53] Siehe S. 59.

[54] Deutsche Zeitung und Wirtschaftszeitung, 11. Jg. (1956), Nr. 82 vom 13. 10. 1956, S. 19.

Argumenten als Widerspruch zum Zweck der Verlustberücksichtigung abgelehnt werden.

β) Keine Einengung des Verlustbegriffes durch die Einbeziehung von steuerfreien Sanierungsgewinnen in die Verlustberücksichtigung

Auch die Behandlung von Sanierungsgewinnen beim Zusammentreffen mit berücksichtigungsfähigen Verlusten scheint eine Einengung des Verlustbegriffes zu bewirken. Sanierungsgewinne — „Vermögensmehrungen, die dadurch entstehen, daß Schulden zum Zwecke der Sanierung ganz oder teilweise erlassen werden“ — werden steuerlich zwar wie abzugsfähige Ausgaben behandelt und sind daher steuerfrei[55]. Sie vermindern aber nach der ständigen Rechtsprechung des RFH[56] ebenso wie die Schachtelerträge in den Jahren der Verlustentstehung und -anrechnung einen an sich berücksichtigungsfähigen Verlust. Im Gegensatz zur Behandlung der Schachtelerträge liegt hier aber nur eine scheinbare Beeinträchtigung der Verlustberücksichtigung vor.

Der Sanierungsgewinn ergibt sich aus dem Forderungsnachlaß von Gläubigern eines Unternehmens, durch den die Fortführung eines überschuldeten und u. U. konkursreifen Unternehmens ermöglicht werden soll[57]. Anders als die Kapitalzusammenlegung bewirkt die Sanierung durch Schulderlaß eine echte Vermögensmehrung für die Unternehmung.

Der RFH sah im Sanierungsgewinn einen „betriebsfremden Vorgang“, der „nicht in unmittelbarem Zusammenhange mit der erwerbenden Tätigkeit des Unternehmers und den darauf gerichteten Vorgängen steht, vielmehr lediglich eine wirtschaftliche Erleichterung der Lage zur Weiterführung der Tätigkeit, die einkommensteuerpflichtige Einkünfte bringen soll, bezweckt“[58]. Er stellte den Sanierungsgewinn daher der Kapitaleinlage gleich. Eine Begründung der Steuerfreiheit, die den Sanierungsgewinn als Kapitaleinlage kennzeichnet und damit außerhalb des steuerlichen Erfolgsbegriffes stellt, müßte folgerichtig auch zu seiner Steuerunschädlichkeit beim Zusammentreffen mit der Verlustberücksichtigung führen[59].

Der Schlüssel zum Verständnis des scheinbaren Widerspruchs bei der Behandlung der Sanierungsgewinne liegt in der Feststellung, daß seine

---

[55] § 11 Abs. 1 Ziff. 4 KStG; für die Einkommensteuer durch die Rechtsprechung begründet.

[56] Siehe die auf S. 58 zitierten Urteile.

[57] Zu den Voraussetzungen der Steuerfreiheit — wie objektive Sanierungsbedürftigkeit etc. — siehe *Blümich-Falk,* Einkommensteuergesetz, 7. Aufl. S. 181 ff.

[58] RFH-Urteil VI A 1499/28 vom 12. 12. 1928.

[59] Auch *Heider* sieht in der Beseitigung berücksichtigungsfähiger Verluste durch einen Sanierungsgewinn einen „gewissen Widerspruch zu dieser eigenartigen stark angefochtenen Konstruktion der Sanierung als eines außerbetrieblichen Vorganges“. *(Heider,* Ferdinand, Sanierungsgewinn durch Gläubigerverzicht, in: DStZtg. 1947, S. 67).

Steuerfreiheit von der Rechtsprechung *vor* der Einführung des allgemeinen Verlustvortrages ausgesprochen wurde[60].

Wenn man berücksichtigt, daß einem Sanierungsgewinn normalerweise[61] stets ein Verlust vorausgegangen zu sein pflegt, könnte man die Steuerfreiheit des Sanierungsgewinnes als eine erste besondere Form der Verlustberücksichtigung bezeichnen: Eine reale Vermögensmehrung bleibt steuerfrei, da sie mit vorhergegangenen Verlusten in sachlichem Zusammenhang steht und die Voraussetzung für die Weiterführung des Unternehmens schaffen soll. Sobald aber zu der Steuerfreiheit des Sanierungsgewinnes die allgemeine Verlustberücksichtigung hinzutritt, muß sich der Widerspruch in der Begründung der Steuerfreiheit des Sanierungsgewinnes mit der Möglichkeit einer doppelten Verlustberücksichtigung offenbaren. Der Kongruenzgedanke wird durch die Heranziehung des Sanierungsgewinnes zur Verminderung eines berücksichtigungsfähigen Verlustes nicht verletzt, wie ein einfaches Beispiel zeigt: Ein Unternehmer erleidet in einem Jahr einen Verlust von 100; in dem folgenden Jahr schließt er mit einem „normalen" Ergebnis von 0 ab, hat aber daneben einen Sanierungsgewinn von 50. In zwei weiteren Jahren erzielt er einen Gewinn von je 50. Nach dem geltenden Recht wird der vortragsfähige Verlust im zweiten Jahr durch den Sanierungsgewinn vermindert, so daß sich im vierten Jahr ein steuerpflichtiger Gewinn von 50 ergibt. Da sich dieser mit dem Ergebnis der „Totalperiode" deckt, kann in der Besteuerung dieses Gewinnes — und darin muß der Rechtsprechung gefolgt werden — keine Beeinträchtigung der Verlustberücksichtigung erblickt werden. „Es würde dem Ausgleichsgedanken, der zur Einführung des Verlustvortrages geführt hat, widersprechen, wenn man den Ausgleich eines Verlustes insoweit zuließe, als der Schuldner ... den Verlust gar nicht mehr spürt[62]."

Die weitere Folgerung muß aber sein, daß eine Aufrechterhaltung der im Gesetz ausgesprochenen Steuerfreiheit des Sanierungsgewinnes bei unbegrenzter Verlustberücksichtigung nicht mehr erforderlich ist. Die Verlustberücksichtigung gibt die Gewähr, daß spätere Gewinne — also auch Sanierungsgewinne — bis zur Höhe der Verluste, die eine Überschuldung und damit die Sanierung ausgelöst haben, steuerfrei bleiben. Die gesetzliche Steuerfreiheit des Sanierungsgewinnes hat infolgedessen eigentlich nur dort eine Bedeutung, wo zeitliche oder sachliche Begrenzungen die Verlustberücksichtigung einschränken.

---

[60] In das Gesetz ist sie erst 1934 aufgenommen worden — siehe Begründung zum KStG 1934 RStBl. 1935 S. 84 f. — während sie in der Rechtsprechung seit 1927 bestand.

[61] In Ausnahmefällen kann die Sanierungsbedürftigkeit einer Einzelunternehmung oder Personengesellschaft auch durch zu hohe Kapitalentnahmen verursacht sein, so daß in einem solchen Falle ein Verlust nicht vorausgegangen zu sein braucht.

[62] RFH-Urteil VI 474/39 vom 13. 9. 1939.

Sie hätte allerdings — und damit verlassen wir die bisherige Annahme, daß einem Sanierungsgewinn stets ein Verlust vorausgegangen sein muß — auch dort noch eine Bedeutung, wo die zur Sanierung führende Überschuldung nicht durch einen Verlust, sondern etwa durch zu hohe Entnahmen herbeigeführt worden war. In einem solchen Falle müßte die Steuerfreiheit des Sanierungsgewinnes aber erhebliche Bedenken auslösen. Sie würde darauf hinauslaufen, außerbetriebliche Ausgaben des Steuerpflichtigen steuerlich zu subventionieren. Die Begründung, die durch den Schuldnachlaß der Gläubiger geschaffene Voraussetzung für die weitere Lebensfähigkeit der Unternehmung dürfe durch eine Besteuerung des Sanierungsgewinnes nicht in Frage gestellt werden, diese Begründung muß dort versagen, wo eine außerbetrieblich bedingte Kapitalauszehrung der Sanierungsanlaß gewesen ist.

3. Begrenzungen bei der Berücksichtigung von Kapitalverlusten

Zu den sachlichen Begrenzungen der Berücksichtigung gewerblicher Verluste gehört auch die Einschränkung oder gar das Verbot einer Berücksichtigung von Kapitalverlusten. Das Problem der steuerlichen Behandlung von Kapitalgewinnen und -verlusten besitzt vor allem in den USA eine außerordentlich große Bedeutung; es tritt aber auch in Deutschland auf, wo Gewinne aus der Veräußerung von Bodenschätzen und wesentlichen Beteiligungen zwar als gewerbliche Gewinne besteuert werden, Verluste aber weder inner- noch zwischenperiodisch berücksichtigungsfähig sind und Spekulationsverluste nur bis zur Höhe der Spekulationsgewinne ausgeglichen werden können. Die Entscheidung, ob Kapitalgewinne und -verluste in die Besteuerung einbezogen werden sollen, ist zunächst eine Frage des steuerlichen Erfolgsbegriffes. Wenn man als Einkommen den aktuellen Zuwachs an wirtschaftlicher Verfügungsmacht aus einer aktiven Teilnahme an der Schaffung des Sozialproduktes[63] besteuern will, so lassen sich die Kapitalgewinne — zumindest der nicht-gewerblichen Sphäre — nicht unter diesen Begriff subsummieren, da sie nur gelegentlich einer Teilnahme am Wirtschaftsverkehr realisiert werden und Vermögenszuwachs darstellen[64]. Gegen eine Besteuerung der Kapitalgewinne wurde auch geltend gemacht, daß sie wegen ihres unregelmäßigen Anfalles und ihrer Entstehung in einem längeren Zeitraum keine oder nur eine verminderte steuerliche Leistungsfähigkeit repräsentieren[65].

Die große wirtschaftliche Bedeutung der Kapitalgewinne (vor allem in den USA) und die vielfältigen Möglichkeiten, gewerbliche Gewinne

---

63 *Neumark,* Theorie und Praxis, a. a. O. S. 41.

64 *Neumark,* a. a. O. S. 45.

65 Siehe hierzu die Ausführungen bei *Seltzer,* The Nature and Tax Treatment, op. cit. p. 8, p. 83 ff.

in Kapitalgewinne zu verwandeln[66] (dieses Argument gilt auch für Deutschland), dürften entscheidend für die Einbeziehung der Kapitalgewinne in die Besteuerung gewesen sein. Außerdem sprechen auch beachtliche theoretische Argumente für eine Besteuerung der Kapitalgewinne[67], so daß sich die heutige Finanztheorie nicht mehr so sehr gegen die Tatsache einer Besteuerung der Kapitalgewinne richtet[68], sondern sich vorwiegend mit den Problemen ihrer praktischen Gestaltung beschäftigt. Zu den kritischen Punkten gehört hier die nur begrenzte Berücksichtigungsfähigkeit von Kapitalverlusten[69].

Diese Beschränkungen in der Berücksichtigung von Kapitalverlusten erklären sich nach Neumark „weitgehend aus der Tatsache, daß bei voller Abzugsfähigkeit derartiger Verluste leicht ‚Manipulationen' mit dem Zweck einer Reduktion der Steuerschuld erfolgen und daß im Zeitalter der Maxime vom jährlichen Budgetausgleich die Verschärfung des fiskalischen Einnahmeausfalls, die sich in Depressionszeiten bei ohnehin sinkendem Einkommen aus der Möglichkeit ergab, ‚capital losses' aufzurechnen, als untragbar angesehen wurde"[70]. Seltzer sieht in der begrenzten Berücksichtigung von Kapitalverlusten in den USA die Absicht des Gesetzgebers, Kapitalgewinne und -verluste einer „Parallel"-Behandlung zu unterwerfen, bei der die Begünstigung der Gewinne eine Begrenzung der Verlustberücksichtigung erfordert[71]. Diese Parallel-Behandlung geht von der — wie Seltzer an empirischem Material nachweist: irrigen[72] — Annahme aus, daß die Bezieher von Kapitalgewinnen und -verlusten eine geschlossene Gruppe darstellen, innerhalb derer sich Gewinne und Verluste ausgleichen. Die begrenzte Berücksichtigungsfähigkeit von Kapitalverlusten benachteiligt aber den Steuerpflichtigen mit geringem Kapitalvermögen, der keine ausreichende Streuung seiner Anlagen zum Risikoausgleich vornehmen kann. Seltzer tritt für eine erweiterte Berücksichtigung von Kapitalverlusten sowohl aus Gründen der Gleichmäßigkeit der Besteuerung als auch aus wirtschafts-

66 Siehe *Seltzer,* op. cit. p. 211 ff. — Die Hauptmethode einer solchen Verwandlung von gewerblichen in Kapitalgewinne besteht darin, daß Gewinne von Kapitalgesellschaften nicht ausgeschüttet werden, was zu einer Wertsteigerung der Kapitalanteile führen kann. Bei der Veräußerung dieser Anteile wird der Gewinn als Kapitalgewinn realisiert.

67 Siehe die Ausführungen bei *Seltzer,* op. cit. p. 8, p. 83 ff.

68 *Neumark,* Theorie und Praxis, a. a. O. S. 138.

69 *Break,* George F., On the Deductibility of Capital Losses under the Income Tax, in: The Journal of Finance, Vol. 7 (1952), p. 214 ff.

70 *Neumark,* Fritz, Internationale Entwicklungstendenzen auf dem Gebiet der Einkommensbesteuerung, in: Weltwirtschaftliches Archiv, Bd. 63 (1949 Teil II), S. 30.

71 *Seltzer,* op. cit. p. 182 f.

72 *Seltzer,* op. cit. p. 122 ff.

politischen Gründen[73] ein. Die die Begrenzung der Verlustberücksichtigung begründende Furcht vor willkürlichen Verlustrealisierungen sei durch die „wash-sale"-Klausel (s. S. 93 f.) weitgehend beseitigt. Thompson und Butters kommen in einer Untersuchung über den Einfluß der Besteuerung auf die Investitionsfähigkeit und -politik der Wirtschaftssubjekte u. a. zu dem Ergebnis, daß die relativ niedrige Besteuerung von Kapitalgewinnen die Kapitalbildung bei den Beziehern hoher Einkommen sehr gefördert und auch stimulierend auf deren Investitionsbereitschaft gewirkt habe, so daß die hemmende Wirkung der hohen Normal-Steuersätze gemildert worden sei[74]. Dagegen seien die Begrenzungen in der Berücksichtigung von Kapitalverlusten nur selten als Behinderung risikoreicher Investitionen empfunden worden.

Auf eine nähere Behandlung der Problematik und Auseinandersetzung um die steuerliche Behandlung von Kapitalgewinnen und -verlusten in den USA muß hier verzichtet werden[75]. Sie bietet auch für die deutschen Verhältnisse keine entscheidenden Erkenntnisse, da der Begriff der Kapitalgewinne und -verluste in den USA erheblich weiter gefaßt ist und diese dort eine ungleich größere wirtschaftliche Bedeutung besitzen.

Das Problem der Kapitalgewinne und -verluste ist in Deutschland ganz anders gelagert als in den USA, da einerseits die Wertänderungen an Vermögensgegenständen, die zum Betriebsvermögen gehören, als normale gewerbliche Gewinne und Verluste behandelt werden und andererseits Wertänderungen an Gegenständen des Privatvermögens nur in geringem Umfange als Kapitalgewinne der Besteuerung unterliegen. Die gesonderte Besteuerung von Kapitalgewinnen spielt daher keine beherrschende Rolle und beschränkt sich auf die Gewinne aus der Veräußerung von Bodenschätzen und von wesentlichen Beteiligungen, bei denen das Kriterium einer 25prozentigen Beteiligung den Umfang der Besteuerung — vor allem was den privaten Aktienbesitz betrifft — stark eingeengt und vorwiegend Gesellschafterwechsel bei GmbHs treffen dürfte[76]. Die Nichtberücksichtigung der Veräußerungsverluste[77]

---

73 *Seltzer,* L. H., Diskussionsbeitrag auf der Tagung der American Finance Association 1951, in: The Journal of Finance, Vol. 7 (1952), p. 240 f.

74 *Thomson,* Lawrence E. — *Butters,* J. Keith, Effects of Taxation on the Investment Policies and Capacities of Individuals, in: The Journal of Finance, Vol. 8 (1953), p. 147 ff.

75 Es wird auf die umfassende Arbeit von *Seltzer* und auf die übrige zitierte Literatur verwiesen.

76 Das „Institut Finanzen und Steuern" tritt im Interesse der Familiengesellschaften für eine Beseitigung der Zusammenrechnung von Verwandtenanteilen bei der Feststellung wesentlicher Beteiligungen ein, wodurch sich die Reichweite der Besteuerung von Veräußerungsgewinnen erheblich verengen dürfte. — Grundlagen und Möglichkeiten, a. a. O. S. 93.

77 Zum geltenden Recht auf S. 57 verwiesen.

ist bereits von Helpenstein[78] von dem betriebswirtschaftlichen Kongruenzgedanken her kritisiert worden, der die Besteuerung der Veräußerungsgewinne als vorher nicht erfaßte Periodengewinne rechtfertige, aber auch eine Berücksichtigung der Veräußerungsverluste erfordere.

Auch Zitzlaff[79] wendet sich gegen das Berücksichtigungsverbot für Veräußerungsverluste, durch das die Veräußerung wesentlicher Beteiligungen steuerlich schlechter behandelt wird als die von Gewerbebetrieben.

Die grundsätzliche Berechtigung einer Berücksichtigung der Veräußerungsverluste de lege ferenda kann — wenigstens in dem gleichen Maße, in dem Veräußerungsgewinne besteuert werden — kaum angezweifelt werden. Der RFH, auf dessen Rechtsprechung das gesetzliche Berücksichtigungsverbot zurückgeht[80], hatte dieses Verbot mit grundsätzlichen Erwägungen zu begründen versucht[81]. Seine Argumentation ist inzwischen durch die Rechtsentwicklung überholt, wenn sie überhaupt jemals stichhaltig war.

Die Berücksichtigungsfähigkeit darf sich aber nur auf Verluste aus solchen Veräußerungsgeschäften erstrecken, bei denen auch etwaige Gewinne steuerpflichtig gewesen wären. Eine Berücksichtigung wird man dabei bereits dann als gegeben ansehen müssen, wenn den berücksichtigungsfähigen Verlusten Veräußerungsgewinne gegenüberstehen, die infolge der bestehenden Freigrenze keine Steuer auslösen würden.

Offen bleibt die Frage, ob Veräußerungsverluste nur gegen Veräußerungsgewinne verrechnet oder durch andere gewerbliche oder gar nichtgewerbliche Einkünfte ausgeglichen werden sollen. Die letztere Lösung mag auf Bedenken stoßen, die in der Sonderbehandlung der Veräußerungsgewinne und in der Gefahr willkürlicher Verlustrealisierung begründet sind. Allerdings sollte eine willkürliche Verlustrealisierung gerade bei wesentlichen Beteiligungen unschwer festzustellen sein und könnte nach amerikanischem Muster ausdrücklich ausgeschlossen wer-

---

78 *Helpenstein,* Franz, Wirtschaftliche und steuerliche Erfolgsbilanz, Berlin 1932, S. 79 ff.

79 *Zitzlaff,* Franz, Erläuterungen zur Rechtsprechung, StW 1951, Sp. 144 ff.

80 Die Begründung zu § 17 EStG 1934 nennt ausdrücklich das RFH-Urteil VI A 884/28 vom 28. 11. 1928 (RStBl. 1935 S. 42).

81 RFH-Urteil VI A 884/28 vom 28. 11. 1928. Ein an einer Kapitalgesellschaft beteiligter Steuerpflichtiger habe den Vorteil, daß die laufenden Verluste der Gesellschaft das Vermögen und damit den Veräußerungsverlust mindern, während der Gesellschafter einer OHG den Verlust eines Jahres nicht von den Gewinnen anderer Jahre abziehen könne. Die RFH-Rechtsprechung ist vom BFH (IV 544/56 U vom 10. 1. 1957) mit dem Hinweis auf den Charakter der Sonderbesteuerung für Kapitalgewinne, der die Verlustberücksichtigung ausschließe, bestätigt worden.

den, wenn hierzu das Steueranpassungsgesetz[82] noch keine ausreichende Handhabe bietet.

Einer innerperiodischen Verrechnung von Veräußerungsverlusten und -gewinnen und auch einem zwischenperiodischen Ausgleich von Veräußerungsverlusten durch Veräußerungsgewinne stehen derartige Bedenken nicht entgegen. Eine solche Form der Berücksichtigung von Veräußerungsverlusten ist daher die Mindestforderung an die künftige Steuergesetzgebung. Das beherrschende Prinzip, dem diese bei der Behandlung der Veräußerungsverluste folgen sollte, ist die Gleichmäßigkeit der Besteuerung durch Verwirklichung des Kongruenzgedankens. Zu einer besonderen steuerlichen Begünstigung der Kapitalgewinne und -verluste aus wirtschaftspolitischen Gründen besteht schon wegen deren relativ geringer Bedeutung für Deutschland keine Veranlassung.

Abschließend sei noch kurz auf die Behandlung der Spekulationsverluste eingegangen, die ja gleichfalls als gewerbliche Verluste gelten. Sie sind nur bis zur Höhe des Spekulationsgewinnes des gleichen Jahres ausgleichsfähig[83]. Ein Ausgleich von Spekulationsverlusten durch andere — gewerbliche oder nicht-gewerbliche — Einkünfte ist in Deutschland nie gefordert worden und wäre auch vor allem wegen der damit verbundenen Möglichkeiten zur Beeinflussung der Steuerbelastung durch willkürliche Verlustrealisation abzulehnen. Dagegen könnte ein Vortrag nicht ausgeglichener Verluste zum Ausgleich durch Gewinne späterer Jahre mit der gleichmäßigen Behandlung von Spekulationsgewinnen und -verlusten begründet werden. Es erscheint aber zweifelhaft, ob einer solchen Ausdehnung der Berücksichtigung von Spekulationsverlusten große Bedeutung beizumessen ist, da von ihr kaum wesentliche Einflüsse auf den Kapitalmarkt zu erwarten sind, in denen immerhin ein volkswirtschaftlich beachtliches Motiv für eine derartige Ausdehnung zu erblicken wäre.

Die Wertung, daß die Spekulationsgewinne, deren Begriff bei den derzeitigen kurzen Besitzfristen[84] nicht zu weit gefaßt ist, keiner besonderen Schonung bedürfen[85], ist auch heute noch gültig. Die langfristigen Kapitalgewinne, deren steuerliche Behandlung die Anlagebereitschaft auf dem Kapitalmarkt beeinflußt, bleiben ohnehin steuerfrei, so daß sich auch eine Berücksichtigung langfristiger Kapitalverluste verbietet.

---

[82] „Durch Mißbrauch von Formen und Gestaltungsmöglichkeiten des bürgerlichen Rechts kann die Steuerpflicht nicht umgangen oder vermindert werden." § 6 Abs. 1 Steueranpassungsgesetz.

[83] § 23 Abs. 4 EStG.

[84] Als Spekulationsgeschäft gilt nach § 23 Abs. 1 EStG ein Geschäft, bei dem der Zeitraum zwischen Anschaffung und Veräußerung nicht mehr als zwei Jahre (bei Grundstücken und Grundstücksrechten) oder nicht mehr als drei Monate (bei den übrigen Wirtschaftsgütern) beträgt.

[85] Begründung zum EStG 1934 — RStBl. 1935 S. 44.

4. Aktuelle Probleme beim Übertragungsverbot berücksichtigungsfähiger Verluste

Zu den Begrenzungen der Verlustberücksichtigung gehört in weiterem Sinne auch das Übertragungsverbot berücksichtigungsfähiger Verluste, das die Verlustberücksichtigung an die Rechtsperson des Steuerpflichtigen bindet, der den Verlust erlitten hat, und eine Übertragung durch Rechtsgeschäft oder auf dem Wege der Erbfolge ausschließt. Während der Grundgedanke dieses Übertragungsverbotes wirtschaftlich sinnvoll ist, da es die Ausnutzung der Verlustberücksichtigung durch Steuerpflichtige, die von dem Verlust nicht betroffen sind, verhindert, weist es in seiner praktischen Ausprägung teilweise stark formale Züge auf, die zu wirtschaftlich wenig sinnvollen Ergebnissen führen oder führen könnten. Die beiden wichtigsten — in jüngster Zeit aktuell gewordenen — Probleme sind hier die Ablehnung des Verlustvortrages bei formwechselnder Umwandlung von Kapitalgesellschaften und die Frage der Verlustberücksichtigung beim Mantelkauf.

a) Formale Ausprägung des Übertragungsverbotes bei der formwechselnden Umwandlung von Kapitalgesellschaften

Bei der formwechselnden Umwandlung von Kapitalgesellschaften[86] geht nach der Rechtsprechung des RFH[87] ein vortragsfähiger Verlust verloren, da nach steuerrechtlicher Fiktion bei der Umwandlung das bisherige, zum Verlustvortrag berechtigte Steuersubjekt untergeht und ein neues Steuersubjekt entsteht. Diese Auslegung ist von Zitzlaff[88] und in jüngerer Zeit von Hoffmann[89] kritisiert worden. Hoffmann stützt ihre Ablehnung der RFH-Auffassung darauf, daß diese eine Besteuerung der unterschiedlichen Rechts*formen* von Kapitalgesellschaften bedeute. Das Steuerrecht könne aber nicht daran vorbeigehen, daß nach dem geltenden Handelsrecht die Kapitalgesellschaft bei der formwechselnden Umwandlung als Rechtssubjekt ausdrücklich bestehen bleibt[90]. „Zwar ist es zutreffend, daß das Körperschaftsteuerrecht an die Rechtsform anknüpft, deswegen wird aber nicht dieser Anknüpfungspunkt, sondern das kraft dieser Rechtsform durch das Zivilrecht geschaffene Rechtssubjekt besteuert[91].“ Außerdem deutet Hoffmann den Widerspruch an,

86 §§ 257, 262, 265, 274, 281, 285 AktGes.; § 40 UmwGes.

87 RFH-Urteil I 177/39 vom 13. 2. 1940.

88 *Zitzlaff,* Franz, Erläuterungen zur Rechtsprechung, in: StW 1941, Sp. 810.

89 *Hoffmann,* Gisela, Der Verlustvortrag bei Gesellschaftsumwandlung, in: B 5. Jg. (1952), S. 603 f.

90 *Godin-Wilhelmi* (Aktiengesetz, 2. Aufl. Berlin 1950) bemerken zur formwechselnden Umwandlung (S. 1068): „Allen Fällen ist charakteristisch, daß die Identität der Gesellschaft erhalten bleibt, daß dieselbe Gesellschaft in veränderter Rechtsform ‚weiterbesteht‘ . . ., also nicht aufgelöst und neugegründet, sondern durch Satzungsänderung umgestaltet wird, daß also kein Vermögensübergang stattfindet.“

91 *Hoffmann,* a. a. O. S. 604.

der in einer handelsrechtlichen Erleichterung bei gleichzeitiger steuerlicher Benachteiligung der formwechselnden Umwandlung zu erblicken ist.

Die Auslegung des RFH ist somit nicht nur nach dem geltenden Recht anfechtbar, da sie die Gestaltungsformen des Handelsrechts ohne ersichtlichen Grund ignoriert. Sie ist auch wirtschaftlich widersinnig, da sie dem Zweck der Verlustberücksichtigung zuwiderläuft, indem sie die Kongruenz des Totalerfolges der gleichen Unternehmung *und* des gleichen Rechtssubjektes mit der Summe der Periodenergebnisse durchbricht.

Die Diskussion über die steuerliche Behandlung von Umwandlungen hat nach dem Erlaß des Umwandlungsgesetzes, das die bisher im Aktiengesetz gegebenen Möglichkeiten formwechselnder Umwandlung bestätigte, wieder zugenommen. Es sollte erwartet werden, daß die Frage der Verlustberücksichtigung bei formwechselnder Umwandlung durch das bevorstehende steuerliche Umwandlungsgesetz, zu dem bereits wesentlich weitergehende Forderungen nach steuerlicher „Begünstigung“ von Umwandlungen und Fusionen angemeldet worden sind[92], nach dem Vorbild der britischen und amerikanischen Gesetzgebung[93] in wirtschaftlich sinnvoller Weise gelöst wird.

b) Verlustvortrag beim Erwerb eines Gesellschaftsmantels?

Neben der Verlustberücksichtigung bei formwechselnder Umwandlung ist die Verlustberücksichtigung beim Mantelkauf aktuell geworden und bedarf einer — gesetzlichen oder höchstrichterlichen — Klärung. Die zahlreichen Kauf- und Verkaufofferten für „GmbH-Mäntel mit steuerlich anerkanntem Verlustvortrag“ in der Wirtschaftspresse[94] haben bereits zu einer Diskussion in der Literatur[95] geführt.

Der zugrundeliegende wirtschaftlich-rechtliche Tatbestand ist der Erwerb der Mehrheit oder aller Anteile an einer Kapitalgesellschaft — gewöhnlich einer GmbH —, die nur als Mantel, d. h. ohne Vermögen und ohne lebenden wirtschaftlichen Geschäftsbetrieb existiert, und die anschließende Wiederbelebung der Gesellschaft, die meist durch Einbringung eines bereits bestehenden Geschäftsbetriebes des Erwerbers vorgenommen wird. Der Zweck dieses Vorgehens liegt darin, daß die

---

92 *Fasold,* Rudolf W., Zur Neugestaltung des Verschmelzungs- und Umwandlungs-Steuerrechts, in: BB 12. Jg. (1957), S. 213.

93 Siehe S. 88 u. S. 104 f.

94 FAZ 1956: Nr. 204 S. 11; Nr. 228 S. 13; Nr. 240 S. 10; Nr. 246 S. 15; Nr. 252 S. 13; Nr. 255 S. 9; Nr. 287 S. 11; Nr. 299 S. 14. 1957: Nr. 40 S. 15; Nr. 46 S. 20.

95 *Meilicke,* Heinz, Vertragsgestaltung und Steuergestaltung, in: Steuerberater-Jahrbuch 1954/55, Köln 1954, S. 205 ff. — *Bühler,* Ottmar, Ankauf von Verlustgesellschaften? in: Wirtschaftsmagazin Nr. 12 v. 25. 6. 1956, Steuern, Allgemein 48/339. — *Pape,* Friedrich-Wilhelm, Der Erwerb eines Gesellschaftsmantels in steuerlicher Sicht, in: BB 12. Jg. (1957), S. 178 sowie die dort zitierte Literatur.

wirtschaftlich tote Gesellschaft (Gesellschaftsmantel) noch über einen steuerlichen Verlustvortrag verfügt, den der Erwerber des Mantels ausnutzen will. Für die damit verbundene Steuerersparnis zahlt der Erwerber an den bisherigen Eigentümer des Gesellschaftsmantels einen entsprechenden Kaufpreis. Während die handelsrechtliche Zulässigkeit des Mantelkaufs als unbestritten gilt[96], ist die steuerliche Beurteilung eines solchen Vorganges in der Literatur umstritten; eine höchstrichterliche Entscheidung ist in dieser Sache noch nicht ergangen, jedoch ist nach der — nicht rechtskräftigen — Entscheidung des FG Karlsruhe[97] ein Verfahren beim BFH anhängig[97a].

Bühler und Meilicke[98] beurteilen die Möglichkeit einer Ausnutzung des Verlustvortrages durch den Erwerber skeptisch. Die Schwierigkeit bestehe darin, wie der erworbene Gesellschaftsmantel mit wirtschaftlichem Leben erfüllt und gewinnbringend gemacht werden könne, ohne daß in dem Vorgehen eine Steuerumgehung gesehen wird. Nach Meilicke ist zwar der Verlustvortrag wegen einer Änderung des Gesellschaftszweckes noch nicht versagt worden, von der Ablehnung der Verlustberücksichtigung bei formwechselnder Umwandlung zur Versagung des Verlustvortrages bei gänzlicher Änderung der Satzung sei aber nur ein kleiner Schritt.

Weissenborn[99] lehnt den Verlustvortrag nach einem Mantelkauf auf Grund wirtschaftlicher Betrachtungsweise als einen Mißbrauch im Sinne des Steueranpassungsgesetzes ab, da hier nichts anderes als der Kauf einer steuerlichen Vergünstigung bezweckt sei, und kommt nur dann zu einer positiven Beurteilung, wenn der Mantelkauf durch einen besonderen wirtschaftlichen Zweck gerechtfertigt werden kann.

Das FG Karlsruhe sieht in dem Mantelkauf „eine ungewöhnliche Rechtsform“, einen „Schleichweg“, „für deren Wahl kein wirtschaftlicher Beweggrund sondern ausschließlich das Motiv der Steuerersparung maßgebend gewesen ist“[100] und die daher nach Steueranpassungsgesetz

---

96 *Pape,* Friedrich-Wilhelm, Gesellschaftsmäntel und Namensgesellschaften, in: BB 10. Jg. (1955), S. 1099 sowie die dort zitierte Literatur.

97 Urteil des FG Karlsruhe II 20/56 vom 20. 12. 1956.

97a Der BFH bestätigt in seinem — erst nach Abschluß des Manuskriptes vorliegenden — Urteil (I 131/57 U vom 8. 1. 1958) die im folgenden wiedergegebene Auffassung des FG Karlsruhe und lehnt den Verlustvortrag beim Mantelkauf in dem zur Entscheidung stehenden Fall ab.

98 a. a. O.

99 *Weissenborn,* H., Zur steuerlichen Anerkennung wirtschaftlicher Vorgänge bei Kapitalgesellschaften, in: Wpg. 9. Jg. (1956), S. 233.

100 FG Karlsruhe II 20/56 vom 20. 12. 56. In dem zur Entscheidung stehenden Fall hatte ein Einzelunternehmer innerhalb eines Jahres in zwei Etappen 82 % der Geschäftsanteile eines GmbH-Mantels erworben und diesen durch die Einbringung des Anlagevermögens und eines Teiles des Umlaufsvermögens seiner bisherigen Unternehmung belebt. Der ursprüngliche Gesellschaftszweck der GmbH — Textilherstellung und Vertrieb — wurde unter gleichzeitiger Sitzverlegung und Änderung der Firma in Handel mit Mineralöl und Kraftstoffen abgeändert.

als Steuerumgehung zu beurteilen sei. Durch den Mantelkauf werde der Verlustvortrag gewissermaßen zu einem Handelsobjekt gemacht.

Pape[101] sieht gegenüber allen derartigen Bedenken und der ablehnenden Entscheidung des FG Karlsruhe in der Verlustberücksichtigung beim Mantelkauf keinen Mißbrauch von Formen und Gestaltungsmöglichkeiten bürgerlichen Rechts. Handelsgegenstand beim Mantelkauf seien nicht der steuerliche Verlustvortrag, sondern die Anteile an der Kapitalgesellschaft, deren Rechtsform oder Rechtspersönlichkeit durch die Übertragung der Anteile auch nicht berührt werde. „Da nach § 1 Abs. 1 Nr. 1 des Körperschaftsteuergesetzes 1955 Kapitalgesellschaften körperschaftsteuerpflichtig sind, ist die betreffende besteuerte Kapitalgesellschaft dasselbe Steuersubjekt bis zu dem Zeitpunkt, an dem sie als Rechtspersönlichkeit erlischt; es kommt nicht darauf an, daß irgendein betrieblicher Zusammenhang zwischen Tätigsein, Ruhen der Tätigkeit und Fortsetzung der Tätigkeit besteht[102]."

Pape knüpft ausdrücklich — allerdings in anderem Sinne als bereits Meilicke — an die RFH-Rechtsprechung zur formwechselnden Umwandlung an, indem er sich darauf beruft, daß die Besteuerung die Rechtsform und nicht die wirtschaftliche Unternehmung treffe und die Beurteilung des Mantelkaufs daher nicht von der Identität der Unternehmung, sondern der des Steuersubjektes auszugehen habe. Seine Argumentation ist eine konsequente Fortführung der Gedanken des RFH, der allerdings die Umgehungsvorschrift des Steueranpassungsgesetzes entgegensteht. Nun mag eine Ablehnung des Verlustvortrages beim Mantelkauf, die sich auf diese Umgehungsvorschrift stützt, bei grundsätzlicher über die Auslegung des geltenden Rechts hinausgehender Untersuchung zunächst nicht recht befriedigen, da sie ein im allgemeinen konsequent verwirklichtes Prinzip — die Bindung der Verlustberücksichtigung an die Rechtsperson, die den Verlust erlitten hat, — einschränkt. Im Ergebnis ist ihr aber zuzustimmen.

Die formale Argumentation zur Anerkennung des Mantelkaufs kann ebensowenig wie die gleichfalls formale Auslegung des RFH zur formwechselnden Umwandlung wirtschaftlicher Betrachtung standhalten, die von dem Zweck der Verlustberücksichtigung ausgeht. Dieser besteht nach dem Kongruenzgedanken darin, die steuerliche Wirksamkeit sämtlicher Erfolgselemente überperiodisch zu sichern. Die Anwendung des Kongruenzgedankens setzt aber wirtschaftliche Kontinuität voraus, die allerdings keine Identität wirtschaftlicher Betätigung zu bedeuten braucht. Die Verwirklichung des Kongruenzgedankens in der Verlustberücksichtigung ist nur sinnvoll, soweit die wirtschaftliche Kontinuität gewahrt wird. Der Verlustvortrag muß daher dort eine Grenze finden,

---

101 *Pape,* Der Erwerb eines Gesellschaftsmantels, a. a. O. S. 178 ff.
102 *Pape,* a. a. O. S. 180.

wo — wie im Falle des Mantelkaufs — eine wirtschaftliche Tätigkeit überhaupt nicht mehr gegeben ist. Mit der Aushöhlung der Kapitalgesellschaft endet ihre wirtschaftliche ‚Lebenszeit', auf die das Kongruenzprinzip abstellen muß. Die Wiederbelebung der Gesellschaft ist der Beginn einer neuen wirtschaftlichen Phase, die mit der zurückliegenden keine organische Verbindung[103] besitzt und mit ihr daher nicht auf eine gemeinsame erfolgsteuerliche Grundlage gestellt werden kann.

Aus diesem Grunde kann auch einer etwaigen Änderung des Gesellschaftszweckes nach vollzogenem Mantelkauf kein entscheidendes Gewicht für die steuerliche Beurteilung dieser Rechtskonstruktion beigemessen werden. Eine derartige Änderung ließe sich durch den Erwerb eines branchengleichen Mantels, der allerdings schwerer zu finden sein wird, vermeiden.

Für eine wirtschaftliche Beurteilung ist allein die Tatsache entscheidend, daß die wirtschaftliche Tätigkeit der Kapitalgesellschaft ein Ende gefunden hat und die organische Verbindung zu den Jahren der Verlustentstehung damit unterbrochen ist. Bei konsequenter Durchführung dieses Gedankens müßte der Verlustvortrag auch dann abgelehnt werden, wenn die Gesellschaft von dem gleichen Eigentümer wiederbelebt wird, da auch hier keine organische Entwicklung besteht. Eine solche Ablehnung wäre auch wettbewerbspolitisch sinnvoll, da sie eine steuerliche Begünstigung einer wirtschaftlich neugegründeten Unternehmung durch Verlustvorträge einer anderen wirtschaftlich erloschenen Unternehmung verhindern würde. Da dies aber, solange nur ein Verlustvortrag zugelassen ist, eine steuerliche Benachteiligung des Eigentümers der Gesellschaft bedeuten würde, sollte das Kriterium für einen Untergang der Verlustberücksichtigung — ähnlich wie im amerikanischen Steuerrecht[104] — der Eigentumsübergang der Kapitalmehrheit an einer wirtschaftlich ausgehöhlten Kapitalgesellschaft sein. Um offensichtliche Mißbräuche der Verlustberücksichtigung durch den Erwerb lebender Unternehmungen zu verhindern, wäre diese Begrenzung noch dahingehend zu erweitern, daß ein Verlustvortrag auch dann untergeht, wenn innerhalb einer bestimmten Zeitspanne nach dem Eigentumsübergang der Kapitalmehrheit einer Verlustgesellschaft der Gesellschaftszweck dieser Gesellschaft geändert wird.

Die Ablehnung des Verlustvortrages beim Mantelkauf muß — de lege ferenda — nicht gleichbedeutend mit einer Ablehnung der Verlustberücksichtigung überhaupt sein. Durch die Einführung des Verlustrücktrages — auch eines auf Liquidations- und Veräußerungsverluste begrenzten Rücktrages — würde die Möglichkeit der Verlustberücksichtigung für die ausgehöhlte Gesellschaft erhalten bleiben; durch sie

---

[103] Siehe auch FG Karlsruhe, a. a. O.

[104] Siehe S. 106.

würde das Problem des Verlustvortrages beim Mantelkauf — ähnlich wie bei formwechselnder Umwandlung von Kapitalgesellschaften — seine Bedeutung weitgehend verlieren. Mit dem Verlustrücktrag entfällt für den Eigentümer einer Kapitalgesellschaft das wesentlichste (steuerliche) Motiv für die Aufrechterhaltung des Gesellschaftsmantels. Er kann durch die Liquidation der Gesellschaft — innerhalb der sonstigen sachlichen und zeitlichen Begrenzungen — die volle Verlustberücksichtigung selbst erlangen, während er auf dem Wege der Mantelveräußerung stets nur einen Teil des Wertes, den das Recht auf Verlustberücksichtigung darstellt, realisieren könnte.

Exkurs: **Der Ausschluß der „Überschuß"-Einkunftsarten des § 2 Abs. 3 Ziff. 4—7 EStG von der zwischenperiodischen Verlustberücksichtigung**

Zu den nach § 10 d EStG vom zwischenperiodischen Verlustabzug ausgeschlossenen Einkunftsarten gehören die Einkünfte aus nichtselbständiger Arbeit, Kapitalvermögen, Vermietung und Verpachtung und die sonstigen Einkünfte. Das sind diejenigen Einkunftsarten, bei denen das Jahresergebnis als Differenz von Einnahmen und Werbungskosten ermittelt wird. Die Differenzierung innerhalb der begünstigten (den sog. Gewinn-)Einkunftsarten durch die Anforderung an die Methode der Erfolgsermittlung führt zu dem Ergebnis, daß — seit der Ausdehnung des Verlustabzuges auf die Einkünfte aus selbständiger Tätigkeit im Jahre 1949 — alle diejenigen Verluste vom zwischenperiodischen Verlustabzug ausgeschlossen sind, die nicht durch einen Vermögensvergleich ermittelt werden. Damit ergibt sich die bemerkenswerte Feststellung, daß die Erfolgsbesteuerung bei der Verlustberücksichtigung zwischen zwei Methoden der Erfolgsermittlung unterscheidet und die eine faktisch als Ermittlungsmethode minderer Qualität diskriminiert. Diese Feststellung wird dadurch gestützt, daß die Finanzverwaltung in Auseinandersetzungen über die gesetzliche Weiterentwicklung der Verlustberücksichtigung wiederholt mit Nachdruck das Erfordernis kaufmännischer Buchführung vertreten hat[1].

Die im einzelnen etwas abweichenden Formen der Erfolgsermittlung bei den vom Verlustabzug ausgeschlossenen Einkünften sind alles Varianten der Einnahme-/Ausgaberechnung, von denen einzelne — z. B. die Einkommensermittlung bei Lohn- und Gehaltsempfängern — die Vollständigkeit der Erfolgserfassung besser als die kaufmännische Erfolgsermittlung gewährleisten und auch keine Möglichkeiten zeitlicher Erfolgsverlagerung bieten.

---

1 Deutscher Reichstag, IV. Wahlperiode 1928, Drucksachen Bd. 436, Nr. 1156, S. 3. Verhandlungen des Deutschen Bundestages, 2. Wahlperiode 1953, Berichte (57. Sitzung), S. 2863.

Während das geltende Recht positiven Ergebnissen der Einnahme-/Ausgaberechnung für eine periodenbegrenzte Besteuerung vollen oder doch ausreichenden Aussagewert beimißt, wird dieser bei der Herstellung zwischenperiodischer Beziehungen — zur Berücksichtigung negativer Ergebnisse durch den Verlustabzug — praktisch angezweifelt. Der hierin beruhende Widerspruch wird noch dadurch unterstrichen, daß Verluste innerperiodisch stets ausgleichsfähig sind.

Finanztheoretisch kann eine Begrenzung des zwischenperiodischen Verlustabzuges auf einzelne Einkunftsarten oder eine Differenzierung nach Ermittlungsmethoden nicht begründet werden. Die zeitliche und sachliche Einheit des Einkommens verlangt die inner- und zwischenperiodische Verlustberücksichtigung für alle Einkommensteile. Wir folgen Neumark, der hierzu ausführt: „The theorist . . . cannot recognize any difference in principle that should make the same rule inapplicable to other types of income, however great the practical difficulties might be in cases of non-commercial incomes[2]."

Auch Heller[3] ist zuzustimmen, wenn er es als eine Beeinträchtigung der Gleichmäßigkeit der Besteuerung („equity defect") bezeichnet, daß z. B. die Lohn- und Gehaltsempfänger keine Möglichkeit einer begrenzten Durchschnittsrechnung haben, wie sie sich für Gewerbetreibende durch die Verlustberücksichtigung und durch die Beeinflussung von Aufwands- und Ertragsrealisation ergibt.

Sachlich besitzt das Problem der Verlustberücksichtigung bei den genannten Einkunftsarten insofern einen besonderen Aspekt, als Verluste in steuerlichem Sinne nur in begrenztem Umfange auftreten können.

Dies gilt insbesondere für Einkünfte aus nichtselbständiger Tätigkeit, bei denen der Kreis der Aufwandselemente (Werbungskosten) außerordentlich eng umgrenzt ist. Ein Einzelnachweis von Werbungskosten über die Pauschalbeträge hinaus wird nur von einer relativ kleinen Anzahl Steuerpflichtiger geführt. Ein ‚Betriebs'-Vermögen, das durch Verlust angegriffen werden könnte, wird zur Erzielung der Einkünfte nicht eingesetzt. Verluste in steuerlichem Sinne können in der Mehrzahl der Fälle nur dann eintreten, wenn wegen Erwerbslosigkeit keine Einnahmen erzielt werden, aber gewisse Ausgaben zur Wiedererlangung einer Arbeitsstelle — Fahrten, Bewerbungen u. ä. — sowie zur laufenden beruflichen Information anfallen. Da aber die Höhe möglicher Verluste nur gering ist, erhebt sich die Frage, ob eine individuelle Berücksichtigung derartiger Verluste die erhebliche Verwaltungsarbeit recht-

2 *Neumark,* Problems of General Income Theory, op. cit. p. 182.

3 *Heller,* Walter W., Limitations of the Federal Individual Income Tax, in: The Journal of Finance, Vol. 7 (1952), p. 193 f.

fertigt, die dazu im Veranlagungs- und Erstattungsverfahren notwendig wäre.

Man wird diese Frage nicht isoliert beantworten können. Die geringe Bedeutung der Verlustberücksichtigung für Lohn- und Gehaltsempfänger hat ihren Ursprung in der strukturellen Verschiedenartigkeit zwischen den Einkünften aus nichtselbständiger Tätigkeit und den Gewinn-Einkunftsarten. Diese „Ungleichartigkeit“[4] führt zu mancherlei realen steuerlichen Nachteilen, von denen die Unmöglichkeit zeitlicher Erfolgsverlagerung und die enge Begrenzung der Werbungskosten gegenüber den Betriebsausgaben die markantesten sind.

Wenn man die zwischenperiodische Verlustberücksichtigung aus administrativen Gründen ablehnen muß, so sollte ein Ausgleich dafür geschaffen werden. Der Gedanke eines Arbeitnehmer-Freibetrages, der bereits aus anderen Gründen vertreten wird, erhält hier von der Verlustberücksichtigung her eine Stütze. Sollte seine Verwirklichung in allgemeiner Form abgelehnt werden, so könnte an einen besonderen Freibetrag nach längerer Erwerbslosigkeit gedacht werden, der auch eine sachliche Beziehung zur Verlustberücksichtigung besitzt.

Diese Erwägungen beschränken sich auf die Einkünfte aus nichtselbständiger Tätigkeit. Unter den übrigen ist die Möglichkeit von Verlusten in größerem Umfang bei den Einkünften aus Vermietung und Verpachtung gegeben. Das zur Erfolgserzielung eingesetzte Vermögen besitzt hier etwa den gleichen Umfang wie bei Kleingewerbetreibenden. Die zwischenperiodische Verlustberücksichtigung ist für den Hausbesitz ein aktuelles Problem steuerlicher Gleichmäßigkeit in der Erfolgsbesteuerung, dessen Beurteilung sich im wesentlichen mit der der Verlustberücksichtigung bei den Kleingewerbetreibenden deckt[5], sofern ihm nicht wegen eines etwaigen Einflusses auf die Baupolitik eine erhöhte Bedeutung beizumessen ist.

---

[4] Siehe hierzu *Klein,* Friedrich, Einkommensteuerrechtliche Ungleichartigkeiten und Ungleichwertigkeiten der Einkunftsarten, StW 1951, Sp. 475.

[5] Siehe S. 164 ff.

Schluß

Zusammenfassung und steuerpolitische Folgerungen

Wir stehen am Ende der Untersuchung der steuerlichen Behandlung gewerblicher Verluste und kommen zu den steuerpolitischen Folgerungen, die sich aus dieser Untersuchung ergeben.

Die Arbeit begann mit der Frage nach der *Berechtigung und Notwendigkeit der Verlustberücksichtigung*. Die Anerkennung der Verlustberücksichtigung, die in der Literatur heute nicht mehr umstritten und auch in dem geltenden Steuerrecht fest verankert ist, stützt sich auf finanztheoretische sowie wirtschaftstheoretische und -politische Erwägungen. Eine echte Netto-Erfolgsbesteuerung, die allein dem Prinzip der Besteuerung nach der Leistungsfähigkeit entspricht, muß die Reproduktion des zur Erfolgserzielung eingesetzten Kapitals gewährleisten und daher die steuerliche Wirksamkeit sämtlicher Aufwandselemente überperiodisch sichern. Eine Besteuerung auf der Basis strenger jährlicher Periodentrennung würde den kontinuierlichen Wirtschaftsprozeß willkürlich zerlegen und bei den in der modernen arbeitsteiligen Wirtschaft auftretenden Erfolgsschwankungen zu erheblichen Belastungsunterschieden führen, durch die auch die Risikobereitschaft der Wirtschaftssubjekte gehemmt wird. Die Verlustberücksichtigung entspricht der Forderung nach echter Netto-Erfolgsbesteuerung; sie stellt keine Begünstigung der Verlustunternehmungen dar und bedeutet auch keine wesentliche Beeinträchtigung der selektiven Funktion des Verlustes in der Verkehrswirtschaft.

Die steuerpolitisch bedeutsamste Frage aus dem Problemkreis der steuerlichen Behandlung gewerblicher Verluste ist die nach der *Richtung zwischenperiodischer Verlustberücksichtigung*. Die Einführung eines auf Liquidations- und Veräußerungsverluste begrenzten Verlustrücktrages ist hier die steuerpolitische Mindestforderung. Sie folgt mit der grundsätzlichen Anerkennung der Verlustberücksichtigung aus der zeitlichen Einheit des Erfolges und dem Grundsatz der Gleichmäßigkeit der Besteuerung, da für derartige Verluste bei der Körperschaftsteuer keine und bei der Einkommensteuer nur eine begrenzte Berücksichtigungsmöglichkeit besteht. Da der Verlustrücktrag die Entscheidung über die Liquidation unwirtschaftlicher Unternehmungen von hemmenden steuerlichen Erwägungen befreit, hat er auch wirtschaftspolitische Bedeutung. Aus administrativen Gründen sollte der Rücktragszeitraum bei Liquidations- und Veräußerungsverlusten auf 2—3 Jahre begrenzt werden.

Darüber hinaus erscheint aber auch die Einführung eines allgemeinen Verlustrücktrages, der aus administrativen Gründen auf 1—2 Jahre begrenzt werden könnte, empfehlenswert. Verlustvortrag und -rücktrag sind in gleicher Weise geeignet, für laufende Unternehmungen eine volle Verlustberücksichtigung herbeizuführen; die Beurteilung des Verlustrücktrages unterliegt daher in erster Linie wirtschaftlicher, fiskalischer und administrativer Betrachtung. Die positive Beurteilung des Rücktrages stützt sich neben einzelwirtschaftlichen vor allem auf konjunkturpolitische Erwägungen. Der Rücktrag trägt zu einer Erhöhung der Flexibilität des Steueraufkommens bei, er verlagert die Verlustberücksichtigung aus den Jahren des Aufschwunges in die Jahre der Verlustentstehung und ist daher geeignet, eine auf Konjunkturstabilisierung gerichtete staatliche Wirtschafts- und Finanzpolitik zu unterstützen. Die Einführung eines allgemeinen Verlustrücktrages mit konjunkturpolitischer Zielsetzung ist allerdings nur im Rahmen einer antizyklischen Wirtschafts- und Finanzpolitik sinnvoll und erfordert zu seiner vollen Wirksamkeit ein Abgehen von dem traditionalen Prinzip des jährlichen Budgetausgleichs.

Zu den Erfolgsbedingungen des Verlustrücktrages gehört eine beschleunigte Durchführung der Steuererstattungen, für die gewisse Möglichkeiten gegeben sind. Gründe der Rechtssicherheit erfordern mit einer Einführung des Verlustrücktrages eine Änderung des Steuerverfahrensrechts, durch die ein Rechtsmittelverfahren im Zusammenhang mit dem Verlustrücktrag auf die Fragen seiner Durchführung begrenzt und der bereits rechtskräftig gewordene Erfolg des Anrechnungsjahres einer erneuten Anfechtbarkeit entzogen wird. Den administrativen und wettbewerbspolitischen Nachteilen des Verlustrücktrages kann kein so entscheidendes Gewicht beigemessen werden, daß sie einer Einführung des Rücktrages entgegenstehen. Finanzausgleichspolitische oder -technische Schwierigkeiten sind mit dem Rücktrag nicht verbunden.

Die Zusammenfassung unabhängig voneinander bestehender Einkünfte eines Steuerpflichtigen bei der Einkommensteuer bietet unterschiedliche Gestaltungsmöglichkeiten für die *Form der Verlustberücksichtigung*. In Deutschland hat sich die einkommensteuerliche Gestaltung der Verlustberücksichtigung durchgesetzt, die den Ausgleich von Verlusten durch positive Ergebnisse sämtlicher Einkunftsarten gestattet. An dieser Form der Verlustberücksichtigung sollte festgehalten werden. Eine Entscheidungsfreiheit des Steuerpflichtigen hinsichtlich verschiedener Gestaltungsmöglichkeiten der Verlustberücksichtigung geht ebenso wie eine zeitliche Aufteilung des Verlustes und seine willkürliche Anrechnung in den verschiedenen Gewinnjahren über den Zweck der Verlustberücksichtigung hinaus; ihre Einführung würde die Grenze von Verlustberücksichtigung und Durchschnittsbesteuerung verwischen und wegen ihrer Begrenzung auf einen Teil der Steuerpflichtigen neue Ungleichmäßigkeiten in der Besteuerung schaffen.

Die Reihenfolge von innerperiodischem Verlustausgleich, zwischenperiodischem Verlustabzug und den Sonderausgaben im geltenden Recht entspricht den finanztheoretischen Postulaten und im Rahmen der bestehenden Begrenzungen der Verlustberücksichtigung auch weitgehend den einzelwirtschaftlichen Interessen der Steuerpflichtigen. Bei der derzeitigen Länge des Ausgleichszeitraumes besteht keine wesentliche Gefahr für eine steuerliche Wirkungslosigkeit vortragsfähiger Verluste, die zur Einführung eines Grundsatzes der Priorität älterer Verluste zwingen könnte. Eine Änderung in der Reihenfolge der genannten steuerlichen Abzugsposten, die das System der Verlustberücksichtigung notwendig komplizieren müßte, erscheint nicht erforderlich.

Auch eine weitere zeitliche Ausdehnung des Verlustvortrages oder gar die Aufhebung der zeitlichen Begrenzung des Ausgleichszeitraumes ist keine aktuelle Aufgabe der Steuerpolitik. Zwar läßt sich eine zeitliche Begrenzung der Verlustberücksichtigung finanztheoretisch nicht begründen; wirtschaftstheoretische und -politische Erwägungen sprechen aber gegen einen zeitlich unbegrenzten Verlustvortrag. Für die Bemessung der Länge des Ausgleichszeitraumes gibt es allerdings kein praktisch verwendbares wissenschaftliches Kriterium. Bei der derzeitigen Länge dürfte für die Mehrzahl der Verlust-Unternehmungen eine vollständige Verlustberücksichtigung gewährleistet sein.

Der *Umfang der Verlustberücksichtigung* unterliegt trotz ihrer grundsätzlichen Anerkennung mancherlei Begrenzungen, die finanztheoretisch nicht zu begründen sind und sich zumeist auf fiskalische und administrative Erwägungen stützen.

Die markanteste Begrenzung ist der Ausschluß ganzer Einkunftsarten von der zwischenperiodischen Verlustberücksichtigung und ihre weitere Einengung durch die Bedingung bestimmter Methoden der Erfolgsermittlung. Beide Begrenzungen sind steuerpolitisch nicht haltbar. Die Verlustberücksichtigung ist keine „Steuerbegünstigung", deren Gewährung von der Erfüllung besonderer Bedingungen abhängig gemacht werden könnte, sondern eine Voraussetzung echter Netto-Erfolgsbesteuerung. Die Bedingung einer Erfolgsermittlung durch Vermögensvergleich als Voraussetzung zwischenperiodischer Verlustberücksichtigung, die auch in einem bemerkenswerten Widerspruch zu der uneingeschränkten Anerkennung aller Erfolgsermittlungsmethoden für den innerperiodischen Verlustausgleich steht, sollte aufgehoben werden. Bei einzelnen nichtgewerblichen Einkunftsarten, für die das Problem der Verlustberücksichtigung nur kurz gestreift wurde, können administrative Erwägungen einer Einführung der Verlustberücksichtigung entgegenstehen. Wird die auch hier finanztheoretisch nicht zu begründende

Begrenzung aufrechterhalten, dann sollte ein Ausgleich auf anderem Gebiet geschaffen werden, um die aus der Ungleichartigkeit der Einkunftsarten resultierenden Belastungsunterschiede zu verringern.

Die Verlustberücksichtigung unterliegt einer weiteren Einengung durch die Einbeziehung der Schachtelerträge und Wertpapierzinsen in die Verlustberücksichtigung. Diese in Gewinnjahren steuerfreien Einnahmen werden durch die Verrechnung gegen an sich berücksichtigungsfähige Verluste faktisch steuerpflichtig und engen damit den Umfang der Verlustberücksichtigung ein. Die Gleichmäßigkeit der Besteuerung und die unverfälschte Verwirklichung der Verlustberücksichtigung erfordern ihre Herauslösung aus dem System der Verlustberücksichtigung. Wenn eine Korrektur auf dem Wege der Rechtsprechung nicht gangbar erscheint, sollte sie durch eine entsprechende Erweiterung des § 9 KStG herbeigeführt werden. Das absolute Ausgleichs- und Verrechnungsverbot für Kapitalverluste ist eine weitere Begrenzung der Verlustberücksichtigung, die durch die Zulassung einer Verrechnung mit Kapitalgewinnen aufgelockert werden sollte. Der Charakter der Sonderbesteuerung, den die Besteuerung von Kapitalgewinnen besitzt, steht einer inner- und zwischenperiodischen Verrechnung von Kapitalgewinnen und -verlusten nicht entgegen. Für eine Einbeziehung von Kapitalverlusten in die allgemeine Verlustberücksichtigung und Einkommensermittlung besteht dagegen keine Veranlassung.

Die formale Auslegung des RFH zu der Verlustberücksichtigung bei formwechselnder Umwandlung von Kapitalgesellschaften ist rechtlich strittig, da sie das handelsrechtliche Fortbestehen des Rechtssubjektes unbeachtet läßt; sie ist in ihrem Ergebnis vor allem wirtschaftlich widersinnig, da sie die wirtschaftliche Kontinuität durchschneidet und der handelsrechtlichen Erleichterung von Umwandlungen hemmende steuerliche Einflüsse entgegensetzt. Während der Verlustvortrag hier durch Korrektur der Rechtsprechung oder durch entsprechende Gestaltung des steuerlichen Umwandlungsgesetzes zugelassen werden sollte, würde eine Anerkennung des Verlustvortrages bei dem Erwerb von Gesellschaftsmänteln dem Sinn der Verlustberücksichtigung widersprechen und die Möglichkeit eines Handels mit berücksichtigungsfähigen Verlusten eröffnen.

Anhang

Empirische Untersuchung zur Verlustberücksichtigung

Zum Problem der steuerlichen Behandlung gewerblicher Verluste sind von amerikanischer Seite eine Reihe empirischer Untersuchungen vorgelegt worden, denen folgende Zielsetzung zugrundeliegt:

1. Nachweis steuerlicher Belastungsunterschiede beim Fehlen der Verlustberücksichtigung;
2. Ermittlung des Umfanges steuerlicher Verlustberücksichtigung bei unterschiedlicher Länge des Ausgleichszeitraumes und verschiedener Richtung des Verlustübertrages;
3. Ermittlung der fiskalischen Auswirkung verschiedener Formen der Verlustberücksichtigung;
4. Darstellung des Umfanges der steuerlichen Verlustberücksichtigung in bestimmten Abschnitten der amerikanischen Steuergeschichte.

Sämtliche Untersuchungen basieren auf empirischem Material aus der Zeit zwischen 1917 und 1942. Zum Aussagewert dieser Untersuchungen für eine Behandlung des Verlustproblems zum heutigen Zeitpunkt und in Deutschland sind erhebliche Einschränkungen zu machen: Der Zeitraum, auf den sich alle diese Untersuchungen stützen, ist durch außerordentlich starke Konjunkturschwankungen gekennzeichnet. Eine Gesetzmäßigkeit, aus der sich die künftige konjunkturelle Entwicklung und die einzelwirtschaftlichen Verhältnisse, denen die künftige Form der Verlustberücksichtigung gerecht werden soll, ableiten ließe, ist nicht bekannt. Die Erkenntnisse aus der Wirtschaftskrise der dreißiger Jahre und das Wissen um die zur Konjunkturbeeinflussung verfügbaren Mittel lassen eine Wiederholung ähnlich krasser wirtschaftlicher Schwankungen als unwahrscheinlich erscheinen. Außerdem ist auf eine methodische Bedingtheit hinzuweisen, die allen Untersuchungen mit einer Begrenzung des Untersuchungszeitraumes eigentümlich ist und die von Beck[1] besonders hervorgehoben wird: Der Umfang einer mehrjährigen zwischenperiodischen Verlustberücksichtigung kann für die Grenzjahre des Untersuchungszeitraumes nur unvollkommen festgestellt werden. So kann z. B. in einer Untersuchung, die die Jahre von 1920—1939 umfaßt, die Wirkung eines fünfjährigen Verlustvortrages für die Jahre 1935 bis 1939 und eines fünfjährigen Verlustrücktrages für die Jahre 1920 bis 1924 nicht vollständig ermittelt werden. Über die Erfolgsentwick-

[1] *Beck*, Diss., op. cit. p. 174 f. (p. 73).

lung jenseits der Grenzjahre muß häufig mit Annahmen gearbeitet werden, die den Boden der Empirie bereits verlassen haben.

Mit diesen notwendigen Vorbehalten sollen im folgenden die Ergebnisse der vorliegenden Untersuchungen dargestellt werden; dabei bleiben aber diejenigen Untersuchungen unberücksichtigt, die sich mit den fiskalischen Wirkungen verschiedener Formen der Verlustberücksichtigung und dem effektiven Umfang der Verlustberücksichtigung in der Entwicklung des amerikanischen Steuerrechts beschäftigen.

1. Untersuchung des Machinery and Allied Products Institute

Das Machinery and Allied Products Institute[2] untersuchte die für eine volle Verlustberücksichtigung erforderliche Länge des Verlustvortrages am Beispiel von 400 Unternehmungen für die Jahre 1929—1938.

Das Ergebnis ist in der folgenden Tabelle[3] zusammengefaßt:

Percent of companies fully offsetting losses under various carryforward periods a)

Carryforward period	219 capital goods companies %	181 consumption goods companies %	Total %
0	8	48	26
1	13	59	35
2	19	69	42
3	31	75	51
4	43	82	61
5	57	85	70
6	66	86	75
7	80	91	85
8	94	94	94
9	100	100	100

a) Including those requiring at least as long as the period indicated, i. e. those which still had an unabsorbed loss at the period.

Das Treasury Department und Beck[4] äußern Vorbehalte zum Aussagewert der Untersuchung, da das Institut nur große und nicht auch kleine Unternehmungen untersucht und auch keine Angaben über die absolute Höhe und relative Bedeutung der Verluste gemacht hat.

2. Untersuchung von Harold M. Groves

Groves[5] untersucht nach den Akten des Tax Department die Ergebnisse von 60 Unternehmungen im Staate Wisconsin für die Jahre 1930 bis 1942 und kommt u. a. zu folgenden Ergebnissen hinsichtlich der Wirkung unterschiedlich langer Ausgleichsperioden[6]:

---

2 Machinery and Allied Products Institute, Capital Goods Industries and Federal Income Taxation, Chicago 1940.

3 Zitiert nach Treasury Department, op. cit. p. 19.

4 Treasury Department, op. cit. p. 20; *Beck*, Diss., p. 153.

5 *Groves*, Harold M., Postwar Taxation, op. cit. p. 136 ff.

6 *Groves*, op. cit. p. 140 Table IX.

Carry-over period years	Companies offsetting losses	
	number a)	Per cent
0	13	17,8
1	22	30,1
2	32	43,8
3	39	53,4
4	45	61,6
5	45	61,6
6	51	69,9
7	53	72,6
8	54	74,0
9	56	76,7
10	61	83,6
11	63	86,3
12	65	89,0
12 + b)	73	100,0

a) Twelve corporations incurred losses that were offset against net income at two different times during the 13-year period. Therefore, these corporations were counted twice. One of these corporations incurred losses at three different times which were offset against net income, and so it was counted three times.

b) The eight corporations included here could not completely offset losses against the net income over the period studied.

Die Ergebnisse der Grovesschen Untersuchung werden hier nur mit Vorbehalt der Vollständigkeit halber wiedergegeben[7], da die Mehrfachzählung von Unternehmungen mit mehreren Verlustjahren das Bild verschiebt und in ihrer Wirkung nicht kontrollierbar ist.

3. Untersuchung des Bureau of Internal Revenue

Die Untersuchung[8] erfaßt die Ergebnisse von 3284 großen Unternehmungen verschiedener Wirtschaftszweige[9] in den Jahren 1917—1942.

Percent of companies receiving full loss offset under various carryforward periods a)

Carryforward period	Percent
0	16,4
4	55,9
5	62,1
6	65,4
7 or more	97,4

a) Data were available for all years for 2.224 corporations and for 25 of the 26 years for the remaining 1.060. For this latter group, it was assumed that the missing year was a year of loss of such magnitude as to be absorbed by one year's income.

7 Vorbehalte machen auch das Treasury Department, op. cit. p. 21, und *Beck,* op. cit. p. 155 f.

8 Treasury Department, op. cit. p. 21 f.

9 Auf die Wiedergabe der Daten für die einzelnen Wirtschaftszweige wird hier verzichtet.

4. Untersuchung von Hart und Beck

Die Untersuchung von Hart und Beck[10] ist deshalb von besonderem Wert, weil Beck nicht nur mit der Zahl der Verlustunternehmungen, sondern mit den absoluten Erfolgsziffern arbeitet und neben den Ergebnissen auch das Urmaterial der Untersuchung veröffentlicht. Beck stützt sich auf die Ergebnisse der Jahre 1923—1939 von 120 Unternehmungen mit einem Vermögen von mindestens 5 Mio $ am 31. 12. 1939. Zehn Unternehmungen werden ausgesondert, da sie oder ihre Rechtsvorgänger und -nachfolger nicht während der ganzen Untersuchungsperiode bestanden haben, zehn weitere Unternehmungen werden wegen ihrer Größe gesondert untersucht. Von den verbleibenden 100 Unternehmungen haben nur 60 während des Untersuchungszeitraumes Verluste erlitten. Für jede dieser 60 Unternehmungen untersucht Beck nun die Wirkung der folgenden Formen der Verlustberücksichtigung:

Verlustvorträge von 1—5 Jahren;

Verlustrückträge von 1—5 Jahren;

eine Kombination von einjährigem Rücktrag und fünfjährigem Vortrag;

eine Kombination von zweijährigem Rücktrag und zweijährigem Vortrag.

Gewinne vor der Besteuerung und Verluste (in Mio $) [a]

Jahr	Gewinne	Verluste
1923	424.8	0.0
24	411.7	10.4
25	549.7	1.6
26	563.7	5.3
27	425.6	16.1
28	566.7	8.6
29	655.2	6.3
30	264.0	27.6
31	35.7	192.5
32	10.0	205.2
33	88.3	72.5
34	127.3	36,6
35	289.7	9.3
36	529.1	2.8
37	599.2	8.4
38	246.3	40.8
39	439.3	2.4
1923—39	6.226.3	646.1

a) *Beck*, Diss., op. cit. p. 173 (p. 73).

10 *Beck*, Diss., op. cit. p. 164 ff. (p. 71 ff. — auszugsweise).

Beck hat die Einflüsse einer Begrenzung der Untersuchungsperiode für einen Teil der Verluste dadurch ausschalten können, daß er die Verluste der Jahre 1930—1933 und ihren Ausgleich bei den verschiedenen Formen der Verlustberücksichtigung gesondert untersucht hat. Bei diesen Jahren handelt es sich allerdings, wie aus der Tabelle auf S. 195 hervorgeht, um die schwersten Verlustjahre.

Die vorstehende Tabelle gibt eine Übersicht über die Höhe und zeitliche Entwicklung des Gesamterfolges der untersuchten 60 Unternehmungen. Die Untersuchungsperiode wird gekennzeichnet durch eine relativ stetige Entwicklung in den Jahren 1923—1928, einen plötzlichen Verlusteinbruch nach kurzer Gewinnsteigerung in den Jahren 1929 bis 1932 und eine langsame Erholung in den folgenden Jahren, unterbrochen durch einen erneuten, wesentlich schwächeren, Einbruch im Jahre 1938.

Der Umfang der Verlustberücksichtigung bei einem Verlustvortrag bzw. -rücktrag von unterschiedlicher Länge des Ausgleichszeitraumes geht aus der folgenden Tabelle hervor.

Prozentsatz der berücksichtigten Verluste bei einem Vortrag von 1—5 Jahren [a]

Verlustjahre	Verlust in Mio $	Länge des Vortragszeitraumes				
		1 J.	2 J.	3 J.	4 J.	5 J.
1930 — 33	497.8	12.6	28.4	49.9	73.8	86.3
1923 — 38	643.7	18.8	34.8	51.2	67.8	76.1

a) *Beck,* Diss., op. cit. p. 182 (p. 74).

Prozentsatz der berücksichtigten Verluste bei einem Rücktrag von 1—5 Jahren [a]

Verlustjahre	Verlust in Mio $	Länge des Rücktragszeitraumes				
		1 J.	2 J.	3 J.	4 J.	5 J.
1930 — 33	497.8	22.7	62.3	85.8	90.1	92.7
1924 — 39	646.1	27.3	61.0	80.6	86.9	90.1

a) *Beck,* Diss., op. cit. p. 185 (p. 75).

Beck schließt die Grenzjahre 1923 bzw. 1939 aus, da Verluste in diesen Jahren infolge der Zeitbegrenzung überhaupt nicht zur Geltung kommen könnten. Die Verluste der Jahre 1935 bis 1938 bzw. 1924 bis 1927 werden bei den längeren Ausgleichsperioden allerdings auch durch die Zeitbegrenzung der Untersuchung berührt; diese beeinträchtigt den Vortrag stärker als den Rücktrag, da die Verluste der Jahre 1925 und 1927 schon bei zwei- bzw. vierjährigem Rücktrag ausgeglichen sind. Völlig ausgeschaltet ist der Einfluß der Begrenzung der Untersuchungsperiode jedoch nur für die Gruppe der Verlustjahre 1930 bis 1933, für die ein fünfjähriger Vor- und Rücktrag voll durchgeführt werden kann. Selbst dann verbleibt bei einem Ausgleichszeitraum von fünf Jahren noch ein unausgeglichener Verlustrest von 13,7 % bzw. 8,3 %. Die höhere Ausgleichswirkung des Rücktrages ist durch die ökonomischen Besonderheiten des vorliegenden Untersuchungszeitraumes mit seinem plötzlichen starken Verlusteinbruch nach hohen vorhergehenden Gewinnen zu erklären.

Prozentsatz der berücksichtigten Verluste bei einer Kombination von zweijährigem Rücktrag und zweijährigem Vortrag (Plan A) und einjährigem Rücktrag und fünfjährigem Vortrag (Plan B)[a]

Verlustjahre	Verlust in Mio $	Plan A	Plan B
1930 — 33	497.8	77.2	89.8
1923 — 39	646.1	76.8	82.6

a) *Beck,* Diss., op. cit. p. 191 (p. 78).

Beck kommt aus seiner Analyse des Materials und der Tabellen zu folgendem Ergebnis[11]:

Der reine Verlustvortrag oder -rücktrag und die beiden Kombinationen unterscheiden sich in ihrer Ausgleichswirkung erheblich. Im ganzen hätte der Rücktrag bei gleicher Länge des Ausgleichszeitraumes eine größere Wirkung gehabt als der Vortrag, oder die Kombination nach Plan B eine größere Wirkung als die nach Plan A. Diese Wirkung ist aber neben der Form und zeitlichen Begrenzung der Verlustberücksichtigung abhängig von der zeitlichen Verteilung von Gewinnen und Verlusten, die in dem vorliegenden Beispiel durch den plötzlichen Verlusteinbruch den Verlustrücktrag stärker zur Geltung kommen ließ.

Der Vergleich zwischen den Kombinationen nach Plan A und Plan B bei Beck wird von vornherein dadurch zugunsten von Plan B beeinflußt, daß bei diesem die Länge des Ausgleichszeitraumes sechs Jahre gegenüber nur vier Jahren nach Plan A beträgt. Um diese Unterschiede auszuschalten, werden in einer von uns aus dem Beckschen Material entwickelten Berechnung je drei Kombinationen von Vor- und Rücktrag mit einer gleichen Gesamtlänge des Ausgleichszeitraumes gegenübergestellt. Da der Verlustrücktrag aus administrativen Erwägungen notwendig auf wenige Jahre begrenzt sein muß[12], wurde über die Untersuchung eines zweijährigen Rücktrages nicht hinausgegangen. Der Ver-

11 *Beck,* Diss., op. cit. p. 193 (p. 78).

12 Siehe S. 143.

gleich beschränkt sich daher auf die Wirkungen eines reinen Verlustvortrages und von Kombinationen von Vortrag und ein- bzw. zweijährigem Rücktrag, wobei der Vergleich für Ausgleichszeiträume von fünf, sechs und sieben Jahren vorgenommen wurde.

Um den Einfluß der Zeitbegrenzung in der untersuchten Gesamtperiode auszuschalten oder genauer in seiner ungefähren Größenordnung deutlich werden zu lassen, wurden zwei Berechnungen vorgenommen. Bei der ersten wird über die zeitliche Begrenzung des Untersuchungszeitraumes nicht hinausgegangen. Das führt dazu, daß die Wirkung der einzelnen Formen der Verlustberücksichtigung nicht voll sichtbar wird, da ein Teil der „Grenzverluste" zweifellos berücksichtigt werden kann. Die Beeinträchtigung ist bei den Kombinationen mit längeren Ausgleichszeiträumen naturgemäß am größten. In der zweiten Berechnung wird unterstellt, daß die Ergebnisse in den Grenzjahren außerhalb des Untersuchungszeitraumes positiv und in ihrer Höhe ausreichend sind, um jeden übertragenen Verlust auszugleichen. Diese Annahme geht zweifellos über die tatsächlichen Gegebenheiten hinaus. Die effektive Wirkung der verschiedenen Formen muß daher zwischen den beiden Berechnungen „mit" und „ohne Zeitbegrenzung" liegen.

Die Wirkung von verschiedenen Kombinationen von Verlustvortrag und -rücktrag bei gleicher Länge des Ausgleichszeitraumes

Länge des Ausgleichszeitraums (Jahre)	Form des Ausgleichs Rücktrag	Vortrag (in Jahren)	Verlustreste bei einer Untersuchung mit Zeitbegrenzung (1000 $)	(%)	ohne Zeitbegrenzung (1000 $)	(%)
5	2 +	3	108.8	16.8	91.9	14.2
	1 +	4	134.2	20.8	110.6	17.1
		5	147.1	22.8	106.0	16.4
6	2 +	4	84.3	13.0	63.6	9.8
	1 +	5	106.9	16.5	67.5	10.5
		6	138.3	21.4	74.9	11.6
7	2 +	5	81.8	12.7	50.6	7.8
	1 +	6	106.9	16.5	81.5	8.0
		7	134.9	20.9	50.1	7.9

Diese Gegenüberstellung bestätigt die Ergebnisse der übrigen Untersuchungen:

1. Auch bei einem verhältnismäßig langen Ausgleichszeitraum von sieben Jahren bleiben noch beachtliche Verlustreste, die der Verwirklichung einer echten Netto-Erfolgsbesteuerung entgegenstehen.

2. Die Kombinationen mit einer stärkeren Betonung des Rücktrages haben eine größere Ausgleichswirkung. Nur bei der — den Vortrag „begünstigenden" — Annahme, die den Ziffern „ohne Zeitbegrenzung" zugrunde liegt, ist die Wirkung des reinen Verlustvortrages teilweise größer. Dieser geringfügige Unterschied dürfte jedoch auf die Abweichung von der Wirklichkeit zurückzuführen sein, die in der Annahme so hoher Gewinne für das Jahr 1944 liegt, daß diese alle noch vortragsfähigen Verluste auszugleichen imstande sind.

Der Aussagewert empirischer Untersuchungen für die praktische Gestaltung der Verlustberücksichtigung ist aber begrenzt; wir stimmen Beck zu, wenn er als Ergebnis seiner Untersuchung ausführt: „The evidence . . . is inconclusive and a choice among the various systems must take into account factors which are difficult to quantify, such as tax equity and incentive effects[13]."

---

[13] *Beck,* Diss. op. cit. p. 193 (p. 78).

Urteilsverzeichnis

Datum	Aktenzeichen	Amtl. Slg. Bd./S.	RStBl. Jahr/S.	StW. Jahr/Nr.
I. Entscheidungen des RFH.				
U 20. 10. 20	I A 162/20	3/333		
G 15. 2. 27	I D 5/26	20/325		27/169
U 28. 11. 28	VI A 884/26		29/85	29/170
U 12. 12. 28	VI A 1499/28		29/86	29/186
U 22. 1. 29	I A 288/28	24/340	29/143	29/289
U 8. 8. 30	VI A 1268/30	27/107	30/680	30/995
U 29. 9. 31	I A 104/31			32/56
U 21. 10. 31	VI A 968/31	29/315	32/160	32/1
U 28. 6. 32	VI A 558/32			32/999
U 15. 12. 32	VI A 1042/32		33/225	33/286
U 25. 1. 33	VI A 199/32		33/478	33/340
U 26. 10. 33	VI A 2067/32		34/404	34/23
U 8. 11. 33	I A 174/33	34/304	33/1321	34/400
U 28. 9. 34	I A 110/34		35/603	34/760
U 7. 11. 34	VI A 875/34			35/20
U 20. 2. 35	I A 270/34		35/572	35/299
U 28. 5. 35	I A 39/35		35/1047	35/434
U 26. 6. 35	VI A 414/35	38/64	35/1358	35/460
U 4. 2. 36	I A 243/35	39/93	36/625	36/142
U 5. 2. 36	VI A 690/34	39/107	36/555	36/127
U 12. 5. 36	I A 84/36		36/789	36/297
U 19. 5. 36	I A 107/36		36/790	36/337
U 21. 10. 36	VI A 473/35			36/541
U 28. 10. 36	VI A 838/36	40/158		36/555
U 19. 1. 37	I A 123/36			37/159
U 9. 3. 38	VI 115/38			38/229
U 13. 9. 39	VI 474/39			39/536
U 13. 9. 40	I 177/39		40/722	40/351
U 9. 4. 41	VI 115/41		41/570	41/288
U 2. 7. 41	VI 433/40		41/658	41/377
U 2. 12. 41	I 246/41	51/126	42/50	42/35
U 30. 4. 42	IV 11/42		42/817	
U 26. 8. 42	VI 236/42		42/1024	
U 3. 5. 44	VI 74/44		44/731	

Datum	Aktenzeichen	Amtl. Slg. Bd./S.	BStBl. Jahr/S.	StW. Jahr/Nr.
II. Entscheidungen des BFH				
U 1. 12. 50	IV 90/50 U	55/54	51/21	51/20
U 16. 1. 51	I 46/50 U	55/166	51/63	51/71
G 25. 1. 51	I D 4/50 S	55/182	51/68	51/64
U 24. 11. 53	I 109/53 U	58/281	54/21	54/270
U 21. 6. 54	I 37/54 U	59/88	54/243	54/212
U 8. 3. 55	I 73/54 U	60/489	55/187	55/232
U 4. 5. 55	IV 425/53 U	60/484	55/185	55/256
U 1. 12. 55	IV 266/54 U	62/108	56/41	
U 31. 1. 56	I 254/55 U	62/246	56/91	
U 14. 2. 56	I 73/55 U	62/407	56/151	
G 27. 11. 56	I D 1/56 S		57/139	
U 10. 1. 57	IV 544/56 U		57/74	

III. Sonstige Entscheidungen

FG Karlsruhe 20. 12. 1956	II 20/56	EFG 57/80
Verw.G. Berlin 26. 1. 1956	IX A 270/54	EFG 56/247

Literaturverzeichnis

Aufermann: Der Aufbau der neuen französischen Einkommensteuer, in: StW 1950, Sp. 33.

Auffermann, E.: Der Aufbau der britischen Einkommensteuer unter besonderer Berücksichtigung der Schedule D, in: StW 1952, Sp. 169.

Barthel, Wolfgang: Die gewerbliche Gewinnermittlung in der französischen Einkommen- und Körperschaftsteuer, Diss. Frankfurt 1955.

Beck, Morris*: Tax Treatment of Business Losses, Diss. Columbia University 1951.

— Carryover of Business Losses, in: National Tax Journal, Vol. 6 (1953), p. 69.

Becker, Enno: Die Grundlagen der Einkommensteuer, München 1940.

Beirat BFM: Organische Steuerreform, Bericht des wissenschaftlichen Beirats beim BFM, Bonn 1953.

Bergmann, R.: Steuerfreier Verlustvortrag und oberste Besteuerungsgrundsätze, in: Die Aktuelle, 2. Jg. (1948), S. 122.

Binder, Rudolf: Die Steuern der Vereinigten Staaten von Amerika 1939 bis 1952, Kiel 1952.

Blümich-Boyens-Steinbring: Gewerbesteuergesetz, 5. Aufl., Berlin 1953.

Blümich-Falk: Einkommensteuergesetz, 7. Aufl., Berlin 1955.

Blümich-Klein-Steinbring: Körperschaftsteuergesetz, 3. Aufl., Berlin 1956.

Böttcher, Conrad: Einzelfragen aus dem Konzernsteuerrecht, in: RWP-Blattei, 14 Steuer-R D Konzerne II Steuerliche Einzelfragen, Bl. 232/51—58.

Break, George, F.: On the Deductibility of Capital Losses under the Income Tax, in: The Journal of Finance, Vol. 7 (1952), p. 214.

Brown, E. Cary: Business-Income Taxation and Investment Incentives, in: Income, Employment and Public Policy, Essays in Honor of A. H. Hansen, New York 1948, p. 300.

Brown, Ralph S.: Techniques for Influencing Private Investment, in: Income Stabilization for a Developing Democracy, New Haven 1953, p. 397.

Bühler, Ottmar: Die Besteuerung der gewerblichen Einkünfte in den Vereingten Staaten von Amerika, in: Internationaler Steuerbelastungsvergleich, Schr.R d. DEA, H. 15, Frankfurt 1952, S. 9.

— Das Steuerrecht der Gesellschaften und Konzerne, 3. Aufl., Berlin 1956.

— Einkommensteuer, Körperschaftsteuer und die Gewinnbestimmungen aus der Gewerbesteuer, München 1956.

— Ankauf von Verlustgesellschaften? in: Wirtschaftsmagazin Nr. 12 vom 25. 6. 1956, Steuern, Allg. 48/339.

---

* Die nur in Maschinenschrift zugängliche Dissertation von *Beck,* ist teilweise abgedruckt unter dem Titel „Carryover of Business Losses“ im National Tax Journal. Soweit sich in dieser Arbeit Zitate und Anlehnungen auf Stellen beziehen, die in dem genannten Artikel veröffentlicht sind, werden sie neben der Zitierung *Beck,* Diss., op. cit. p. . . . durch Zusatz (p. . . .) gekennzeichnet.

Denkschrift: Denkschrift des RdF S 2033 — 1000 vom 23. 3. 1929 über die Besteuerung nach dem dreijährigen Durchschnitt und die Abzugsfähigkeit des Verlustvortrages bei der Einkommensteuer und Körperschaftsteuer, Deutscher Reichstag, IV. Wahlperiode 1928, Drucksache Nr. 940.

Deutsche Zeitung und Wirtschaftszeitung: Verlustvortrag ohne steuerfreie Zinsen? — Nr. 82 v. 13. 10. 1956, S. 19.

Deutscher Industrie- und Handelstag (sowie weitere Spitzenverbände der deutschen Wirtschaft), Eingabe an den BdF vom 6. 9. 1954.

Dobrovolsky, S. P.: Business Income Tax and Asset Expansion, in: The Journal of Finance, Vol. 4 (1949), p. 183.

Domar, Evsey D. — *Musgrave*, Richard A.: Proportional Income Taxation and Risk-taking, in: The Quarterly Journal of Economics, Vol. 58 (1943/44), p. 388.

Dornemann, Richard: Die Besteuerung der gewerblichen Einkünfte in Frankreich, in: Internationaler Steuerbelastungsvergleich, Schr.R d. DEA, H. 16, Frankfurt 1954, S. 49.

Esser, J. — *Merten*, I: Steuern in den USA, in: Schr.R d. Institutes Finanzen und Steuern, H. 40, Bonn 1956.

Fasold, Rudolf W.: Zur Neugestaltung des Verschmelzungs- und Umwandlungssteuerrechts, in: BB, 12. Jg. (1957), S. 213.

Frankfurter Allgemeine Zeitung: Jg. 1956 und 1957.

Fürnrohr: Unterbilanz und Steuer, in DStZtg. 1926, Sp. 507.

Gerloff, Wilhelm: Die öffentliche Finanzwirtschaft, 2. Aufl., Frankfurt o. J.

Gnam, Arnulf: Substanzbesteuerung und Steuerreform, in: FR, 8. Jg. (1953), S. 317.

Godin-Wilhelmi: Aktiengesetz, 2. Aufl., Berlin 1950.

Groves, Harold M.: Postwar Taxation and Economic Progreß, New York 1946.

Guide: US Master Tax Guide 1956, Chicago 1955.

Haberler, Gottfried: Prosperität und Depression, 2. Aufl. Tübingen 1955.

Handbook: Federal Tax Handbook 1956, New York 1955.

Hax, K.: Die Stellung des Finanzplanes im Rahmen des betrieblichen Rechnungswesens, in: ZfhF N. F., 7. Jg. (1955), S. 296.

Heider, Ferdinand: Sanierungsgewinn durch Gläubigerverzicht, in: DStZtg. 1947, S. 66.

Heller, Walter W.: Limitations of the Federal Individual Income Tax, in: The Journal of Finance, Vol. 7 (1952), p. 185.

Helpenstein, Franz: Wirtschaftliche und steuerliche Erfolgsbilanz, Berlin 1932.

— Die Durchbrechung des Grundsatzes der Kongruenz im Einkommen- und Körperschaftsteuergesetz durch Nichtberücksichtigung des Verlustvortrages, in: ZfhF, 22. Jg. (1928), S. 177.

Hiller, Werner: Die Behandlung von Verlusten in der deutschen und amerikanischen Einkommensteuergesetzgebung, in: Wpg., 1. Jg. (1948), S. 20.

Hoffmann, Friedrich Wilhelm: Das gewerbliche Wirtschaftsjahr und seine steuerlichen Probleme, Berlin 1941.

Hoffmann, Gisela: Der Verlustvortrag bei Gesellschaftsumwandlung, in: B 5. Jg. (1952), S. 603.

Institut Finanzen und Steuern: Grundlagen und Möglichkeiten einer organischen Finanz- und Steuerreform, in: Schr.R d. Institutes, H. 30, Bonn o. J.

Kapp: Verlustausgleich und Verlustabzug bei der Einkommensteuer, in: DStZtg. 1941, S. 425.

Kennerknecht, A.: Die Unterbilanz im Sinne des § 15 Nr. 3 des KStG, in: DStZtg. 1926, Sp. 293 u. 400.

Kennerknecht-Pissel: Der Verlustvortrag und die sonstigen Steueränderungen 1929, Berlin 1929.

Kimmel, Lewis H.: Taxes and Economic Incentives, Washington 1950.

Klein, Friedrich: Einkommensteuerrechtliche Ungleichartigkeiten und Ungleichwertigkeiten der Einkunftsarten, in: StW 1951, Sp. 475.

Krollmann, Heinz: Zur neuen Rechtsprechung des Bundesfinanzhofes über körperschaftsteuerliche Organfragen, in: BB 11. Jg. (1956), S. 524.

Laufenburger, Henry: Die Einkommensbesteuerung, in: HdF, Bd. 2, 2. Aufl., Tübingen 1954, S. 447.

Linker, Josef: Subjektive und objektive Tendenzen in der Einkommenbesteuerung, Kassel 1934.

Lintner, John: Effects of Corporate Taxation on real Investment, in: American Economic Review, Vol. 44/II (1954), p. 520.

Friedrich List-Gesellschaft: Kapitalbildung und Steuersystem (Verhandlungen und Gutachten der Konferenz von Eilsen), Veröffentlichungen der Gesellschaft, Bd. 3, Berlin 1930.

Meilicke, Heinz: Vertragsgestaltung und Steuergestaltung, in: Steuerberater-Jahrbuch 1954/55, Köln 1954, S. 187,

Mirre, Ludwig: Körperschaftsteuergesetz vom 10. 8. 25, Stuttgart 1926.

Mölders, Carl: Die Verlustbegriffe im Einkommensteuerrecht, in: WP 1949, S. 201.

Müller, Fritz: Der Verlustvortrag im geltenden Einkommen- und Körperschaftsteuerrecht, Freiburg 1935.

Neumark, Fritz: Konjunktur und Steuern, Bonn 1930.

— Problems of General Income Theory, in: Revue de la Faculté des Sciences Economique de l'Université d'Istanbul, Vol. 5 (1944), p. 155.

— Theorie und Praxis der modernen Einkommensbesteuerung, Bern 1947.

— Internationale Entwicklungstendenzen auf dem Gebiete der Einkommensbesteuerung, in: Weltwirtschaftliches Archiv, Bd. 63 (1949/II), S. 1.

— Zum Problem der Klassifikation der Steuerformen, in: Beiträge zur Geld- und Finanztheorie (Festschrift für Gerloff), Tübingen 1951, S. 60.

— Die Besteuerung der gewerblichen Einkünfte in Großbritannien, in: Internationaler Steuerbelastungsvergleich, Schr.R d. DEA, H. 15, Frankfurt 1952, S. 71.

— Grundsätze und Arten der Haushaltsführung und Finanzbedarfsdeckung, in: HdF, Bd. 1, 2. Aufl., Tübingen 1952, S. 606.

Oeftering: Die vereinfachte Gewinnermittlung nach § 4 Abs. 2 Einkommensteuergesetz, in: DStZtg., 25. Jg. (1936), S. 590.

Oswald, Franz: Zur Auslegung der Vorschriften über den Verlustvortrag, in: StW 1949, Sp. 63.

— Probleme des Verlustvortrages, in: StW 1951, Sp. 339.

Pape, Friedrich-Wilhelm: Gesellschaftsmäntel und Namensgesellschaften, in: BB, 10. Jg. (1955), S. 1099.

— Der Erwerb eines Gesellschaftsmantels in steuerlicher Sicht, in: BB, 12. Jg. (1957), S. 179.

Peters, J. F. H.: Die Reihenfolge beim Verlustvortrag, in FR, 4. Jg. (1949), S. 160.

Peters-Hermann: Kommentar zur Einkommensteuer und Körperschaftsteuer, 7. Aufl., Köln.

Pfeiffer, J.: Canada — Internationale Steuern, H. 3, Berlin 1956.

Plew: Steuerlicher Betriebsgewinn im dreijährigen Durchschnitt, in: FR, 4. Jg. (1949), S. 43.

Popitz, Johannes: Einkommensteuer, in: Hwb. d. Stw., Bd. 3, 4. Aufl., Jena 1926, S. 400.

Priese, Johannes:: Der Gewerbeverlust (§ 10a GewStG), in: Das Steuerrecht der Unternehmung (Sammlung Herbert), Lüdenscheid, H. 35, Teil 11, S. 10.

Schmölders, Günter: Steuersystem und Wettbewerbsordnung, in: Ordo, Bd. 3, 1950, S. 135.

— Finanzpolitik, Berlin 1955.

Schultze-Schultius, Hans G.: Die Organtheorie in der Rechtsprechung des Körperschaftsteuersenates des Bundesfinanzhofes, in: BB, 11. Jg. (1956), S. 345.

— Die Organtheorie, 2. Aufl., Düsseldorf 1956.

Seltzer, Lawrence H.: The Nature and Tax Treatment of Capital Gains and Losses, New York 1951.

— The Journal of Finance, Vol. 7 (1952), p. 240 (Diskussionsbeitrag auf der Tagung der American Finance Association 1951).

Shaw, T. T.: The Effect of Corporate Distributions and Adjustments, in: The Journal of Accountancy, Vol. 98 (1954), p. 348.

Shoup Carl S.: Some Considerations on the Incidence of the Corporate Income Tax, in: The Journal of Finance, Vol. 6 (1951), p. 187.

— Taxation and Fiscal Policy, in: Income Stabilization for a Developing Democracy, New Haven 1953, p. 261.

Taylor, E. Miles: Income Tax, Surtax und Profits Tax, 14th Ed., Harpenden, Herts 1955.

Theis, J.: Der Verlustabzug — eine Gewinnermittlungs- oder Einkommenermittlungsvorschrift? in: FR, 6. Jg. (1951), S. 175.

Thompson, Lawrence E. — *Butters*, J. Keith: Effects of Taxation on the Investment Policies and Capacities of Individuals, in: The Journal of Finance, Vol. 8 (1953), p. 137.

Tucker Report: Report of the Committee on the Taxation of Trading Profits, London 1951.

Treasury Department: Business Loss Offsets, Press Service No. S-505 Washington, October 24, 1947.

Troeger, Heinrich: Zur großen Steuerreform, in: Schr.R. d. ZvdK, H. 4, Hamburg 1953.

Vangerow: Erläuterungen zur Rechtsprechung, in: StW 1954, Sp. 610.

Vickrey, William: Agenda for Progressive Taxation, New York 1947.

Vogel, Horst: Die Änderungen der Vorschriften über die steuerliche Gewinnermittlung durch das Steuerneuordnungsgesetz, in: BB, 10. Jg. (1955), S. 22.

Voss, Harald: Warum nicht „carry-back? in: Der Volkswirt, 8. Jg. (1954), Nr. 27, S. 13.

Weise, Herbert: Das britische Einkommensteuerrecht in wirtschaftlicher Sicht, Kieler Studien, Bd. 27, Kiel 1954.

Weissenborn, H.: Zur steuerlichen Anerkennung wirtschaftlicher Vorgänge bei Kapitalgesellschaften, in: Wpg., 9. Jg. (1956), S. 231.

Welinder, Carsten: Steuerüberwälzung und Steuerwirkungen, in: HdF, Bd. 2, 2. Aufl., Tübingen 1956, S. 335.

Wölker, Fritz: Der Verlustvortrag in der steuerlichen Erfolgsbilanz, Berlin 1933.

Zitzlaff, Franz: Erläuterungen zur Rechtsprechung, in: StW 1941, Sp. 810 und StW 1951, Sp. 144.
— Zum Gutachten des BFH vom 25. 1. 51, in: StW 1951, Sp. 511.
— Zum Urteil des BFH vom 16. 1. 51, in: StW 1951, Sp. 515.
— Der Verlustabzug (§ 10 Abs. 1 Ziff. 4 EStG), in: StW 1951, Sp. 547.
Zweifel, Fridolin: Förderung und Lenkung industrieller Produktion durch steuerpolitische Maßnahmen, Bern 1948.

Ferner: Gesetze, Verordnungen, Erlasse.
Berichte und Drucksachen des Deutschen Reichstages und Deutschen Bundestages.
Internal Revenue Code of 1954 (innerhalb des: United States Code), St. Paul/Minn.
Halsbury' Statutes of England, London, 2nd Ed.